· 教育家成长丛书 ·

万玉霞
与生命发展教育

WANYUXIA YU SHENGMING FAZHAN JIAOYU

中国教育报刊社·人民教育家研究院 组编
万玉霞 著

北京师范大学出版集团
BEIJING NORMAL UNIVERSITY PUBLISHING GROUP
北京师范大学出版社

图书在版编目（CIP）数据

万玉霞与生命发展教育/万玉霞著；中国教育报刊社人民教育家
研究院组编. —北京：北京师范大学出版社，2017.10（2017.11重印）
（教育家成长丛书）
ISBN 978-7-303-22263-6

Ⅰ.①万… Ⅱ.①万… ②中… Ⅲ.①中学教育－教育研究
Ⅳ.①G632.0

中国版本图书馆 CIP 数据核字（2017）第 085650 号

营 销 中 心 电话　010-58802181　58802123
北师大出版社高等教育教材网　http://gaojiao.bnup.com
电 子 信 箱　gaojiao@bnupg.com

出版发行：北京师范大学出版社　www.bnup.com
　　　　　北京市海淀区新街口外大街 19 号
　　　　　邮政编码：100875
印　　刷：大厂回族自治县正兴印务有限公司
经　　销：全国新华书店
开　　本：787 mm×1092 mm　1/16
印　　张：22.5
字　　数：385 千字
版　　次：2017 年 10 月第 1 版
印　　次：2017 年 11 月第 2 次印刷
定　　价：48.00 元

策划编辑：倪　花　　　　责任编辑：鲍红玉
美术编辑：焦　丽　　　　装帧设计：焦　丽
责任校对：陈　民　　　　责任印制：陈　涛

教育家成长丛书

编委会名单

总　顾　问：柳　斌　顾明远

顾　　　问：叶　澜　田慧生　林崇德　陈玉琨

编委会主任：杨春茂

编　　　委：（按姓氏笔画为序）

于　漪　王瑜琨　方展画　田慧生

成尚荣　任　勇　刘可钦　孙双金

齐林泉　杨九俊　杨春茂　李吉林

吴正宪　张志勇　张新洲　陈雨亭

汪瑞林　郑国民　施久铭　徐启建

唐江澎　陶继新　龚春燕　程红兵

赖配根　鲍东明　窦桂梅　魏书生

主　　　编：张新洲

副　主　编：赖配根　王瑜琨　汪瑞林

总　序

　　教育是国家发展的基石，教师是基石的奠基者。古人云："国将兴，必贵师重傅。"兴国必先强教，强教必先重师。党中央、国务院高度重视教师队伍建设。2013 年教师节，习近平总书记在给全国广大教师的慰问信中指出："百年大计，教育为本。教师是立教之本、兴教之源，承担着让每个孩子健康成长、办好人民满意教育的重任。"2014 年，在第 30 个教师节前夕，习总书记到北京师范大学视察并发表重要讲话，指出："一个人遇到好老师是人生的幸运，一个学校拥有好老师是学校的光荣，一个民族源源不断涌现出一批又一批好老师则是民族的希望。"《国家中长期教育改革和发展规划纲要（2010－2020 年）》也明确提出，"有好的教师，才有好的教育"，要"努力造就一支师德高尚、业务精湛、结构合理、充满活力的高素质专业化教师队伍"。"倡导教育家办学"，要创造有利条件，鼓励教师和校长在实践中大胆探索，创新教育思想、教育模式和教育方法，形成教学特色和办学风格，造就一批教育家。"两个一百年"奋斗目标的实现、中华民族伟大复兴中国梦的实现，归根到底靠人才、靠教育，而支撑起教育光荣梦想的，是千百万的教师。

　　时代呼唤好老师。有一流的教师，才有一流的教育；有一流的教育，才有一流的国家。出名师、育英才、成伟业，是时代赋予我们教育战线的神圣使命。"大学者，非有大楼之谓也，有大师之谓也。"好学校、好教育的最重要标准，就是要有好老师。一所学校、一个地区乃至一个国家，如果教师有理想、有爱心、有学识、有高超的教育艺术，那么硬件设施即使有些简陋，家长、学生也会心向往之。教师是中国梦的奠基者。教师的重要使命，就是为每个孩子播种梦想、点燃梦想，并帮助他们实现梦想。每一间平凡的教室，每一节朴实的课堂，都不仅是知识的传递，更是人类文明精神的接续、人生梦想的起航。正是有亿万个孩子梦想的放飞、绽放，中国梦才更加光彩夺目。如果说中国梦最坚实的土壤是在学校，那么教师就是最伟大的"筑梦师"，他们用默默无闻、孜孜不倦的智慧劳动，让每一颗年轻的心灵都与中国梦激情相拥。

倡导教育家办学，造就一批好老师，首先要尊重、珍惜我们的本土智慧、本土创造。教育家不是凭空产生的，而是扎根于自己的民族文化土壤，同时吸收一切人类文明成果，从而创造出独特而生动的教育实践、教育智慧和教育文明。五千年源远流长的中华文明，不但形成了有我们民族特色的教育理论话语体系，而且涌现出了千千万万优秀的教育家，有被推崇为"大成至圣先师""万世师表"的孔子，有"匹夫而为百世师，一言而为天下法"的韩愈，有"捧着一颗心来，不带半根草去"的人民教育家陶行知，等等。改革开放30多年来，随着教育改革的不断深入，教育战线涌现出了一大批杰出教师。他们痴情教育事业，坚守理想信念和教育良知，在三尺讲台上默默耕耘、刻苦钻研，同时以敢为天下先的精神大胆创新，不断进取、不断超越，形成了各具特色的教育思想和教学风格。正是他们的成功探索和实践，创造了具有中国风格的教育经验，丰富了具有中国特色的教育理论宝库。原由教育部师范教育司组织编写，现由中国教育报刊社人民教育家研究院具体组织编写的《教育家成长丛书》，就是要向这些可贵的本土创造性的教育经验致敬。

当前，教育领域综合改革正在深入推进，考试招生制度改革的大幕已经拉开，立德树人、培育和践行社会主义核心价值观成为大中小学教育的头等任务。可以预见，中国教育将发生深刻的变革，将从"中国制造"向"中国创造"转变。"没有革命的理论，就没有革命的运动。"没有适合中国土壤、具有中国智慧的教育理论，就不可能为未来的中国教育改革提供有效的指导。我们的教育要向"中国创造"飞跃，必然要首先创造属于我们自己的教育理论，而不是"言必称希腊"或者老是贩卖欧美的教育理论。170多年前，美国思想家、诗人爱默生发表了著名演说《美国学者》，号召美国知识界："我们依赖旁人的日子，我们师从他国的长期学徒期时代即将结束。在我们周围，有成百上千万的青年正在走向生活，他们不能老是依赖外国学识的残余来获得营养。"由此，美国迈入精神立国阶段。

如今，我们也面临与爱默生同样的情形。随着我国GDP已从世界第二向第一迈进，我们的经济崛起已成为事实，但在道德文明、文化精神等方面，我们还需急起直追。没有文明的崛起，经济崛起就难以持续。当务之急，是我们需要化解内心深处的文化自卑情结、摆脱对他国文明的精神依附，自觉养成强烈的"中国意识"、独立的中国文化品格，并由此去俯视世界，去改造本土实践，去创造属于我们自己的精神养料——这在教育界显得尤为紧迫。《教育家成长丛书》，就旨在把我们本土教育实践中蕴含的中国智慧提炼出来，从而形成具有时代意义的中国特色的教育话语体系，再以此去观照、引领、改造中国的教育实践，为伟大的教育改革提供经验、理论支持，也为未来的教育家提供丰富、可资借鉴的精神养料。

让我们为中国教育的伟大未来一起努力吧！

2015年3月9日

前　言

　　见证着中国基础教育半个世纪的春华秋实，代表着中国基础教育教学成果最高成就的"首届基础教育国家级教学成果奖"中，闪耀着李吉林、窦桂梅、吴正宪、张思明、洪宗礼、唐江澎、邱学华、于永正、孙双金、薄俊生、龚春燕等一大批优秀教师的名字，而上述这些中小学教师的杰出代表恰恰都是《人民教育》"名师人生"栏目中最受读者喜爱的名师，都是《教育家成长丛书》的作者。

　　《教育家成长丛书》（以下简称《丛书》），是在第 20 个教师节前夕，"为了研究、总结、宣传和推广我国众多优秀中小学教师的先进教育思想和鲜活的宝贵的教育教学经验，培养造就一大批德才兼备的优秀教师和杰出的教育家，促进教师队伍整体素质的提高，根据教育部党组安排，由师范教育司组织编写"的一套凝聚着一大批教育家成长智慧的大型教育丛书。

　　《丛书》自 2006 年问世以来，不但得到国务院和教育部领导同志的高度重视，而且先后印刷多次尚不能满足广大读者的需求。这其中的奥秘何在？

　　当你翻开《丛书》，每一部著作都讲述着一位教育家成长的故事。这些著作主要从"成长历程""思想概述""课堂实录"和"社会反响"等方面全景式反映其教育思想、教育智慧、专业精神和专业人格的形成过程和教学实践过程，这是教育家成长的基本素质所在。

　　当你沿着教育家成长的足迹走近他们的时候，你会融进这些带有"草根色彩",扎根中华教育实践大地,充满田野芳香的真实感人的教育故事中。

当你从《丛书》中,从这些当年和自己一样的普通教师,成长为今天受人尊敬的教育家的成长过程中受到启迪,当你触摸着自己的爱心,把学生的成长和祖国的未来紧紧连在一起的时候,你会真切地感受到教育家离我们并不遥远。

当你用整个身心蘸着自己的生活积累去品味《丛书》中的每一部著作的"成长历程"时,在其浓缩着一位位名师在不断学习、不断超越自我、不断超越学科教学的求索足迹中,你会读懂"教育是事业,其意义在于奉献"的丰富内涵。

当你研读《丛书》中的每一部著作的"思想概述",和每一位名师展开心灵对话的时候,都会深深地感受到,一个教师对教育独立的理解与执著的追求有多么重要。从一位普通的教师成长为受人尊敬的教育家的过程中,你会读懂"教育是科学,其价值在于求真"的深刻含义。透过《丛书》,你会看到一代代教师用爱与智慧塑造民族未来的教育理想。

随着我们从"知识核心时代"走向"核心素养时代",教师教育教学活动的视野已拓展到人的生存与发展的方方面面。作为一名教师,要结合自己的教学实践去感悟"教育理念是指导教育行为的思想观念和精神追求",应该把爱化为自己的教育行为,让爱充盈课堂、触摸到一个个灵动的生命,让爱产生智慧,让爱与智慧在学生心中留下岁月抹不去的美好回忆,让教育者和受教育者都感受到教育的幸福,这是《丛书》给我们的启示,也是每位教师应有的胸怀和视野。

时代呼唤教育家。为了进一步把我们本土教育实践中蕴含的中国智慧提炼出来,从而形成具有时代意义的中国特色的教育话语体系,以此去观照、引领、创新中国的教育实践并在更大范围加以推广,《教育家成长丛书》将由中国教育报刊社人民教育家研究院继续组织编写,希望能够在更广大教师的心田中播种教育家成长的智慧,从而出更多的名师、育更多的英才、成就中华民族复兴的伟业,这是时代赋予广大教育工作者的神圣使命。如果广大教师能在每位教育家成长、探索教育智慧的过程中受到启迪,形成自己的教育智慧,则实现了我们编辑这套丛书的初衷。

《教育家成长丛书》
编 委 会
2015 年 3 月

序　言

　　捧读书稿，难掩欣喜和激动之情；掩卷沉思，一幅幅画面浮现在脑海。

　　回眸 2001 年，张公堤畔，满目荒凉，几幢校舍，学生仅 102 人。时光荏苒，17 年过去了，草创时期的"常青一小"，如今变成了涵盖 4 个校区、学生近 4000 人的九年一贯制常青树实验学校——一所颇有中国书院风格兼具国际范式的花园学校，一颗江城区域化教育最璀璨的明珠。

　　十年树木，百年树人。在 17 年不长的时间里，常青树实验学校在武汉市科教兴市的战略格局中，以创新促发展，用教改创特色，成绩斐然，令人刮目相看。正是万玉霞的精神、万玉霞的办学理念，催生了教育领域里的"万玉霞奇迹"。

　　仅仅用"辛苦劳累""刻苦勤奋"，甚至"拼命三郎"来评价万玉霞是不全面的。万玉霞作为睿智的思想者，她思想敏锐，对新事物、新思想尤为敏感。她善于集思广益，善于博采众长。多年来，她和她的团队同心协力，迎难而上，坚持不懈，用心血和汗水浇灌"常青树"，造就了今日生机勃勃的常青树实验学校。

　　办学伊始，万玉霞倡导践行"生命发展教育理念"。她立足国情学情、扎根传统文化、融入东方智慧、拓展国际视野、吸纳新鲜思想，赋予"生命发展教育理念"以无限生机与活力。

　　万玉霞认为，"教育正向生命的本质回归"[①]，"生命因独特而弥足珍贵，因自主而积极发展，因超越而幸福完整。集自然生命之长、社会生命之宽、精神生命之高，才形成一个立体的人。"她心目中的生命教育"是通过生命活动进行教育，是以生命为核心、以教育为手段，倡导认识生命、珍惜生命、尊重生命、享受生命、超越生命的一种提升生命质量、获得生命价值的教育活动"。

关注生命，由来已久。两千多年前，中国的先哲们，力求"在人的具体生命的心性中，发掘出道德的根源，同时也发掘出艺术的根源，把握到精神自由解放的关键。"（徐复观：《中国艺术精神》，春风文艺出版社，1987年，1页）

14—17世纪，西方启蒙主义者为了追求个性的解放，开始对生命关注。但真正把自己的哲学称为"生命哲学"的则是德国哲学家狄尔泰（1877—1911）。他认为："生命既是精神科学的基础，也是精神科学的对象。反过来说，精神科学是我们认识和把握生命的途径。"狄尔泰感叹道："理论和实践日益加剧的分离，产生了多少无思想的生命和无生命的思想。"（张汝伦：《二十世纪德国哲学》，人民出版社，2008年，26页）给哲学和教育牵线搭桥的哲人中，也有狄尔泰，他说："一切真正哲学的成果和目标是广义的教育学，人的教化。"（见前书）。遗憾的是，当今中国教育科学，既缺乏教育哲学的深度支撑，又缺乏教育实践的厚度举托，有的至今还漂浮在水波不兴的静水上。

近些年来，我国中小学把"生命理念"作为教改实验课题的不在少数，但把"生命理念"进行教育学式转化获得成功的并不多。原因之一是水土不服、理论脱离实际。如毛泽东所说："有的同志则仅仅把箭拿在手里搓来搓去，连声赞曰：好箭！好箭！却老是不愿意放出去。"（引自《毛泽东著作选读》，人民出版社，1986年，496页）即使放出去了，也是"无的放矢"。

办教育要仰望星空、放飞梦想，也要脚踏实地、改革创新。万玉霞说："教育不是热炒，而是细火煲汤。只有真正将学生作为教育的根本、教育的重心，才能把握好教育的真谛，办好理想的教育。"万玉霞深知，"一个学校的课程体系才最能够体现一个学校特有的办学价值取向，反映一个学校的办学水平和办学特色。"她决心"锻造学生最留恋的课程，让校园生活成为学生最好的回忆。"课程是学生全部学习活动的总和，从强调课程内容到强调学习者的经验和体验，从强调课程目标到强调教学过程本身的价值，从强调教材因素到强调学生、教师、教材、环境四因素的整合，从只强调显性课程到强调显性和隐性课程并重。常青树实验学校的课程结构反映了当代课程改革的总趋势，映照出来的是异彩纷呈的生命发展教育理念。

学校瞄准身心健康、中国人格、智慧生活、楚汉气度、国际视野五项课程目标，打造出独具特色的课程体系。并将国家课程、地方课程、校本课程等课程样式加以解构和重组，建构了与人的生命发展相关的四个方面的课程，即"人与自然""人与世界""人与社会""人与自我"。与上述四个方面对应，学校开发了一些着力培养学生实践能力、创新能力的前沿性的校本课程。

不仅如此，万玉霞还对当前国际上最前沿的两大教育运动——"STEAM教育"和"创客教育"特别关注。在该校"十三五"规划中，学校将拥有华中地区最具创意的3000平方米的"常青树创客梦工场"，意在"通过情景体验活动，培养观察能力；通过头脑风暴，培养设计思维能力；通过实践及展示交流，培养动手能力及交流展示能力"。学校课程的建构和设想，反映了常青树实验学校海纳百川的胸怀，展现了中国气派和走向世界的气魄。这是常青树人的教育梦，自然也是伴随孩子们生命成长的梦想。

"生命发展教育"作为理念是抽象的，但在万玉霞心里，理念是可以具象化的。当你踏进常青树实验学校校门，映入眼帘的是书院式的建筑设计、花园式的校园格局。每一堵文化墙，每一个文化走廊，都在跟你说话，或是读书警语，或是人生感悟，或是生活启迪，你仿佛进入了一个教育磁场。教室、楼梯、走道干干净净，每走一步，你都感到自己在被洗涤，灵魂在净化。我想，这就是教育生态文化的力量。生命是原点，发展是关键。生命不发展，还有生命吗？因此，需要营造促进生命健康发展的生态环境，建构符合学生身心发展规律、富于时代气息的生态文化。此时"生命发展教育理念"破茧而出。用万玉霞的诗化语言表述："让生命之树常青""让生命焕发蓬勃的生命力"。为此，她倡导"尊重生命的生命对象观""引导生命成长的生命发展观"和"提升生命的创价教育观"，并把"生命发展教育"视为一个具有蓬勃生命力的多维教育场。

为把"生命发展教育理念"转化为教师的教学行为和学生的学习方式，常青树实验学校创建并实施了"主动教育"教学模式，即"我的课堂我做主"的创新教学方式。就"教学程序"五板块（主动感知、主动发展、主动参与、主动建构、主动拓展）而言，基本上反映了学生主动学习的一般规律。

主动，即学生主体自主、自觉的活动——自然也是人的生命的活动。生命活动在于激发生命的活力。对师生而言，生命的活力主要是思想的活力，思想的活力源于思想的解放。有了思想活力，方能激发生命的激情，激活生命的潜能，唤醒生命中的创造意识。

"主动教育"作为一种教学模式，在教学实践中经受了检验。多年来，无论本校或外校教师，凡是运用这种"模式"进行教学的，一般都取得了成效。教学模式反映教学的基本规律，有助于规范教学行为，转变学生学习方式，提高教学质量。但"模式"不是固定不变的，运用"模式"也不能生搬硬套。在"模式"这面镜子里，同样可以照见教师独特的身影。"模式"规范教学，但生动活泼的教学实践又在不断地修正"模式"，甚至冲破"模式"，而产生多种新的"变式"。这是不以人的意志为转移的客观规律。经过多年实践，"主动教育"模式顺理成章地演变成了"自能发展教育"模式。从"主动"到"自能"，究竟包含着什么"独特的内涵"呢？

万玉霞认为，"自"是学习自主性、自觉性和个性化，"能"包括学生在学习实践中所形成的功能、内在的动力和综合的智能。其核心理念就是"五自三能"。"五自"即自由、自主、自信、自为、自省；"三能"即潜能开发、能量释放、能力提升。其教学模式可概括为三环节（课前、课中、课后）、三板块（自疑互议、自解互评、自构互拓）、五步骤（疑、议、解、评、拓），简称为"三三五式"。

2016年6月7日，在"万玉霞名师工作室"的课堂教学展示会上，我观摩了由常青树实验学校教师王慧执教的一年级语文课《迷路的小鸭子》。王老师用微笑传递爱心，以爱心唤醒童心。课堂上始终弥漫着温情暖意。在这样温馨和谐的氛围中，孩子们和老师很快找到了心灵的约会处。师生之间、学生之间逐渐达成了心的默契，情的交融。孩子们的思维被激活，言语的闸门打开了，个个跃跃欲试，争相发表自己的意见。教师的话不多，只是常常俯下身来，在行间巡视，对孩子们指点、提醒。学生面对"问题生成单"，主动发现、主动提问、主动释疑。在"识字方法小超市"里，学生以组为单位，熟练地运用"读音分类""听音辨字"等识字方法，然后分组展示，交相互动，共享成果。在教师引导下，由字到词到词组，学生依序拓展，再放回课文中。由于学生亲历语言文字由低到高的变化，凭自己能力顺利地读懂了课文中的故事，人人喜形于色，感受到读书的快乐。

在"主动课堂"中颇有创意的环节，还有"学路建议"。名为"建议"，意在尊重学生的自由选择。学生尝试把思路引上学路，循路而学。教师只是在思路拐点处拨正，在思路堵塞点疏通。使我惊讶的是，一年级学生竟有这样好的主动学习与合作学习的意识，有这样高的主动学习、合作学习的能力。也许，这正是"主动学习"

向"自能学习"转化后带来的变化吧！自能必主动，主动未必自能。强调"自能"，把学生学习提升到"能"字上，是实践的创新，更是思想的飞跃。正符合我国著名语文教育家叶圣陶先生的观点："最终目的为，自能读书不待老师讲，自能作文不待老师改。""教，正是为了将来用不着教。"（叶圣陶：《叶圣陶教育文集》，人民教育出版社，1989 年）

十七年来，我见证了万玉霞和她的团队在探索之路上苦苦求索的历程，见证了常青树实验学校"破茧化蝶"的变化，见证了"万玉霞们"把中国品格和国际视野、楚汉气度融为一体，用智慧和汗水创造了教育领域中的"万玉霞奇迹"。

万玉霞懂音律，爱诗歌，在该校"诗文作品集"《春之声》中，我读了她写的诗，摘抄如下：

> 我们在春天里出发带着浪漫，
> 去欣赏海波喃喃里，
> 托着白帆的景象。
> 我们在春天里出发带着浪漫，
> 去享受绿草茵茵中，
> 仰望星空的时光。
> 诗意跳跃，笔锋一转，由潇洒和浪漫变成了冷峻和坚定。
> 我们在春天里出发，
> 我们知道山高人为峰，
> 只有不畏艰辛的攀登者，
> 才配有此殊荣，
> 我们知道海阔凭鱼跃，
> 只有胸怀博大的实践者，
> 才敢驰骋海疆。

言为心声，诗为情发，这不正是理和情相互映衬、刚与柔交相辉映的万玉霞风格吗？

2006 年，我听了万玉霞执教的语文课：《鸟的天堂》。课堂上，教师举重若轻，游刃有余。学生思维活跃，想象丰富，出现了不少意料之外的精彩。课后，我在笔记本上写了一段话："教师营造了一个生机盎然的绿色课堂。在这里，预设的和生成的交互着，有限性与无限性同在着，确定性与不确定性并存着。课堂上，儿童作为灵与肉的统一体，始终在生成、成长、变化、发展，在必然性和偶然性之间取舍，在有限性和无限性之间抉择，在确定性和不确定性之间吐纳。在自主、自悟、自得中燃烧生命的激情。"课中，万玉霞还声情并茂地朗诵了自己结合课文写下的抒情诗，使课堂上再次掀起了高潮。十年过去了，当年的课堂情景，依然历历在目。也许是机缘巧合，如今，万玉霞构想的"常青树"，不正是巴金笔下的那株大榕树吗？那些在大榕树上活蹦乱跳的快乐的小鸟，不正是常青树实验学校的学生吗？

实践是检验真理的试金石，事实是最有说服力的明证。一切成功全在于责任和使命。2015年我转录了一位哲人的话，用短信发给万玉霞："平庸的人有一条命：性命；优秀的人有两条命：性命和生命；卓越的人有三条命：性命、生命和使命。"万玉霞立即复信："非常感谢教授的智慧分享，胜读十年书啊！"万玉霞在书中写道："为什么自己要逼自己？因为责任。对国家、对社会、对民族的责任；一种急不可待的责任；一种机不可失、时不再来的责任感。"语言朴实，掷地有声，这就是生命的意义，生命的价值！

办学校特别辛苦，又格外甜蜜。备尝辛苦后的甜蜜，才是回味绵长的甜蜜；历经艰辛换来的幸福，才是值得骄傲的幸福。此时，窗外风急雨骤，我心潮起伏，久久不能平静，我被感动着，站起身来，向"常青树"致敬，向"常青树人"深深地鞠躬！

本月上旬，万玉霞嘱我为她的新著《万玉霞与生命发展教育》写序，言辞恳切，难拂美意。由于书已定稿，付梓在即，只好仓促上阵，匆匆行文，算是写了一篇读后感吧，聊以为序。

注：引文中未标明出处的均见《万玉霞与生命发展教育》一书

杨再隋
于华中师大桂子山
2016年6月22日

目 录
CONTENTS
万玉霞与生命发展教育

我的成长历程

我的教育理念

［课程创新与课堂实践］

［社会反响］

我的成长历程

　　2015 年，我荣幸地被评为"全国劳动模范"，在北京人民大会堂受到了习总书记等国家领导人的亲切接见和表彰。

一、楚韵京腔的童年梦

　　1976 年 10 月，历经十年的"文化大革命"在打倒"四人帮"的游行中结束了。那时我七岁，正上小学。两年后，我遇上了人生的第一次选择。北京的某部队文工团来武汉挑京剧小苗子，到了我就读的小学。

　　当时的我是这一带小有名气的"小铁梅"。我喜欢样板戏，特别是京剧《红灯记》里的李铁梅和她的非常好听的唱段"都有一颗红亮的心"。

　　我的乐感不错，嗓音高亢清亮，扮相招式有模有样，颇得大家的喜欢，我在我们小学校的舞台和我父母亲的单位都演出过。不过唱得最多的还是在我们家的小院。

晚饭后，我们一家人坐在小院里，父亲拉琴我演唱，于是便一首接一首，唱起来不觉得累。邻居们照例闻声挤到我们小院，人越来越多，我也唱得越加起劲，直到父亲收琴。用现在的话说，当时还真有不少粉丝，都是些爷爷奶奶叔叔阿姨，他们隔三差五地到我们家让我唱给他们听，我也乐此不疲地表演。

姜文导演了一部电影叫《阳光灿烂的日子》，拍得很好。电影描写的是，"文化大革命"中一群无人管教的孩子，在放任自流中过着在他们看来是阳光灿烂的日子，这些孩子们也有向往、也有追求。

"文化大革命"期间，全国普及样板戏，小喇叭大广播放的全是，样板戏里面的唱腔唱段、音乐舞蹈几乎人人都会一点，我更是喜爱有加，《红灯记》里的铁梅、《杜鹃山》里的柯湘、《沙家浜》里的阿庆嫂都是我喜欢的，她们的经典唱段我也都会，加上有副好嗓子，那些日子对我来讲可真是阳光灿烂。

那次的选京剧小苗子挑中了我。几天后，部队的负责人到我家，想说服我爸妈同意让我去北京。

这是一件多么令人兴奋、也让人羡慕的事！

可是结果令人意外，父亲不同意。说我太小要读书，他对部队领导说："这孩子读书专心自觉，在学习上特别要强，记忆力又好，当演员，嗯，可惜了。"现在想来，也许是父亲的这句话，伤了人家部队领导的心。结果是，我错过了这次选择，没有走成艺术发展的路。

在初当校长时，每当我身心疲惫，心里就会泛起对父亲的埋怨：当年让我去唱唱歌演演戏多好，那日子不说轻松，至少是快乐的吧……可奇怪的是，每当这种思绪来临，埋怨过后，便会自然想起那些日子和那么多熟悉可亲的歌，紧张的情绪也顿时松懈了不少。如果再来点阿Q精神：台上一分钟，台下十年功，不经风雨哪能见彩虹，好演员也不好当……心中这分无谓的纠结也很快释然了。

对文艺的爱好以及有点天赋的嗓音条件，也给我在后来的师范学习和教师、校长生涯中帮了不少忙。

师范教育的启蒙是在武汉市第二师范学校，这所学校的前身是两湖学堂。两湖学堂历史悠久、人才辈出，追溯起来，与当今的武汉大学、华中农业大学、武汉理工大学、武汉科技大学以及南京大学等同出一人之手，这人就是清朝大学士湖广总督张之洞，他是中国近代工业和近代教育的创始人。传统和传承是需要沉积的，我们同时代的这批人都深受这所百年老校优秀教育和良好传统的影响，现在我们这批人已成为武汉市基础教育特别是小学教育的顶梁之柱和钟鼎之才。

记得师范毕业的前一年，我参加了学校组织的中宣部、教育部、共青团等上十个部委发起的全国性文艺作品创作大赛。

我创作的音乐剧《100分》，获得了优秀创作奖，也是我们学校得到的唯一的一个奖，偌大的奖证上盖了二十几个章，满满的。

《100分》这个作品演绎的是对应试教育的批评：一群轻松活泼的孩子迎着朝阳，伴着鸟鸣来到学校，紧张的学习开始了。语文的背书听写、数学的演算测验、繁重的功课作业、家长们的苦口婆心、老师们的谆谆教导，都指向同一个地方：100分的高高山头。于是，孩子们向着100分的高地发起冲锋，孩子们艰难地冲上高地，摘下了两个0，可它很快变成孩子们的两个厚厚的眼镜，最后这1也变成一根大棒，它慢慢地倒下，压在了孩子们的身上。孩子们慢慢地爬起来，背起沉重的书包，但此时舞台背景上投影出更多的插着100分旗子的山头，它一直延伸着延伸着似乎没有尽头。孩子们像淋湿了翅膀的小鸟无奈地继续向着100分高地爬行……整场剧，音乐从轻松到激烈到缓慢而沉重，军队进行曲和急促的军鼓声贯穿始终，最后结束。

时间过去了二十多年，《100分》的场景和那急促的军鼓声还不时地萦绕在我的心头。从教师到校长，至今学校的高地上依然还飘扬着分数至上的旗帜。

当校长以后我常常问自己，这100分的出路到底在哪里？卢梭讲教育要与儿童天性的自然发展一致起来。卢梭认为大自然希望儿童在成人以前就要像儿童的样子。可当今读书的孩子比成人还辛苦。

今天，在世界进步如此迅猛、社会竞争如此激烈的大背景下，面对当今的教育现状，我们似乎开不出灵丹妙药，任何试图改变现状的批评和药方，都显得软弱无力也于事无补。唯有卢梭的这句话，牢牢地长在了我的心里：大自然希望儿童在成人以前就要像儿童的样子。我坚信，虽大方向改变不了，但改善还是能够的，也是必须的。

二、好校长必须先是一个好老师

现在大家常说，一个好校长就是一所好学校，我要说，一个好校长必须先是一个好老师。

我师范主修中文，语文课我教的最多。我的本科修的是英语，后来上的研究生，我有上进要强和不服输的性格，教学上在有限的范围内也小有名气。各类级别的公开课、示范课、研讨课、比赛课都积极参与，对孩子的了解、对课堂的驾驭都颇有心得，小有经验。

我在 2005 年被评为湖北省语文特级教师。音乐和语言有着天然的渊源，中国新文化运动的旗手鲁迅先生说，从初民在劳动中的"吭唷吭唷"那里开始，音乐便和劳动有了不解之缘。鲁迅认为人类的语言产生于劳动，而且是集体劳动，为了统一步调唱出来的有音高、有韵律、有节奏的劳动号子，亦歌亦语，长短有至，分不清是歌是言。美的文字有如流淌的音乐，而且音乐能够帮助人们对文字的记忆，有韵律的文字无须认读也能够口口相传。原始时期的人类有着非常质朴的原始宗教自然观，在万物有灵和自然崇拜的信仰中，他们的文明表现之一就是围着篝火，用唱歌舞蹈的形式，向他们心中的各种自然之神——或精灵或魔怪，表达他们的愿望，祈祷平安。人们把原始时期人类的认知水平定义在当今的儿童时期，用皮亚杰的认知心理学理论来划分，可以归在前运算阶段或一部分已达到具体运算阶段的认知水平。而这一时期，又恰好是九年义务教育段的孩子年龄。

所以我认为，在语文教学上要提倡文字的优美流畅，提倡语文老师的课堂应如音乐一般如歌、如诉，有节奏感，去营造诗意般的课堂，去追求充满文学气息和文人气质的课堂。

心灵的感悟是一种超越的存在，一位诗人写道.春天融化了冰雪。这个冰雪未必一定指自然界中的现象。所以，我们称之为综合性的艺术，是艺术语言的方式。语言的艺术用法就是文学。在文学中我们读到的句子绝不是一种概念，而是启发，一种超越的存在。我们对一切作品的真正的审美愉悦来自对超越的领会。

我觉得这样的课堂才是培养文明人、造就文化人的课堂。我们的民族乃至人类的命运要有一种深切的体验的话，我们必须至少有三种修养：音乐的修养、哲学的修养、诗歌的修养。当托尔斯泰聆听柴可夫斯基著名的《如歌的行板》时，感动得潸然泪下，说："这是整个俄罗斯在哭泣！世界上有这么伟大的音乐！"音乐需要心灵去感悟，需要文学去解读，我渴望我们的课堂，如《如歌的行板》，似流淌的歌声。

翻开中国近现代文学史，那些令人崇敬的文学大家多出在新文化运动前后，或受此教育影响而接受此传承的一代人。我对文学和音乐的热爱之情无论多忙都割舍不下，可谓是"此情无计可消除，才下眉头，又上心头"。我教学过巴金爷爷的名篇《鸟的天堂》，指导过 60 余名老师参加省、市各级赛课，同时，也写过不少诗文来辅助语文教学，拓宽学生文学视野，如《归巢的鸟》。

> 落日的余晖，
> 归巢的倦鸟。
> 藏着清风的秘密，
> 记着白云的微笑。
> 抖落掉满身的尘土，
> 梳理好凌乱的羽毛。
> 林子里，听伙伴们
> 轻声耳语，山林外，
> 墨色的天边已缀上，
> 点点星光。
> 月色把寂静洒在湖面，
> 微波把夜曲轻声奏响。
> 倦了，归巢的鸟，歇息吧。
> 我知道，当黎明的第一抹
> 朝霞投进林子，
> 那里早已是
> 交响乐般的欢腾，
> 田园诗一样的美妙。

如《生命常青》
——常青树下的思绪

我渴望，
落叶把大地
染成金黄，
因为那才是
秋的模样。

我渴望
冬雪披出
皑皑的山冈，
因为
那才是
冬的气场。

我渴望
春鸟的啼叫
唤出绿的林野，
因为
那才是
春的鸣响

我渴望
骄阳的火伞下
田田翠盖，
因为
那才是
夏的华章。

生命常青
不仅仅是草木峥嵘，
还有白雪覆盖下的枯草，
别担心它没有
生命的温度，
地底下有的是
滚烫的岩浆。

生命常青
有如大鹏展翅，
俯瞰万里山河。

生命常青
有如鱼翔浅底，
遨游浩瀚海疆。

生命常青
更有薪火不熄，
世世代代
添禾续柴有来人。

生命常青
何惧野火不尽，
岁岁年年
历历春风吹又生。

蒲松龄说，性痴则志凝，故书痴者文必恭，艺痴者技必良。热爱与专注是事业成功的前提，一个对教育事业有追求、对课程专业有热爱和理想的好老师，如果当了校长，我不敢说他一定能成为一个好校长，但他对教育事业的贡献也是能够造福社会的。

所以苏格拉底说："你想要得到优秀音乐家的赞誉吗？那就首先成为一个优秀音乐家。"好校长必须先是一个好老师。

三、拓荒之路

2001 年，我被推荐参加武汉市教委（现在是教育局）直属学校校长选拔，这是干部制度改革后面向全市的第一场校长招聘考试。

笔试是关于教育的现代化问题，面试是演讲与答辩，考官是市教委和机关各处室的领导与市教科所的专家。市教委对这次选拔极其慎重、非常严格，并做了全程录像。

确定人选后，市教委由组织部牵头到我所在单位进行了较大范围的座谈和探访，最终决定调我到市教委直属学校担任校长。

我原来工作的学校和住房在武昌，位于武汉市的南端，现在要接任的这所学校，位于武汉市汉口城区的最北端，紧邻机场高速的入口。当时还没有地铁，用"披星戴月"来形容我那时的上下班是一点也不夸张的。

校长的成长之路的确是一个拓荒的过程；是一个永远在把心中的期待与现实的状态去努力缩小的过程；是一个每时每刻都在逆水行舟的过程。当时学校开办前的现状：操场杂草丛生；教室空无一物；人员单枪匹马；时间仅剩两月。

……

终于开学了。我想给学校写一首校歌，坐下来拿起笔，几乎还来不及思考就跳出来这样一句：我们从这里起步……

很快我给孩子们的校歌《让我们插上理想的翅膀》就完成了：我们从这里起步，一路歌声飞扬；我们在这里生活，享受着欢乐的时光。啊，常青第一小学，给我们知识，教我们成长，祖国在我的心中，未来有我的理想；让我们插上理想的翅膀，飞过高山，越过海洋……

常青第一小学是我校长生涯的开端，是我拓荒之路的起点。

我们从这里起步，迎着朝阳，带着理想……

关注孩子每一天

四、理念的旗帜

在自然演化和文明进程的长河中，无论是生命的进化、文明的发生或天才的出现，都像间歇泉一般：突然勃发又戛然而止。

云南澄江地区有个湖叫抚仙湖，临湖有一座山叫帽天山，这山在云南独特的森林植被下埋藏着纹理清晰的化石，它记录着距今五亿四千万年前寒武纪时期的生命遗迹，这里从最简单原始的单细胞到复杂的脊椎动物的祖先——脊索动物，五花八门地挤在同一时期的地质层里，科学家们说这个事实告诉我们生命在寒武纪时期的某个短短的时期（约两百万年）迅速完成了它的多样性进程，于是，全世界把这里发生的事情叫生命物种的大爆发。

公元前 800 年至公元前 200 年，人类文明也突然来了个大爆发。哲学家雅斯贝尔斯写了本书叫《历史的起源与目标》。在中国，老子、孔子、墨子、庄子等诸子百家百花齐放；在印度，出现了《奥义书》和佛陀；在希腊，更是贤哲如云，荷马、巴门尼德、苏格拉底、柏拉图数不胜数。这些地区出现了智慧和理性，产生了精神传播运动。孔子、墨子和中国的其他哲学家们，游历中原，到处赢得促进精神生活的佳誉；希腊的诡辩家和哲学家同样到处漫游；而佛陀则在各地云游中度过一生。雅斯贝尔斯把它称作轴心期，我们可以理解为人类的精神中心。

一位哲学家说过这样的话：在思想和智慧的领域里面从来没什么进步。思想从来都是旧的，新的叫思潮、叫观点、叫意见。因为轴心时代的先哲们，早已为我们备下了人类赖以生存的思想和智慧。

中国是世界精神中心的轴心之一，我们的传统文化就产生于轴心期，人类各个民族的文明的历史无论怎么展开、怎么发展，每当它遇到困境，找不到出路的时候，陷入深刻危机的时候，她总是不得不重新返回源端，重新为古代的智慧点燃起火焰，然后再寻找它的出路，历史向来就是如此的。

每当我们社会的价值观出现偏差或精神家园出了问题时，就会不自觉地回到轴心时代去找回。同为轴心时期的古希腊，更是被誉为西方哲学与科学的发源地。

我喜欢中国 20 世纪二三十年代那个时期，那个时期的文人大部分受中国传统教育的滋养，一部分同时还接受了西方文艺复兴的影响，即古希腊文明的影响。当时这些文人言必称古希腊的行为，被现代人鄙视为酸腐文人的卖弄。

我不以为然这种评价只是反映了评价者的无知无畏。那个时期的作家和作品文气十足，要么春花秋月、桨声灯影地给人静娴，要么投枪匕首、彷徨呐喊地催人奋进。为什么有这样的成就，因为他们受到了两个轴心文明的精神照射和滋养。

教育也一样，它是知识、文化、文明、智慧和精神传播的聚集地，其源头依然要回到轴心时期的引导。

当学校的教学管理一日常规上路以后，我开始思考和规划学校的发展问题。我确立的目标：不仅自己要努力成为教育家型的校长，或向教育家方向努力，老师们也应该成为有教育理想、教育情怀，能独立思考、有思想的教育家型教师。这话听起来有些"高大上"，但我想，在主观上对自己有要求、有目标的人，表现在客观上的努力上进和实际进步，一定比没有目标、得过且过的人要快得多。

首先，我要提出我们的教育理念，要树起一面精神的旗帜。通过较大量的理论文献和专著的学习，并较广泛地咨询和请教专家，举办了多次研讨会之后，最后确定下我们的教育理念即生命发展教育理念。

开始我也琢磨这个提法是否有些大而抽象，担心不好操作，实践证实这种顾虑是多余的。党的教育方针是使受教育者在德育、智育、体育等方面全面发展，成为有社会主义觉悟的、有文化的劳动者。这个教育方针是毛泽东主席提出来的，这个提法的理论基础来源于马克思全面发展的人的理想，也可以看成是马克思人道主义的理想。

马克思提出，人的全面发展，只有到了共产主义最高阶段才能实现，那是一个人与人完全平等的、没有剥削的、脑力劳动和体力劳动对立完全消失之后的、个人心甘情愿地为一切人的幸福而劳动的理想。这种劳动是创造性的，也是快乐的。这是个体生命发展的最理想目标和精神生活的最高境界。

虽然生命发展教育理念的理论来源是马克思主义的最高目标：成为一个全面发展的人。但在当今的社会中，把它确定为教育目标或理想，用以追求并塑造完善的人格，用来作为教育理想的标杆，依然有着非常现实和积极的意义。

其一，马克思的人的全面发展的前提是，必须建立一个人人平等的环境或制度。生命发展教育理念首先也必须遵循人人平等的教育原则，遵循没有歧视的教育和不带功利的教育。教育的公平性要落实在每个年级和每个班级中的每个孩子身上。

其二，生命发展强调的是人的全面发展，即每个个体的人的充分发展。其原则是每个受教育的学生，不论成绩好坏、智力高下、家庭富裕或贫困，都不被压抑、不受歧视。尊重孩子的个体差异，让孩子的个性得到充分的发展。

其三，在生命发展教育理念中，人的全面发展就是要遵循孩子成长的每个年龄阶段的自然规律，让儿童或青少年在成年以前就像他们现在的样子：孩子有孩子的生活，不过于成人化要求。让孩子的天性获得自然的伸展，让他们既有紧张的学习，又能享受欢乐的童年。

其四，提升孩子的学习境界。传统读书目标古已有之，"子曰：学而优则仕。"仕即官也，孔夫子眼中的仕或官是人民公仆，为任是要造福的。马克思的全面发展的人，是一个心甘情愿地为一切人的幸福而劳动的人。生命发展教育理念的学习境界是：心甘情愿地为一切人的幸福而学习。这一切人当然也包括自己，如果人人都这样该有多美。

其五，生命发展教育理念以人的全面发展为目标，本质上是贯彻了党的教育方针：德、智、体全面发展，有理想、有道德、有社会主义觉悟的人。成为一个合格的社会公民，还应达到作为自然人的个人幸福。

其六，古文无标点符号，有些句子断句不一，其意南辕北辙。生命发展教育理念中要提取他的关键词指向始终是一致的，如生命、发展教育或生命发展、教育。生命过程与教育终身相伴，而学校教育只是生命中从启蒙到大量沉积的一个重要阶段，是人生的一小部分。终身学习的人要具备两个要素，一个是好奇心加热爱，也是亚里士多德在他的《形而上学》开篇讲的所谓惊异。另一个就是有好的方法即所谓授之以渔。热爱学习和学会学习成为理念的核心。在践行这个理念中最有成效的是，在全校成功地实践了主动教育模式，让孩子们从害怕或不喜欢上课变成期待上课。

教育需要内化，理念恰好是强调内心高于外物的即形而上的东西。柏拉图把藏于人们心里的理念世界看得高于一切。柏拉图的思想在西方影响甚远。存在主义哲学家克尔凯戈尔是近代最有影响的思想家之一，主张及时行乐去追求幸福，这种幸福是把人的生活境界分为三种：第一是审美阶段，即迎合感观需要的东西，追求及时行乐。他认为这是最低级的，是鼠目寸光的，这样生活的人无法理解永恒的意义，成为外界环境的牺牲品。第二是道德阶段，其生活的行为准则是强调善良、正直、节制和仁爱等美德。他们把生活的审美享受放到一个恰当的位置，成为自己的主人，而不被外界环境左右，成为环境的牺牲品。第三是宗教阶段，他认为这才是最好的生活方式。

中国传统哲学的一代宗师冯友兰先生说，人生有四种境界，第一种境界是我们生出来不久，小孩子的时候，我们要按照自己的本性生活，那叫自然境界。然后慢慢长大，我们就知道这个人世间有许多利弊得失，我们学会了趋利避害，那就达到第二个境界了，功利境界。我们在这个世界上当然要趋利避害，所以我们需要科学知识，我们在社会生活当中要建立某种制度。慢慢地又发现，利害得失的争斗，应当区分善和恶、正义和非正义，以便把利益争斗限制在人性所能接受的范围里面，就有了第三种境界，叫道德境界。"道德境界的特征是：在此境界中的人，其行为是行义的。义与利是相反亦是相成的，求自己的利的行为，是为利的行为；求社会的利的行为，是行义的行为。在此境界中的人，对于人之性已有觉解。"第四种境界，天地境界，天地合一，与克尔凯戈尔的宗教阶段相似。

康德讲，世界上唯有两样东西能让我们的内心受到深深的震撼，一是我们头顶浩瀚灿烂的星空，二是我们心中崇高的道德法则。

理念在柏拉图那里等于绝对完美，理念在康德手上成为心中的法则，教育理念是教育者绝对完美的心中法则，她是高于实践的近乎完美的理想法则，她是教育的旗帜。

我自己制定并主讲了九个关于"生命发展教育理念"的理论讲座，讲座内容如下：①对"生命发展教育理念"的诠释；②如何将"生命发展教育理念"化成自己的教育教学实践；③在"生命发展教育理念"下构建现代化、生活化、人性化的课堂；④"生命发展教育理念"下教学方式与学习方式的互动发展；⑤"生命发展教育理念"下以作业方式改革为切入点，深化课程改革；⑥"生命发展教育理念"下构建校本课程的新特点；⑦"生命发展教育理念"下学校现代化发展；⑧"生命发展教育理念"下教师专业化发展；⑨"生命发展教育理念"下学生优质化发展。还做了《教育信仰，师之脊梁》《从认识每一个学生开始》的专题讲座……

五、学习是为了改变

教育与时代是紧密联系着的，为了让教育适应时代的发展，国家在培养校长上花了不少精力和财力。各种校长培训班、研讨班、名家讲座、参观学习自不必说，出国考察、参观学习等机会也很多，可以说我们的教育正在与世界教育主流接轨。

任校长以来我到过很多国家考察和学习，第一次出国是到大洋洲的新西兰，在那里学习了两个月。蓝天、白云、牛羊肥美、绿草满山冈，新西兰是个畜牧业十分发达的国家，生活节奏悠闲自在、不紧不慢。其教育当然也与他的自然相匹配，没有紧迫感，更谈不上压力。那里老师的幸福指数远高过我们，孩子就更不用说。

2009年11月18日，我作为中国教育部教育交流团副团长考察了美国俄亥俄州的教育，这次考察是一次交流与考察的双向活动，我们就美国教育的特点、中美教育的共性与差异等问题，与美国教育部官员及教育专家和老师们进行了有益的交流。在美方的一再邀请下，我给美国小学生讲了一课，结果美国 New Bremen 社论报以大标号的黑体出现一个显目的标题：《中国教育的微笑》，下面是一幅大版面照片：万玉霞给美国小学生上课。"课堂上，万玉霞美丽微笑的教态，精湛的教学艺术，幽默的语言风格，生动形象的表达，深入浅出的讲授，让美国学生大开眼界，让美国教师惊叹不已，让美国教育官员交口称赞，称为'中国教育的微笑'。"

中国教育的微笑

　　一年后，美国俄亥俄州教育厅的官员和专家，对中国教育回访并专程来武汉考察我的学校，我邀请了其中的美国 Ann 校长和 Lucy 官员住在我家里，并到校进行了为期两周的全程基础教育考察：听各学科课，参加周一升旗仪式，观看学生的文体表演，观摩学生在美育、体育、智育、科技、社会实践活动、中华传统文化诵读和书法大赛等各方面的教育活动，特别是参加了我校同社区开展的传统实践活动"我认养了社区一棵树"……这以后我们一直保持着联系，相互交流和通报教育信息，分享各自的校本教材等。

六、成长路上的探索与思考

　　2001 年，武汉市教育局成立了"两高三性"（高质量、高品位、实验性、示范性、特色性）常青教育实验区，调任我到这个新办的教育实验区创业办学已 15 载。

"生命发展教育"理念成了常青树实验学校办学的厚重的基石，也是这所学校实现跨越、优质发展的关键保障！学校由一个校区发展为至今共有三个小学部和两个初中部，成为武汉江城九年一贯制校的一颗亮丽的明珠。学校的一切美好的发展愿景与躬身实践，都将是基于生命发展教育理念下对人性的尊重与敬畏，对生命的关注与发展……

2006年7月，《人民教育》专版报道了学校《生命温暖的教育》。当年，中国教育年度报告——《新课程行进的坐标在哪里》中这样评价：一位校长深厚的文学素养可以转化为强大的教育生产力。

2010年，我作为特邀的云南省楚雄州首席专家在两年内多次亲临楚雄州、各县教育战线进行教改工作指导。

2012年12月，我当选为武汉市素质教育特色校共同体理事长，带领着12个共同体分部，150余所武汉市素质教育特色学校，相互学习，相互鼓励，不断生长出新的优势和亮点，形成了异彩纷呈的武汉教育喜人局面。

小时候我读过一本书，叫《科学家谈21世纪》，内容十分丰富，科学家们展望21世纪无比奇妙的科学世界，我当时的感觉是21世纪多么神奇、多么美妙。

印象最深刻的是书中这些作者，如李四光、华罗庚、茅以升、高士其等，他们给我无比亲切又特别高大的形象，我成了他们的粉丝。后来，找来他们的传记才知道，李四光是湖北黄冈人，是个伟大的地质学家，他在新中国最需要能源的时候，用他的地质理论找到了石油。李四光好像还认识鲁迅，鲁迅在一篇杂文里还提到过他。华罗庚是个数学天才，他的成长之路也令人感慨。他只有初中学历，写了一篇数学论文就被伯乐慧眼识珠调来清华大学；被派到国外学习，他本可以拿到博士文凭，可他为了新中国的数学发展放弃了。他用这个时间，学习了相当于三个不同数学领域博士水平的课程，他后来成为世界顶尖级数学家，这才是真正的不为虚荣、心怀坦荡的爱国科学家。后来他又慧眼识珠成为陈景润的伯乐。《科学家谈21世纪》这本书全是当时各个领域最顶尖的科学家为孩子写的科普，孩子是祖国的未来，在那个时代，在他们的心里，这可不是一句口号。

2016年，是进入21世纪的第16个年头。现在与我看《科学家谈21世纪》这本书的时代已过去了近30年。中国已经成为全球第二大经济体，成为世界上名副其实的强大经济体，但还不能说我们是发达而又先进的国家。例如，我们的科技水平还很不够，在知识决定经济的社会里，它直接反映出我们的教育水平的不够。我经常听到身边的朋友聊天时讲，我们飞机、潜艇、卫星、火箭和所有的日用品、纺织品、轻工产品，汽车、轮船、高铁、地铁乃至航空母舰都有了，我们称得上世界强国了。

是的，中华民族的确伟大。我们的学习能力非常强，加之勤劳肯干，我们成了当今的世界工厂，"中国制造"在全世界几乎无处不有。可是，我们得承认我们进入工业化比较晚，与发达国家竞争的时间也比较短。技术有封锁，科学无国界。难怪李克强总理着急，提倡全民创新，创客教育也尝试着在中小学搞起来。

1983年9月，邓小平为北京景山学校的题词："教育要面向现代化，面向世界，面向未来。"

30多年来我们朝着这个目标不断努力，"教育就是要使学生的心扉向知识敞开，向世界敞开，向他民族、他文化敞开。"可是我们至今还是在"素质教育""应试教育"上纠结不清。"素质教育"的目的是全面发展人的素质，"应试教育"的目的是培养和训练人"应试"的能力。我们的孩子怕输在起跑线上，今天看来，中国的孩子是全世界起跑最快的孩子，也是学习最辛苦的孩子。可是在学校、在家长、在学生的心目中，教育的终点就是冲过高考线。重视高考本无可厚非，但人们忘了知识是用来干什么的，在这样的教育下习惯了照本宣科严格按考试大纲约定范围学习的学生，他们最大的缺失是没有了自我选择，没有了独立思考，没有了个人喜好。

我的学校现在是九年制，小学六年，初中三年。我的课堂主动教学模式已经在全校各年级、各学科探索推广了近八年，成果是显著的，孩子们综合能力的普遍提升也是显著的。

知识是通过概念来传达的，概念的建立和清晰的传达或表达是学习的重要过程，更是学会学习的重要方法。这就需要训练，需要建立一个可操作的思维训练课堂。这种训练方式与美国哈佛大学教授兰本达创建的科学课的探究研讨教学法非常相似。

教学改革在小学各年级取得了超乎预期的好效果，家长们普遍反映，孩子们喜欢上学，变得能说话、会表达，思辨能力强了，逻辑上也更清晰了。重要的是他们解读新知识的能力强了。我感慨孩子们的可塑性这样大，只要方法得当，他们的进步和成长是超乎预期的。

黄金愈博士著的《素质教育在美国》一书，被誉为当今的《爱弥尔》。这本书我非常喜欢，读了好几遍。里面的好多东西，我都想在我们的孩子中去尝试和实践，去提高他们的能力。

备战全国中学生机器人大赛

美国没有全国统编教材，各家出版社自行印发，由各个学校、各个老师自行挑选。黄金愈博士的儿子小名叫矿矿，在美国读书，小学二年级时老师给他们布置论文，内容不限自己去找，要求到不同的图书馆去找，研究的内容至少有 4 个方面，这是老师布置的家庭作业。我开始认为这种不确定内容又这么复杂的作业对小学二年级的孩子来说有点过了，这对我们的孩子来说简直是天方夜谭。矿矿的论文写出来了，看后我跟他爸爸一样大吃一惊。研究报告的标题："蓝鲸"。

"蓝鲸一天要吃四吨虾；

蓝鲸的寿命是 90～100 年；

蓝鲸的怀孕期是 300～330 天；

蓝鲸的心脏像一辆汽车那么大；

蓝鲸的舌头上可以同时站 50～60 人；

蓝鲸的主血管可以任一个人爬过去。"

按照老师的要求，论文有了四个小题目：

1. 介绍。

2. 蓝鲸吃什么。

3. 蓝鲸怎么吃东西。

4. 蓝鲸的非凡之处。

我们知道，蓝鲸是世界上最大的哺乳动物，可它究竟有多大我们没有去在意，可是在小学二年级孩子的眼里，它像童话故事一般展示在我们面前，这样真实生动，这样一目了然。

矿矿在四年级的课堂中，就曾做过有关中国长城的研究报告。

"在美国做的研究报告（不管是大学的还是小学的），主要由三个基本因素组成：收集材料，研究前人对这一问题的看法；然后，提出问题，发现新的问题，提出新的研究课题；最后一个环节是确定研究方法，实施研究计划。"

我边看边思考，我们的孩子面对这样的作业也是能够做到的。但他们不是盲人摸象，但可以从盲人摸象开始，好不好有什么关系呢，他们一定能慢慢地好起来。万事开头难，一定要去开个头，去尝试、去引导。我们不缺研究题目，要的是去做起来。

我的教育理念

　　我希望：一个个生命就如一棵棵常青树茁壮成长，构成教育绿洲和生态森林——常青树实验学校，而这样一个静谧、自然、美好、生机勃发的绿洲和森林，又成为滋养生命、发展生命的一个理想的教育生态系统。

一、为什么是生命发展教育理念

　　现代教育理念是孕育现代学校诞生与发展的基本土壤与内在驱力。假如学校是一个文化生态系统，理念文化则一定是这个系统的一个构成要件和这个大结构体中的一个重要接点。

　　生命发展教育理念就是具备常青实验小学"教育梦"的教育哲学。它是学校发展中的一系列教育观念、教育思想及其教育价值追求的聚合体；是学校管理者对学校的理性认识、理想追求及其所形成的一种动态性的、生态性的教育思想观念和行为实践。

　　如何确立学校理念？我是慎之又慎。

　　学校属地常青花园有着特殊的地域特点。"五百年前一沙洲，五百年后楼外楼。"这句《汉口竹枝词》，大体道出了常青花园的历史渊源。百年前的常青花园为一片沼泽湿地。经晚清重臣张之洞坐镇建造成现今汉口历史上最大的防洪堤工程——张公堤。张公堤的修建，不仅扩大了汉口三分之二的陆地面积，还根除了本地"千村薜荔人遗矢，万户萧疏鬼唱歌"的血吸虫，予民众以安定的家园。

最为称道的是张之洞十分热心教育，积极在武汉创办了一所当时享誉国内外的两湖书院。时光荏苒，两湖书院对湖北的教育改革一直有着比较重大的影响。

现在，张公堤内外再无滔滔洪水，有的只是一片沙洲演变过来的被冠名为"国家级金牌小区"的"安居工程"——常青花园社区。如今，常青花园汇集了近20万居民，交通便达；小区环境优美，设施先进齐全，是一座多元综合性新区，拥有从幼儿园到大学的全覆盖式教育系统。

2001年，武汉市教育局成立了"两高三性"（高质量、高品位、实验性、示范性、特色性）常青教育实验区，调任我到这个新办的教育实验区创业办学。

那年，刚当上校长的我接待一位从美国回来的朋友，她讲了一个故事。美国某小学所在之地发生了火灾，许多学生从火海中逃离出来，老师发现少了两个学生，于是命令所有的学生到火场外去寻找他们。一位来自中国的同学没有向老师报告，就奋不顾身地冲进火海而不幸遇难，而他要救的那两个美国小朋友早就顺利逃生。接着，她考我：美国学校会怎样对待这个学生。我说，大力表彰呗。回答是一个大声的"No"。事实是这个在我们看来"真正"的英雄，美国学校竟没有"表扬"，更谈不上"追认"，反而校方因为没有教好中国学生如何逃生而受到地方当局的处罚。

生命、生命，常青、常青……顿时激发了我的深思。是呀，教育首先就应该是珍爱生命的教育，要引导学生认识生命、尊重生命，学会保护生命。同时，教育是个"十年树木、百年树人"的常青事业，如何把这两者有机联系起来呢？

21世纪是教育改革和实验的时代，教育正向生命的本质回归。教育不仅仅引导学生学会生存，好好活着，而是更在于提升生命的意义，在于指导学生学会自主支配自己的生命，在于凸显生命的独特个性。

人是自然生命与价值生命的双重存在，教育是因为人的生命成长而凸显价值的——这就是生命发展教育。

"教育的目的在于帮助生命力的正常发展，教育就是助长生命力发展的一切作为。"蒙台梭利这样说教育与生命的关系。人是一个未完成的动物，并且只有通过经常学习，才能完善他自己。如果确实如此，那么教育就要终身进行，要在所有现存的情况和环境中进行。这样，教育就会体现它的真实本性，即完整的和终身的教育。

精神分析学家弗洛伊德提出了三个"我"：本我——人格中最原始的潜意识结构，由先天的本能、基本欲望所组成，其中以性本能为主。本我依照快乐原则追求本能的释放，而不知道价值判断的是非美丑。自我——是从本我中分化出来的有意识的结构部分，它代表着理性，它使人按照现实原则活动，既要满足本我的欲望，又要按客观的要求行事。超我——是从自我中分化出来的，行使监督自我的职能。超我凭借自我理想和良心监督自我去限制本我的本能冲动，它按照至善原则行动。

生命的生长需要教育依据生命成长特征密切跟进。由本我到超我，就是生命生长中教育的意义。

所以，我确立的理念，既要有时代教育潮流的映象，又要有独特的教育愿景，它就是生命发展教育理念。

学校践行生命发展教育理念至今已有十七年了。十七年来，我做了两件事：第一件是构建了促进每个师生健康和谐发展的"生命发展教育"理念，第二件是把这充满生命关怀的教育理念兑现为每一项教育行为。

十七年来，我们从一所小学增加到两所小学，再增加到一个初中，马上要开办一所九年一贯制学校。校名从常青第一小学到常青实验小学，到常青第二初级中学，再到常青树实验学校、常青树教育集团。一路走来，是生命发展教育理念指引我们、鞭策我们，让学校发展，使孩子受益。

先进的教育理念是教育转型的鲜明旗帜。在办学十七年后，我给生命发展教育理念加了一个定词：新生态。

一座山、一个湖泊是一个生态系统。生态文化不仅是人与自然环境和谐相处的文化，它还代表了人与社会环境关系演进的潮流。它引发着人的价值观、世界观、思维方式等一系列的思想和行为变革。

生态学是研究生命系统和环境系统之间相互作用的规律和机理的科学，把生态原理和方法运用到教育研究，这对于考察和分析教育系统的外部生态与内部环境，对作为教育生态主体的教育系统与该系统中不断发展的人的影响，将产生重大的作用。

这是生态和谐及生态平衡理念在学校教育中的移植和借用，是可持续发展潮流的必然结果。尤其是身处学校生态系统主体地位的学生，将会在这样一所生态化的学校中获得一种前所未有的生命活力，使学生获得全面发展、和谐发展，让学生享有完整愉悦的人生，拥有幸福的明天。

二、郁郁葱葱的新生态常青树

"新生态"概念在生命发展教育上的移植、借用，进一步强调了教育的主客体的生命发展与内外部环境的和谐匹配和有机统一，强调了教育对生命深层次的关注，强调了教育新机制的亲和性、开放性、互动性、创造性。

新生态学校——让学校成为生命的乐园！这是我所在学校期盼建成的一个新生态系统。

（一）"新生态的生命发展教育"的提出背景

1. 国家"十三五"规划的五大发展理念，为学校生命发展教育体系形成提供了有力支撑

以人为本，重视生命，是教育的出发点。生命因独特而弥足珍贵，因自主而积极发展，因超越而幸福完整，集自然生命之长、社会生命之宽、精神生命之高，才形成一个立体的人。从教育的视角出发，人的成长不仅是个体的诸方面发展，更包括了人与人、人与社会、人与大自然等之间关系的建设，生命发展必须要放在一个大的生态体系中来展望。

国家"十三五"规划中提出创新、协调、绿色、开放、共享五大发展理念，是当代中国共产党人的大思维、大战略、大格局、大智慧，同时，这五大发展理念也清晰地勾勒出了教育的未来生态发展蓝图。

在五大理念的指导下，着力培养学生创新精神将成为学校教育的重中之重，全面高质量的教育才能更好地服务于协调发展，推动形成绿色发展方式和生活方式对教育提出了新的更高要求，开放成为现代化教育的基本特征，让每个孩子都能接受公平的有质量的教育是我们的奋斗目标。

所以，以五大发展理念为指导，让教育立足于生命的原点，构建教育新生态环境，通过教育协助学生成长为最好的自己，拓展每一个生命，就会让社会更加和谐，也能让人类不断地走向崇高。

2. 学校新的发展定位为学校生命发展教育体系的研究与构建提供了有效载体

建设生态文化是人类实现文明可持续发展的需要，是时代的呼唤和要求。社会的发展与转型，深度影响着基础教育的现代教育体制与教育思想，也深深影响着学校的办学发展。生态学的方法论与生命价值观对教育有很强的适切性。在生态学的视角下办教育，将有助于教育转变传统的发展路径。

学校在生命教育理念的引领下，一直定位于一所"高起点、高标准、高质量，实验性、示范性"的学校。在"十三五"制定与破局的时代背景下，教育生态引领着当代教育教学运行于均衡、协调、有序的发展态势，办学的共性特征呈现自然环境与人文生态的统一；兼顾个性张扬与协作精神的培养；强调人性化、多元化、人文化，为师生成长构建教育新生态环境。随着学校进一步发展为九年一贯制学校，新的校区的增设，我校将办学定位明确为"四化"学校，即现代化、国际化、优质化、生态化的九年一贯制特色实验学校，从而将对学校新生态体系的研究与建构正式写入学校的办学方向与目标中，成为"生命发展教育理念"研究的新增内涵。

3. "旧生态体系"和"新生态体系"的对比

"生态体系"本是指在自然界的一定的空间内，生物与环境构成的统一整体，在这个统一整体中，生物与环境之间相互影响、相互制约，并在一定时期内处于相对稳定的动态平衡状态。

"学校生态体系"是指教育个体的生命发展与学校教育生态环境形成的相互作用、相互影响的系统。

"旧生态体系"是指现存的普遍学校生态，即学校教育因应试而越来越早地开始严密训练，或者虽然随着素质教育的推行强调全面发展，但是学生依然生活在"校内减负校外补"的教育环境中。这样的生态体系不仅轻视生命的长度，同时也极大缩减生命所能达到的应有宽度，弱化了生命所能达到的应有高度。这样，一个人的生命所能发挥的创造力就极为有限。这种状态引发着生命可持续发展的深层危机。

"新生态体系"，指我们重建的学校新生态，即一个具有蓬勃生命力的教育场。

多维的教育层面倡导：

　　和谐、自然、生机的教育（学校层面）；

　　仁爱、博学、求真的教育（教师层面）；

　　快乐、主动、创造的教育（学生层面）。

　　所以，常青树实验学校发展的目标是：创建校风优良、学风浓厚、具有常青树文化特色的、质量优异的武汉市九年一贯制现代化、国际化、优质化、生态化教育品牌学校。

（二）学校"生命发展教育"的现代阐释

　　常青树实验学校"生命发展教育"理念用一句话来概括就是：让生命之树常青！

　　G. 西美尔在《现代文化的冲突》一书中说道："只有回到生命，才可能理解作为生命表达的教育。回到生命，就意味着回到了教育的本源。"因此，我校的"生命发展教育"理念始终将人的因素放在首位，始终把学生生命的全面发展放在学校工作的核心地位。学校生活中每时每刻发生的事件，教师和学生的学习方式和生活状态，常态中的教学行为、教学现象和教学细节，及其之间的关系等，都成为常青树生命发展教育的主要对象和主体内容。

　　"生命发展教育"体现这样六个宗旨——

　　尊重生命成长的需求；

　　遵循生命成长的规律；

　　敬畏生命成长的状态；

　　关注生命成长的过程；

　　提升生命成长的质量；

　　创造生命成长的价值。

　　例如，我校校名含义：常青树实验学校——

　　树人之业常青—（宏观整体）教育之根本；

　　创新之校常青—（中观集体）立校之根本；

　　生命之树常青—（微观个体）立人之根本。

　　立足学生生命发展，培养学生树立三观：天人合一的世界观，厚德载物的伦理观，遵循规律的科学观。

我们希望：让每一名学生都能成长为充满生命活力、有能力、有责任担当的国家栋梁。一个个生命就如一棵棵常青树茁壮成长，构成教育绿洲和生态森林——常青树实验学校，一个静谧、自然、美好、生机勃发的绿洲和森林，一个理想的教育生态系统。

新学期的梦想放飞

三、欢乐的学习属于你

"欢乐的学习、学习的主人、生命的创造、美好的人生"是生命发展教育理念的四因子。

（一）欢乐的学习

我的学生来到我的学校，应该给予他们什么？我希望能给予的是孩子在小学期间的六年，有一个美好欢乐的童年，有一个愉快的求学时代，对每一个学生实行无差别的教育。

我办学的"生命发展教育理念"把"欢乐的童年属于你"放在了首位，成为学校的中心工作。卢梭是一个天赋极高的思想家，也是一个教育家。他强调说："大自然希望儿童在成人以前就要像儿童的样子。"在他看来，如果以成人的偏见强加干涉，剥夺儿童应有的权利，结果只会打乱自然的秩序，破坏自然的法则，从根本上毁坏儿童。

对孩子的关心、爱护和尊重，是需要体现在每一个细节中的。从校园环境到孩子的吃喝拉撒睡，无一不体现在给孩子欢乐的童年中，从 2001 年到 2017 年的十七年间，学校的收费一直未变，可学生的伙食标准也一直未变。物价虽大幅度上涨，学校却始终如一，紧缩开支保证学生的营养和健康。"生命发展教育"理念的实践过程，不仅需要全体共识，还要全体行动和某些利益的牺牲。

十七年来，身为一名校长，面对当今社会的发展及其现状，去思考教育、思考办学并力图去实践它，其过程是艰难的。但在武汉市教育局及各级领导的悉心指导、亲切关怀下，我最终做到了从教育原点处生长出"符合生命发展规律，适合孩子健康成长成才"的思想来，并形成自己的校园文化，实施"追求卓越"之人本化管理，最后体会到做校长的快乐。借用白岩松的话：痛并快乐着。

将学生的心灵需求作为教育的第一信号。这是学生过欢乐童年的起点。

一天，我在校长信箱发现了一张密封的信。孩子告诉我，自己转到常小一两个月，朋友不多。在家里，妈妈也只喜欢双胞胎的妹妹，非常郁闷……信满满的，写了三四页。

这是个渴望关爱的学生，于是，我赶忙放下手里的工作，给这个学生回了一封长信，并与孩子的家长进行倾心长谈，与这个孩子约定早上一起跑步，增加与她接触、交流的频率，从而不断化解她心理的郁积，渐渐消除了她的心理障碍。后来，这个孩子成了一个快乐向上的阳光少年。

2008 年冬天，在漫天大雪中，常实小的许多老师登门，将学期末的学习手册一本本送到孩子家里。

2009 年冬天，"甲流"肆虐，学校部分居家隔离的健康孩子，通过电话、作业平台、QQ 群，与老师一起学习得有滋有味。

学校不仅重视学生智育的发展，在德育、体育、美育、创新实践等各项育人活动中也开展得有声有色。

"让优秀成为一种习惯"使学校的养成教育深入学生的心中，"打造学生心目中的德育"使学生自主育人。操场升旗台两侧，学校专门设计了"我与集体同成长"国旗、校旗、班旗展示台。每面班旗都是各班学生自己带着对集体的热爱、对友谊的理解精心设计的图案，展示台前，每周孩子们会兴高采烈地讲述自己在班旗下成长的故事。

要给孩子欢乐，就要给孩子最大的自主成长空间。在校园，学生们响亮地提出："我的课堂我做主，我的课程我做主，我的活动我做主。"学校"快乐周周行"的实践活动中，科技周、环保周、文学周、双语周、艺术周、书法周、民俗周等深得孩子们的喜爱。学校的校本空间里，鼓号队、管弦乐队、足球队、科技组、计算机组、美术素描组、陶艺队、书法组……无不为学生富有个性和特长的成长搭建了丰厚的平台。

喜欢绘画的孩子

为了学生有个健康、快乐的童年，学校积极探索减负的举措，"低年级学生不背书包回家，当天的问题当天解决"，给学生留有更多的空间做自己喜爱的事情；中高年级开展的"分层作业超市""网络平台晾作业"，接受家长和社会的监督、评议，深受学生和家长的拥护；多年坚持的"周三无作业日"被多家媒体纷纷报道……

缤纷英语节　　　　　　　　　　　活跃的社团

（二）学习的主人

在第一个载人航天风头被苏联民族英雄加加林夺去后，美国全国哗然，各种责难和反思警醒了美国，究其落后的原因最后集中在教育上。

我很喜欢哈佛大学兰本达教授创立的"探究—研讨"教学法。她以科学教育为切入点，在美国的中小学实践并推广到全世界。

兰本达的"探究—研讨"教学法也借用了集体的力量，但她强调的是在集体中每个个人的最大收获。在同一个主题下的学习和探究，智力的差异没有被传统课堂教学走中间路线和平均主义一刀切，而是各尽所能多劳多得，更准确地讲，在集体中多劳者的成果或收获，通过研讨过程而成为集体共同的收获。

小学科学课是教师将探究的权利和研究的过程充分交给学生，兰本达十分强调将观察实验后的所感所想用语言表达出来，表达的过程是一个逻辑梳理过程，它一定会伴随有过去的经验对他的支持，在大家的共同研讨中会趋向于一个大体相同的点，对这一点的研讨就走近了概念。

而这一概念的获得不是老师强加的，而是同学们自己经探究研讨过程获得的，所以兰本达也称这种学习方法为：像科学家搞科学那样学习。

兰本达的探究研讨教学法，在中国小学科学教学中所产生的影响是广泛的，效果明显，收获丰富。但学生识字作文和计算是更为多量的任务，如何让孩子们积极主动地参与到学习中，也让他们先探究后研讨，将个人的独立思考与集体的智慧结合起来呢？让学生主动学习成为一种课堂教学的常态。

实践证明，符合孩子身心发展和认知特征的教育教学的创新和改革，成功的路是宽广的，但要真正实现这一目标，不是个别学科和个别老师的实验或者短期形成的，而是校长带领全员共同参与实践，经历艰辛的改革创新探索并考验意志是否坚定的结果。

学校初创时，就决意抓住新课改赐予的历史性机遇建树自己的教育理想。在"生命发展教育"理念引领下，我校一直聚焦课堂，不断探索"轻负高效"的教学模式，并在发展中坚持不懈地建构。学校更是鲜明地提出了将孩子的能动发展作为教学改革的核心目标，课堂教学改革走过了一段艰辛但颇有收获的过程。

2001—2003 年，改革之初，学校就引领教师从正确理解和处理知识、能力与素质的关系入手，进行了教学方法和学生学习方式的改革，开展"师生双主体和谐发展"的课堂教学研究，进行评价体系的改革。

2004—2006 年，学校进一步明确：课堂是学生自主发展的主阵地，让先进的办学理念根植于课堂，我们提出了以"课前预设—课中生成—课后反思—自能作业—多元评价"为教学活动主线的教改新思路，开展"原生态体验式师生双主体和谐发展"教学研究，将以前的教改探索进一步深化。

2007 年，《中国教育报》对我校上述课堂教学改革进行了专题报道，即课前——重视课前预习，到学生预习的问题那里去备课，寻找教学出发点、主动发展的突破口。课中——实现三个统一（知情统一、知行统一、知能统一），提倡"四大关系"（预设与生成的关系、自主与合作的关系、质疑与探究的关系、发展与创造的关系）的教学研究。课后——教师直面学生反馈，直面课堂反思。

2008 年，学校在认真总结上述这八年来积极探索实践课改的基础上，再度聚焦课堂，全面总结，更加清晰地理出了一条凸显人本思想、主动发展的新的教改思路，即"生命发展教育"理念下的"主动教育"教学理论与实践，明确了全员参与"课前预习质疑，主动求知；课中合作学习，充分展示；课后分层作业，链接新知"的"三三五"式教学模式实践与研究。

2013 年，学校有了跳跃式发展，承办了九年一贯制的初中。

2017 年，学校正式成为武汉市教育集团化、区域化办学的教育综合实验改革基地。武汉市常青树教育集团，开始了新的一轮课改研究——新生态课改的实践探索。

我喜欢随堂听课，课后也会对学生的学习实效做一些现场调查。我问学生："孩子们，你们在学习中很喜欢动脑思考，积极探究，解决出的问题远远超过了老师的想象，真的是太了不起了！知道自己为什么变得这么能干吗?"孩子们都抢着回答："以前是老师讲，现在是我们自己学，遇到了自己解决不了的困难，还有同伴和老师帮助，所以学得劲头更大，学的知识也更多!"这或许生动诠释了新课改一贯强调的教与学方式的变革的深刻内涵。

主动教育的受益者在我校体现在三个方面：首先是学生，他们通过自学准备后，个个跃跃欲试期待着课堂研讨的精彩发挥，包括不清楚的问题也期待着在合作探究和同伴交流中得以解决和释怀。因为他们在认知水平上是大致相同的，他们的表达和思维方式都是同龄孩子的视角，所以孩子们自己更容易理解和接纳。实践证明，主动教育的课堂下，学生收获的不仅是知识和智慧，更是品格和能力!

其次是老师，一言堂取消了，每天看到孩子们振振有词、高谈阔论、积极实践，在过程体验中迸发出的思维创新火花和闪光处比比皆是，老师由衷地感到自己也在学习。我们常说教学相长，没有比主动教育更能体现这一点了。教师专业发展的土壤也变得更加肥沃。

最后是家长，一位学习品行都很优秀的学生家长（奶奶），听了一节孩子的主动教学课，回家感慨地说："原来以为就我孙子最聪明能干，没想到班上能干的孩子真多。"一次与一位家长朋友（医生）聊天，他说"孩子这几年的进步可是不得了，过去我讲什么她听什么，现在她可有思想、有主见了，经常反驳我不加思索的批评，还真有道理，逻辑表达上也很通。有时候我不提高嗓门去'镇压'，还真输给孩子了。"家长看似无奈的表达中透着对孩子优秀成长的满足和骄傲。

两千多年前的古希腊有一位智者，名叫苏格拉底，他在雅典街头拥有众多的青年粉丝（其中就有柏拉图），他让青年们学会了辩证地看问题，学会了明辨是非善恶的方法。

这本来是件好事，可一天晚饭后，苏格拉底很无奈地去接受一位家长的诉状审判，告苏格拉底毒害青年和亵渎神灵罪。尽管审判会上苏格拉底做了十分精彩和流芳百世的演讲，可最终还是被古希腊的"举手民主"判了死罪，并接受了死刑。我很敬佩这位智者思想家，我更欣赏苏格拉底式的教学方法。

色诺芬的《回忆苏格拉底》中，记述了苏格拉底与学生讲座有关"正义"和"非正义"的对话，在这个对话中，苏格拉底要求学生列出两行，正义归于一行，非正义归于另一行。他首先问"虚伪"归于哪一行？学生答，归于非正义的一行。苏格拉底又问，偷盗、欺骗、奴役等应归于哪一行？学生答，归于非正义的一行。苏格拉底反驳道，如果将军惩罚了敌人，奴役了敌人，战争中偷走了敌人的财物，或作战时欺骗了敌人，这些行为是否是非正义的呢？学生最后得出结论，认为这些都是正义的，而只有对朋友这样做是非正义的。苏格拉底又提出，在战争中，将军为了鼓舞士气，以援军快到了的谎言欺骗士兵，制止了士气的消沉；父亲以欺骗的手段哄自己的孩子吃药，使自己的孩子恢复了健康；一个人因怕朋友自杀，而将朋友的剑偷去，这些行为又归于哪一行呢？学生得出结论，认为这些行为都是正义的，最后迫使他们收回了自己原来的主张。苏格拉底把教师比喻为"知识的产婆"，因此，"苏格拉底方法"也被人们称为"产婆术"。

苏格拉底方法作为一种学生和教师共同讨论、共同寻求正确答案的方法，有助于激发和推动学生思考问题的积极性和主动性。在我校的主动教育中，能言善辩并不是我们的目标，可它确是在实践主动教育中的重要收获。

主动教育说到底，是作为学习主体的学生，以主动、积极、平等的身份参与到学习的过程中，其情感态度、学习品质都会发生质的变化。如同科学研究一样它会把参与者的全部注意力和情感，完全卷入这个事件中，学生在这种学习过程中所获得的东西一定是不会轻易忘记的。更重要的是学习过程的体验，各种赞同、反对、应和、质疑声此起彼伏，其过程就是"授之以渔"，且大部分是孩子们自己探讨出来的"渔"，这样的"渔"会让孩子受益终身。

主动教育是发挥学生的主动性，那么，教师要做些什么呢？

一是解读好教材，了解学生的学习需求。

二是课中把握三个原则：①对学生已懂的知识尽量不讲；②对学生自己能够弄懂的知识尽量放手，适时点拨；③对学生实在弄不懂的问题进行积极帮助。如此充分体现课堂的主动和高效。

三是把握好课末的分层检测和学生的下一步知识链接。

四是教师要重视每节课后学生的评教，以进一步完善教学的盲点和不足。

在课改实践中，"主动教育"形成了良好的师生关系——"合作学习、教学相长、共同发展"。我校师生都积极参与到学习活动中，教育过程不断呈现出师生双向的交流、动态的生成、成长的愉悦，课堂成为师生这对生命主体共同拥有的精神家园。

（三）生命的创造

"生命发展教育"理念表述的第三句话是："孩子，生命的创造在于你。"

《国家中长期教育改革和发展规划纲要（2010—2020年）》明确提出：教育的重心是创新精神和实践能力的培养，为深化实施素质教育的改革与创新指明了方向。

在埃菲尔铁塔建成以前，古埃及的胡夫金字塔一直是世界上最高的建筑。有一个故事说，能够到达金字塔顶端的只有两种动物，一是雄鹰，靠自己的天赋和翅膀飞了上去。但是，大家也都知道，有另外一种动物，也到了金字塔的顶端。那就是蜗牛。蜗牛肯定只能是爬上去。从底下爬到上面可能要一个月、两个月，甚至一年、两年。在金字塔顶端，人们确实找到了蜗牛的痕迹。我相信蜗牛绝对不会一帆风顺地爬上去，一定会掉下来、再爬、掉下来、再爬。蜗牛只要爬到金字塔顶端，它眼所看到的世界，它收获的成就，跟雄鹰是一模一样的。

我以为对人来讲，天赋的力量没有这样大的差异，在这个寓言般的故事中，看到了非智力因素的影响和力量，看到了生命无限潜能的重要。

任何创造、创新或发明、发现，都不会是灵光一闪一蹴而就能够完成的。那么教育在这中间所起的作用是什么呢？除了知识的积累和方法的训练，还需要在孩子心中去播撒科学和人文的种子，让它在孩子们心中生根发芽，长大后才能开花结果。相信孩子，相信上帝所赐予孩子们的天赋。相信任何人都有无限潜能和自我发展的本能，只要提供适当的教育环境，都能发生积极自觉的变化，成为创造型的人才。

陶行知在《小学教师与民主运动》中说："在现状下，尤须进行六大解放，把学习的基本自由还给学生：一、解放他的头脑，使他能想；二、解放他的双手，使他能干；三、解放他的眼睛，使他能看；四、解放他的嘴，使他能谈；五、解放他的空间，使他能到大自然大社会里去取得更丰富的学问；六、解放他的时间，不把他的功课表填满，不逼迫他赶考，不和家长联合起来在功课上夹攻，要给他一些空闲时间消化所学，并且学一点他自己渴望要学的学问，干一点他自己高兴干的事情。"这"六大解放"是一个不可分割的整体，不能孤立地对待，要让学生在学习中眼到、心到、口到、手到，又有属于自己的时间、空间，让学生积极主动地参与到教育教学的各个环节中，使他们有"创造之地""创造之时"，成为新世纪的"创造之人"。

学校根据"四育人"思想，即"自然育人、人文育人、科技育人、人性育人"，为孩子们创设了一个个由课内走向课外的学习空间。如，投资百万元，修建了内置国家一级、二级保护动物标本的近 200 平方米的生命科学馆，被湖北省林业局批准为"湖北省野生动物科普教育基地"，标本馆中的几十余种鸟类标本、上百种蝴蝶标本、近百种软体动物标本等，都是对科学有着浓厚兴趣的学生在老师的精心指导下完成的标本。

学校每年举行科技周活动，每个月组织全校学生进行科学小制作交流展示，对学生的优秀作品给予"创意星大奖"；学校开设了各类校本课程和体、艺、美、劳的社团活动，一楼的梦想剧场为孩子们自编、自导、自演和自己设计服装的课本剧、童话剧、寓言剧的表演搭建了丰厚的创造平台；学生参加的头脑 OM 创新技能大赛、计算机信息技能大赛、观鸟、太阳能车赛、科技运动会……均获佳绩。学校还设立了以"知我中华，爱我中华""了解世界，放眼未来"两大沙盘为主体的"树人谷"，里面按"春、夏、秋、冬"种着各季典型的树木花草，还相应设有讲述生命起源的展板，创造出又一个独特的生命科学学习天地……

每个学生都很棒

（四）美好的人生

生命发展教育，其根本是注重当下的生命发展状态，关注生命可持续发展的未来。生命发展教育理念还有一句话，叫"美好的人生召唤你"。人生是要自己去经历的，美好的人生是需要自己去创造、去体验的。

新的教育观把教育过程看作不断提升儿童个体生命质量的过程。引导儿童正确地生活、智慧地生活、愉快地生活，不断建构儿童的生命主体的精神世界，不断提升个人的生存状态和地位，充分展示人的个性，丰富人的精神生命，从而最终实现社会的价值引导与生命自我建构相统一。

小学良好的成长基础影响着儿童终身可持续发展，直到这个生命个体的发展由一个自然人真正成为一个现代社会人（一个适应社会发展的人；一个融入未来社会有所作为、有所创造、有所贡献的人；一个在未来社会能担负起传递历史和人类文明的责任的人），这就是"生命发展教育理念"的意义。

"生命发展教育"理念已经成为常青实验小学的办学之魂，成为开启一切办学行为实践的总阀门，所形成的一套较完善的办学理念实践体系，已成为全体教职员工躬身践行的目标。学校从十年前建校初始仅拥有 10 亩地的校舍，到如今拥有三个校区（辖区部、日托部、国际部）的跨越发展局面，这十余年的艰苦探索，造就了"常实小"人钟爱于生命教育事业，坚守于生命教育事业的坚毅品格，为发展好每一个儿童生命，体现好教师自身的生命价值，树立好学校优质教育的品牌而不懈努力着、前行着，且舍我其谁，无怨无悔！

教育不是热炒，而是细火煲汤。只有真正地将学生作为教育的根本、教育的重心，才能把握好教育的真谛，办出理想的教育。

四、我的教育哲学思考

一位哲人曾这样说，没有哲学的教育是盲的，没有教育的哲学是空谈。英国教育家斯宾塞认为，真正的教育只有真正的哲学家才能实施。现代教育哲学是孕育现代学校诞生与发展的基本土壤与内在驱力。

　　生命发展教育理念就是具备常青树"教育梦"的教育哲学。它是学校发展中的一系列教育观念、教育思想及其教育价值追求的聚合体；是学校管理者对学校的理性认识、理想追求及其所形成的一种动态性的、生态性的教育思想观念和行为实践。

（一）生命发展教育的精神溯源

　　生命是人间最宝贵的东西。

　　人的生命基本形态有三种。首先是生物性生命，即人首先是作为自然生理性的肉体生命而存在的，这一点是和自然界的广大生物一样必须具有的基本属性。其次是人的精神性生命。人之所以为人就在于人有高于动物的意识活动，有超越生物性生命的精神世界。人不但要思考如何活下来，还要思考如何更好地生活。只要人在世界上存在一天，大脑就不会停止思考，人类就要创造、就要超越，就要更好地认识世界、改造世界。最后是人的价值性生命。每个人在一生中都要思考诸如"为何活着"的问题，这就是人对于生命意义发自内心的追问，是人对价值生命的一种诉求。人的价值性生命为人的生存夯实了根基，加足了动力，以至于好好地生存在这个世界。

　　提升人的生命价值，加足生命动力的是教育。

　　在古代文字中，"教"和"学"都有今天"教育"的意思。整个"教"字形象地表示：儿童必须学习被认为是经典的内容，不能违背经典的要求；如若违背，成人则手持棍棒加以惩罚。整个"学"字形象地表示：孩子在一所房屋里学习有关的知识。在西语中，"教育"表示：引发儿童内在潜能，使之变为现实。总之，"教育"原始的含义就是儿童的教育，它是作为儿童的一种生存方式而出现的。

　　古希腊智者创始人普罗泰戈拉（Protagoras）第一个表述了他对"人是万物的尺度"的看法，反映了教育尊重人的生命的思想萌芽。他认为，知识的种子存在于每个人的心灵之中，教师的作用就是帮助学生自己发现真理，教师的任务就是帮助学生心灵走向光明。教育的过程是一个身心自然运动的过程，适合儿童好动的天性，他提出了教育应该以游戏的方式进行。柏拉图曾经说过，"教育非它，乃是心灵的转向"，提出了情意教育与理性教育和谐并存，重在发展人的精神世界。

　　"生命教育"的概念是美国20世纪60年代针对青少年吸毒、自杀、他杀、性危害等现象高发而提出的。1968年美国的一位学者出版了《生命教育》一书，探讨必须关注人的生长发育与生命健康的教育真谛。此后，在世界范围内引起了广泛关注。近年来，日本、英国和我国台湾、香港等地竭力倡导生命教育，各种学术团体纷纷建立。他们进一步关注到人生命的全部不仅仅是生物的躯体，自然的生命仅仅是人生命存在的前提和物质载体，真正让人和动物区别开的是人类丰富的精神生活，倡导认识生命、珍惜生命、尊重生命、爱护生命、享受生命、超越生命，提升生命质量，创造生命价值。

1. 生命与生命教育

"人，诗意地栖居在大地上"，海德格尔之所以非常喜欢荷尔德林的这句诗，因为在海德格尔看来，它道出了生命的一种本真的、自在的状态。面对一个个鲜活的生命，我们不禁要问：本真的教育对多彩的生命究竟承担着怎样的责任？是唤醒、放飞，还是抑制、羁绊？我们必须对生命与教育有再度的审视。

对"生命"的两种理解：

生物学的观点：冯契主编的《哲学大辞典》中指出，"生命是主要由核酸、蛋白质大分子组成的、以细胞为单位的复合体系的存在方式"。

生命哲学的观点：葛力主编的《现代西方哲学词典》中指出，"生命是世界的绝对的、无限的本原，它跟物质和意识不同，是积极地、多样地、永恒地运动着的。生命不能借助于感觉或逻辑思维来认识，只能靠直觉和体验来把握"。

这两种观点呈现两条不同的思路：

生物学——生命的自然性（动物）。

生命哲学——生命的精神性（神）。

生物学关注生命的自然性，生命哲学关注生命的精神性，甚至把生命神秘化。前者把生命当动物；后者把生命当神。

从中我们应该感悟到：生命具有双重性。生命对于人来说，不是单一的，而是双重的，是自然生命和超自然的生命的统一。人具有动物和神的特性，但又都不是动物和神，它处于动物和神之间的"光谱地带"。

生命教育的基本认识也有广义与狭义两种：狭义的生命教育指的是对生命本身的关注，包括个人与他人的生命，进而扩展到一切自然生命。广义的生命教育是一种全人的教育，它不仅包括对生命的关注，而且包括对生存能力的培养和生命价值的提升。

生命教育是在生命活动中进行教育，是通过生命活动进行教育，是为了生命而进行教育，是以生命为核心、以教育为手段，倡导认识生命、珍惜生命、尊重生命、爱护生命、享受生命、超越生命的一种提升生命质量、获得生命价值的教育活动。

生命教育就是有关生命的教育，是指通过对学生进行生命的孕育、生命发展知识、生命价值的引导和教育，让他们对自己有一定的认识，对他人的生命抱珍惜和尊重的态度，并让学生在受教育的过程中，培养对社会及他人的爱心，使学生在价值观、人格观等方面获得全面发展。它是整合现有的学校资源，将身体教育、心理健康教育、禁毒教育、安全教育、法制教育等融合在一起，采取专题活动与学科渗透相结合的多元形式，学校与家庭协同，共同构建青少年健康成长的精神家园。

生命教育，目的是引导学生正确认识人的生命，培养学生珍惜、尊重、热爱生命的态度，增强对生活的信心和社会责任感，树立正确的生命观，使学生善待生命、完善人格、健康成长。

2. 生命与教育的本体关系

生命教育是一切教育的前提，同时还是教育的最高追求。生命教育是教育本质的基本内涵，教育的最终目的就是要提高人的生命质量，"人要活得有尊严，要活得幸福"，这都是生命质量的体现。因此，生命教育成为指向人的终极关怀的重要教育理念，是在充分考察人的生命本质基础上提出来的，符合人性要求，它是一种全面关照生命多层次的人本教育。

"教，上所施、下所受也；育，养子使作善也"。"教育"包含着由教育者对受教育者所设想的目的，其社会功能比较明显。而在西方，"教育"一词大都含有"用引导的方法，促使儿童的身心得到发展"的意思，更多地反映出教育对个体发展的功能。

20世纪后半叶，教育从培养人的外在属性转向了人自身。70年代强调"双基"，因为"知识就是力量"；80年代强调"能力"，因为"能力比知识更重要"；90年代强调"情意"，因为"失却了教育的另一半"。21世纪之初，《基础教育课程改革纲要（试行）》指出：教育要满足儿童多方面的发展需要，促进他们和谐发展。教育从关注社会，作为服务社会的工具，到关注人，作为人的发展的自觉需要；从关注知识、能力、情感单一发展到关注人的身心完整地发展，不断地实现着向生命的回归。

2010年颁布实施的《国家中长期教育改革和发展规划纲要（2010—2020年）》里明确指出：基础教育的任务主要不再是基础知识、基本技能技巧的训练和掌握，而是必须把每个学生潜能的开发、健康个性的发展、为适应未来社会的发展变化所必需的自我教育、终身学习的愿望和能力的初步形成作为重要的任务。基础教育应该教会儿童学会学习、学会发展、学会理解、学会共生，为他们奠定一生持续发展的基础。

据说，古希腊的一个英雄，有男性所有的美德，赢得了两个女神的爱慕和追求。一个女神说："如果你愿意与我结合，我将给你轻松、舒适与幸福。"另一个女神说："如果你答应跟我在一起，我给你的礼物是'艰难与沉重'"。最终英雄选择了后者，选择了"艰难与沉重"。

对生存在这个世界上的人而言，艰难与沉重是生活的常态，是日常生活的底色，因而是人类命定的礼物，是不可推却也是不能抵挡的。

就教育的内容来说，教育所传递的知识、品德、态度情感、思维方式、智慧等一切人类积淀下来的精神能量，对于一个尚未成年的生命而言，都是一种"重负"。重负就是那些艰难的事情，是需要调动生命所有的力量，去与其沟通融合（或者相反，与其抗争）的事情。如同米兰·昆德拉所指出的那样，教育是人生的重负，要担负起这种重负，生命的姿态不仅是庄严的、虔敬的，而且必须是耐心的。教育的目标就是以适当的方式，让儿童体会生命之艰难与沉重，进而果敢地承担起这些重负。就教育的形式而言，现代以来的西方教育在使儿童轻松愉快上，可谓竭尽所能。无论教育采用多么轻松的方式，包括游戏、唱歌、图画，那只不过是教育轻松的外表，只是真正教育的前奏。真正的教育最终是要化为自我教育的，自我教育的过程是克服自身种种障碍的过程，是跳出人生密布的重重陷阱的过程。

真正的教育，是让儿童学会以一颗坦然平和的心，面对生命成长中的种种压力，并在解决问题的过程中保持乐观愉悦的心态。教育所给予的愉快，是儿童在承担重负的过程中所迸发出的创造的欢乐。这样的重负应该是循序渐进的。每个生命，都在克服困难和痛苦的过程中，进行着创造性的转化和生成——生命的尊严和价值正在于此。

因此，教育是最具生命意蕴的事业，它不仅关注生命的发展、促进生命的发展，而且要基于生命的需求。人是教育的对象，教育成为生命的教育，才算是真正找到了教育的归宿，生命的教育才真正是教育的真谛所在。

（二）生命教育的缺失与回归

从社会环境看，经济日益发展，文化日益多元，观念日益开放，资源日益丰富，诸多因素极大地改善了学生的学习和生活条件，也为学生的身心成长带来了消极的影响。

从教育环境看，学校和家庭生命教育意识尚不系统，相对薄弱，导致部分学生对生命价值的意识和自我调适的能力存在不足。

◎教育脱离了生命的本原。

◎功利主义的教育，使生命的意义失落，人成了科技社会的工具。

◎教育不仅要使人成才，更要成"人"。

◎升学主义的压力。

◎教育脱离儿童的生活世界。

◎缺乏自主创新能力。

杜威曾说：现代教育把学校当作一个传授某些知识、学习某些课业或养成某些习惯的场所。这些东西的价值被认为多半要取决于遥远的未来。儿童必须做这些事情，是为了他将来要做某些别的事情；这些事情只是预备而已。结果是，它们并不成为儿童生活经验的一部分，因而并不真正具有教育作用。

改革开放以来，经济取得了巨大的发展，人民的物质生活条件人人改善，但青少年的道德意识及尊重他人生命的精神却随之大幅削减，导致部分中小学生道德观念模糊与道德自律能力下降，一些反生命的行为诸如吸毒、自杀、自残、侮辱与伤害他人生命以及网络成瘾、心理问题等愈加严重，且年龄层逐渐下降。此外，校园伤害、意外事故等威胁青少年学生人身安全的各种因素，也一定程度上影响了青少年的身心健康。

当前生命教育的实然状态，是我们往往以普遍性的生命理解去面对极度特殊的个性化生命，以理想化的人生价值去指导面对复杂挑战的现实性人生，以规范化的人生模式去引导单一不可逆的生命过程。这样的生命教育远离人的实际生存困惑，当然难以奏效。

（三）生命发展教育理念的提出

领导一所学校，首先是教育思想的领导，提升理念，是学校教育改革的理想境界。

学校要改革、要发展、要创新，必须要有先进的办学理念做支撑。什么叫办学理念？综合前沿理论，所谓办学理念，是人们通过教育活动的观察、思考和实践，获得对教育对象的再认识所形成的教育思想、教育观念、教育理想，它对人们所采取的教育行动具有指导意义和决定作用。先进的教育理念不但使我们审察教育现象或问题时具备一双智慧的眼睛，而且使我们设计和操作教育实践活动，以及总结相应的经验或导出结论时，有了一个坚实的理性基础和理论思维模式。

十七年前，在武汉市委市政府提出"三高、两性"（高起点、高标准、高要求、实验性、示范性）、打造品牌常青教育的要求下，"武汉市常青实验小学"这所由市教育局直接管辖的新校应运而生。

基于对每个儿童生命的关爱与呵护，更基于对每个儿童生命自主、全面、健康而和谐的发展，学校鲜明地提出了"生命发展教育"理念，它的制订基于三个方面的思考：

◎符合现代社会的发展需求。

◎符合教育自身发展的规律。

◎符合儿童生命成长的规律。

始终将人的因素放在首位，始终把儿童的全面发展放在学校工作的核心地位。

其形象具体的表述是四句话，即：

孩子们，欢乐的童年属于你，

　　　学习的主人就是你，

　　　生命的创造在于你，

　　　美好的人生召唤你。

其主旨在于"尊重儿童的生命主体意识，开发儿童的生命发展的能动性，促进儿童的自我教育能力的形成，创造人的精神生命"。

"生命发展教育"办学理念的理论基础是：以马克思关于人的全面、自由、充分发展的学说为指导，以人本化教育理论为基础，以儿童为中心，从哲学、生命学、社会学、教育心理学等理论视角，关注儿童的发展，关注儿童的生命及生命过程、生命质量与价值，深刻阐述生命成长与儿童的能动、生成、发展的关系，并赋予它愉悦性、主体性、人文性、创造性、发展性的特征。

教育如何让生命之树常青？它要求我们"尊重儿童的生命主体意识，开发儿童的生命发展的能动性，促进儿童的自我教育能力的形成，创造人的精神生命"。

简言之，"蓬勃生命给予我们成长与进步，中国人格给我们前行的力量"。

蓬勃生命："三观一圈"，即生命对象观、生成发展观、创价教育观和生命发展生态圈。

1. "三观"

（1）生命对象观

办学理念的核心是教育对象化。

新的生命对象观，是把学生视为一个完整的生命体，是"有意志、有情感、有想象的存在物"。把学校生活看作学生生命历程的重要构成，并以此来构建 21 世纪充满生命活力的人的教育——真正的教育。

要实现学生的发展，其前提必须了解并满足学生的本能与需求。在探求使这些本能和需求获得满足的条件之后，才能真正实现教育对学生生命发展的影响。

（2）生成发展观

学生的发展是学校教育的灵魂、核心的目标。教育对象是人，人具有生命的整体性和发展的能动性。

学生在自身发展过程中，具有能动性。学生发展的真正动力存在于学生内在的要求，因此，很大程度上是学生自己在决定着自己的发展方向和水平。

学生生命发展还具有生成性。所谓生成，就是人的自我发展的内在动因，是自我意识的成长，是自我实现的形成。学生的发展就是生命无限生成的过程。

（3）创价教育观

新的教育观把教育过程看作不断提升学生个体生命质量的过程。引导学生正确地生活、智慧地生活、愉快地生活，不断建构学生的生命主体的精神世界，不断提升个人的生存状态和地位，充分展示人的个性，丰富人的精神生命，从而最终实现社会的价值引导与生命自我建构相统一。

学校良好的成长基础影响着学生的终身可持续发展，直到这个生命个体的发展由一个自然人真正成为一个现代社会人（一个适应社会发展的人；一个融入未来社会有所作为、有所创造、有所贡献的人；一个在未来社会能担负起传递历史和人类文明的责任的人），这就是"生命发展教育"理念的创价意义。

2. 生命发展生态圈

这是一个促进学生生命发展环境与条件的新概念。

（1）学生生命发展的环境构成

由学生生命个体，干部、教师主体，学生群体，社会、家长的主体构成一个教育大环境。

（2）各主体间的作用关系

干部主体$\xrightarrow{\text{学生生命}}$理念引导、管理过程。

教师主体$\xrightarrow{\text{学生生命}}$师生关系、育人过程。

学生群体$\xrightarrow{\text{学生生命}}$生生关系、团队精神。

社会、家长主体 $\xrightarrow{\text{学生生命}}$ 社会氛围、家庭影响。

各教育主体相依相存、互相促进、共同发展，构成一个富有生机和活力、健康和谐发展的生命发展教育圈。因此，不仅要走进教育看原点，更需要跳出教育看教育。

（3）学生生命发展的阶段过程

影响学生生命发展不仅有一个生命发展生态圈，而且学生自身存在着横向发展的阶段过程。它表现在：学生的认知、情感和意志的发展具有统一的同步性。

学生的自我意识和自我教育能力、自我实现的发展还具有一定的规律性。即从生命体到发展主体，再到生成体的过程，最终实现由自然人到社会人，直至现代人的教育价值观。

生命发展教育要培养和完善的人不仅仅具有丰富的知识、谋生的技能、敏锐的洞察力、较强的判断力和创造的能力，而且更重要的是还应该有健全和完善的人格、丰富充实的精神世界和积极主动参与的处事态度。

生命发展教育把教育和人的幸福联系起来，和人的自主发展联系起来，和人的尊严联系起来，和人的终极价值联系起来，使教育真正成为提升人的需求层次、丰富人的精神世界的一种方式。

（四）生命发展教育理念下的文化体系

树立了先进的办学理念，还需建构与理念一脉相承的办学实践体系，以行动兑现办学思想，这样才能够让办学理念落地生根！特别是理念要内化成教师教育教学行动上的实践自觉。

理论指导实践，实践印证和发展理论，二者是统一体，以此才能实现学校在有序发展的基础上能优质、跨越发展。

生命发展教育理念下的新生态办学实践体系框架如下。

1. 生命发展教育理念下的办学

（1）发展思路

着力发展——注重现代化、国际化学校的建设。

强基固本——重视学生核心素养培养。

提升拓展——重视多元特色打造。

统筹兼顾——重视家校、社区和谐。

（2）办学目标

现代化、优质化、国际化、生态化。

（3）培养目标

中国人格，爱国情怀，国际视野，身心两康，善于学习，敢于创造，特长发展。

（4）常青树校名解读

校名：常青树实验学校

树人之业常青——（宏观整体）教育之根本（十年树木，百年树人）。

创新之校常青——（中观集体）立校之根本（办没有铺满常青藤的名校，优质教育服务社会与家长，为民族发展培育栋梁之材打下坚实基础）。

生命之树常青——（微观个体）立人之根本（常青树人，发展生命）。

附：校徽

校歌

小学：

《生命欢歌》

欢乐的童年属于你，

学习的主人就是你，

生命的创造在于你，

美好的人生召唤你。

童年属于你，
学习就是你，
创造在于你，
未来召唤你。

初中：
《常青树人　筑梦远航》

常青树，常青树，
我的生命我的家，
四季绿荫郁苍苍，
昂然挺拔激情扬，
扎根沃土吐芬芳，
仰望云天向大海，
张开臂膀迎朝阳。

常青树，常青树，
我们热爱我们唱，
我们要像你那样，
蓬蓬勃勃永向上，
脚踏实地追梦想。

常青树，常青树，
给我智慧和力量，
健全人格树志向，
风华少年乐成长，
青春年华喜绽放，
雏鹰张开绿翅膀，
风帆起航向远方。

常青树，常青树，
我们爱护我们养，
我们要像你那样，
蓬蓬勃勃永向上，
不断进取圆梦想，
不断进取圆梦想！

生命发展教育的价值，就在于它最大限度地尊重了师生生命的尊严，最大深度地挖掘了师生潜在的生命能量，最大宽度地打开了师生的视野和心胸，使师生获得了从未有过的自信，让他们跨上了人生新的发展台阶。

教育就是这么一件平凡而伟大的事，要做好教育，就请从尊重生命开始吧，构建让生命蓬勃而自然生长的环境吧。

让我们从现在做起，并循环往复、快乐地持守下去！不只惠泽人类，还应体恤其他物种；不只关心今日生命之享用，还应关怀明日生命之发展。

五、学校德育：一种生命成长的展开方式

人的一生，其生命内在的规律与生命的密码已经蕴藏了许多东西，这些东西都是生命中与生俱来的，我们的教育并不是全能的，无论学校还是教师，都不能够代替学生的成长。但是，我们却可以创设条件帮助他们成长。

我告知自己，社会的运转已经呈现出多样、多元，孩子生命的世界就像万花筒一样，随时都可能会遭遇未知。

正是这种未知性为生命洞开了许多扇明亮之窗。我们的学生生命正面临他们即将获得的前所未有的诸多呈现机会和呈现方式。面对这个时代迅猛发展的将来，我们怎样教育孩子？

在学生生命成长的一个动态、不断发展过程中，生命哲学家伯格森从生物进化论出发，发现生命的本质在于人的不断向上的生命冲动和无限的创造力，人通过直接体验这种无法言说的东西来把握生命的存在。

狄尔泰认为，整体的人，是有意志、有情感、有想象的存在物，是心理与物理、灵与肉的生命统一体的完美融合；人的问题成为教育的核心问题，教育伴随人的问题的研究而进行着目的论的转变，人被视为教育活动的最高目的。

与此同时，人的教育在内涵上也得到不断扩展，人的尊严、个性、自由和平等成为教育的主要话语。[薛晓阳：《人的教育：一种社会哲学的考察》，载《教育理论与实践》，2004（1）。]

人是自然性和社会性的统一。

由此我们认为，人的生命成长既是一个自然的发育过程，又是一个在特定的生活环境、生命情境中体验成长的过程。

教育是生命成长的一种重要方式，是沟通理论世界和现实世界的桥梁，是学生精神世界成长不可缺少的历程。

由此我们觉得研究影响学生生命成长的德育十分必要。

我知道学校教育已不再是决定学生命运的唯一力量，也不会是生命展开的唯一载体，但学校教育肯定是生命成长展开的一种主要方式。学校教育者只是应尽力在

孩子的生命历程中提供成长的动力与方向！

我让老师们思考：孩子是有待成长的人，还是"有欠缺"的个体？

我们总是习惯于把学生当作一个"有欠缺"的个体存在，把他们作为一个被加工和塑造的对象，而不是一个活生生的人；我们应该明确受教育者的存在多样性、内在自主性和发展多元性。

因此，"尊重儿童的生命主体意识，开发儿童的生命发展能动性，促进儿童的自我教育能力的形成，创造人的精神生命"成为我校的教育共识。

就这样，我校德育工作主要做的一件事，就是始终将人的因素放在首位，始终把儿童的全面发展放在学校工作的核心地位。立德树人的成效在学校一项项用心设计的教育活动中徐徐呈现……这正是我校德育工作的初衷与终结目标所在。

为国育人，助力学生成长和发展是学校一切工作的核心。

学校德育不能决定生命，但学校德育绝对是生命发展不可绕过的方式。

六、生命发展教育体系下的德育建构

"心灵碰撞心灵""人格塑造人格""生命浸润生命"是学校的高频词。在学校教育活动中，"人人都是德育工作者、门门都是育人课程"，学生追求的则是"让优秀成为习惯"的自律境界。

在我们学校，德育有条必须遵守的规则——德育是对话式、活动式和交往式的，绝对不是灌输式和传授式的。

这条规则的指向就是学生不是"参加"德育，而是"参与"体验活动，不是"接受"德育，而是"养成"让"优秀成为习惯"的德性。教师不是"道德权威"和"道德审判者"，而是"引导伙伴"和"活动的策划组织者"。

早在十七年前，学校就提出了"师生双主体共同发展"的德育观点，让师生这一对生命主体在学校倡导的自主、合作、探究、体验等活动贯穿过程中，共同成长、进步，实现教育的理想化。

如何理解"师生双主体"这一关键词，就要正确领悟具有现代理念的师生关系和教育活动中师生角色的恰当的定位。

具有现代特征的教育，教师是学生学习的伙伴，是学习的引导者、参与者、合作者和服务者，教师的教学理念、个人素质、把握教材和组织教学的能力，科学、灵活、开放、富有创意的教育活动设计，尊重、宽容、民主、和谐、探究、合作的教育氛围的形成等，都是教师这一主体在课堂教学中的重要体现，也是提高学生学习积极性、有效性的关键所在。

而教育活动中另一主体就是学生，学生就是学习的主体，是学习的真正的主人。教师应充分尊重学生学习的选择权和自主权，并尽量多地给他们学习的时间和空间，在认知过程中强调"发现—探究"，学生通过自主发现、探究、理解、领悟和再发现、再探究，形成自主学习的活动过程，充分拓展学生思维的自由度，使学生思维的深刻性、独立性、灵活性和创造性得到有效的发展。

在认知方式上，教师的教育主体意识潜移默化地影响着学生的认知方式，而学生时时闪耀着思维火花的认知方式，也不时地对教师的认知方式以触动。

这种师生双主体在认知方式上的互动和融合非常有利于发展学生思维的敏捷性和独创性。

同时，在师生的情感交流中，学生的个性得到充分张扬，形成渴望自主发展、自我教育的意识，促进教育过程的良性循环。以人为本，关注学生的发展，关注生命的过程和质量，促进一个个鲜活的生命个体有质量地能动发展是教育的一个永恒主题。

学校德育工作充分调动师生的能动性和创造性，师生共同参与、共同成长，从而获得同步增长，体现了双方的生命价值。教育活动过程真正成为师生双方共同的生命过程。

在整个教育活动中，教师和学生在不同的层面上都有各自的主体地位，都发挥着各自的主体作用，只有强调"双主体"的共同、和谐发展，才能真正促进德育工作的进一步优化。

在"十三五"起步与开局之年，学校德育顶层设计是当下学校德育的一种全新理念，也是学校德育的一种未来略向。学会和做好学校德育顶层设计，是每一位校长的重要职责。

生命发展德育顶层设计是基于我校生命发展教育，依据学校德育上位发展而再度进行的各层次、各环节的系统、整体的设计。

由于学校德育顶层设计对学校德育未来具有十分重要的意义，因此，我们在设计时，努力把握前瞻性、整体性、结构性等特征，去体现教育的哲学性。

在学校"师生双主体"的德育成效上，我给学校优秀的德育副校长廖晓燕提出了德育规划的三条铁定原则，就是"方向性、生态性、激发性"。

1. 生命发展德育顶层设计为学校德育发展提供方向

学校生命发展教育哲学是学校共同体成员在长期的办学实践中形成的对于学校教育以及学校未来发展的一种全面、系统而又具有特色的整体性理解。

学校教育哲学主要包括学校核心价值观、使命、发展愿景和育人目标四个方面的内容。由于学校教育哲学体现了学校的新生态核心价值观、使命、发展愿景和育人目标，因此，建立在学校教育哲学基础上的学校德育顶层设计必然指向新生态德育发展的未来。

学校德育顶层设计具有整体性的特征——既涵盖了学校德育的整体，又考虑到学校德育的各层次和各环节，所以这种设计必然呈立体结构状态，并为学校德育的开展提供了坐标和方向。

2. 学校德育顶层设计为学校德育架构创设生态

作为顶层设计的学校德育，肯定不是学校德育的简单集合，而是学校德育的一种系统设计。

这种系统设计我们考虑到以下几点：一是遵循系统思考原则，即从人的生命发展角度系统考虑学校德育的各层次和各环节，形成一个良好的结构系统；二是遵循德育规律原则，即从我校新生态德育自身发展规律的角度设计；三是遵循学校教育哲学指导的原则，这就保证了新生态德育顶层设计的正确方向和科学发展。

因此，生命发展教育德育顶层设计是一种整体结构优化的德育架构，即创设了一个最佳的生态系统。它既为学生道德成长提供了良好的生态环境，也为学校德育的可持续发展创造了条件。

3. 学校德育顶层设计为生命之树常青激活潜能

学校德育顶层设计是学校德育发展的蓝图，它呈现一种结构状。正因为如此，学校德育顶层设计不是严严实实、密不透风的，它并没有为学校的每一位德育工作者设计好德育的具体而详尽的方案；相反，它为学校的每一位德育工作者创设了主体发挥的无限空间。

学校德育顶层设计的结构性，决定了学校德育工作是原则性与灵活性、有限性与无限性的辩证统一。

　　"人人都是育德心灵师"。我们不断鼓励学校每一个教师员工都可以在学校德育的生态结构中发挥自己的天才设想、聪明才智，创造性地开展自己的德育工作。

七、生命发展教育的德育体系全景

　　学校德育顶层设计，我希望有：远瞻、系统、实效、激活的功能。

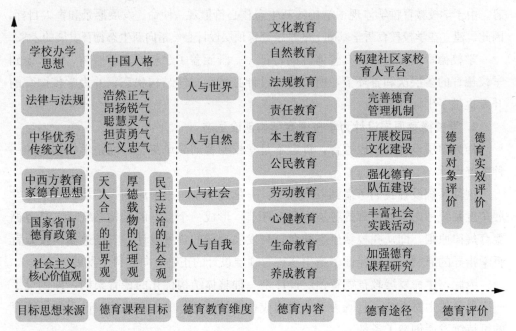

| 目标思想来源 | 德育课程目标 | 德育教育维度 | 德育内容 | 德育途径 | 德育评价 |

　　依据生命发展教育办学理念，我们以"社会主义核心价值观""中华优秀传统文化""教育政策""现代教育思想"及"法律法规意识"为思想来源，设立以修养"中国人格"为核心的"五气三观"的德育目标。

　　它形成的是颇具中国特色的鼎结构。

　　五气：浩然正气、昂扬锐气、聪慧灵气、担责勇气、仁义忠气。

　　以下为五气涵盖的关键词：

　　浩然正气——正直、刚毅、坚强。

昂扬锐气——开拓、锐意、创造。

聪慧灵气——智慧、灵动、活泼。

担责勇气——奉献、承担、果敢。

仁义忠气——仁爱、诚信、忠坚。

三观：天人合一的世界观，厚德载物的伦理观，民主法治的社会观。

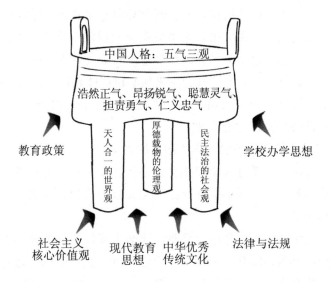

（一）社会主义核心价值观：个人、家、国、天下

问渠哪得清如许？为有源头活水来。

党的十八大报告提出："倡导富强、民主、文明、和谐，倡导自由、平等、公正、法治，倡导爱国、敬业、诚信、友善"，积极培育和践行社会主义核心价值观。

中共中央办公厅印发的《关于培育和践行社会主义核心价值观的意见》明确指出："把培育和践行社会主义核心价值观融入国民教育全过程。"因此，以社会主义核心价值观引领小学生德育工作，是当前小学生价值观教育领域的重大课题。

1. 社会主义核心价值体系与学校德育

"少年强则国强"，是我校小初衔接上六年级全体师生表演的保留节目。

帮助中小学生正确认识价值观问题，形成科学的价值评判标准，树立宏大的信念与理想，是社会价值观所应承担的重要职责。正如梁启超在《少年中国说》中指出的一样,"少年智则国智,少年强则国强。"只有使人类未来的接班人与建设者的思想意识得到提升,才能不断推动社会的发展与进步。

在一个国家、社会中,各种价值要素经过优化组合,形成了多种价值体系。在价值体系中,起主导和支配作用的价值体系被称为核心价值体系,它是一个国家历史传统的传承创新,是一个国家凝聚人心的精神力量,它能够决定国家的性质、发展的方向,它是一个国家的居民在道德层面上必须遵守的基本行为规范。

作为理论创新的又一重要成果,党中央在十六届六中全会上首次提出了"建设社会主义核心价值体系"这个关系和谐社会建设的重大命题与任务。

党的十八大上,进一步丰富了社会主义核心价值体系理论,报告提出:"倡导富强、民主、文明、和谐,倡导自由、平等、公正、法治,倡导爱国、敬业、诚信、友善,积极培育社会主义核心价值观"。

2. 社会主义核心价值体系融入学校德育的含义

社会主义核心价值体系融入学校德育,是指在学校中,通过课堂教学、社会实践、主题教育活动等方式,对学生进行社会主义核心价值体系教育,培养社会主义合格的建设者和接班人。

其内涵分为三个层次:一是地位重要,社会主义核心价值体系教育是学校德育的重要组成部分,其内容被载入学校德育教学大纲,具有明确的教育目标、教育内容、教育对象、教育途径和教育者。二是教育方式多样化,不仅有传统的课堂教学,还包含社会实践、主题教育活动等多种教育方式。三是教育目标明确,在思想方面,学生要熟悉社会主义核心价值体系的内容,了解其提出的时代背景、重要意义;在行为层面,学生能够按照社会主义核心价值体系的要求成长成才,成为合格的建设者与接班人。

学校德育总体上来说曾起过非常重要的作用,对提高学生的思想道德品质、完善学生的人格、实现当时的德育目标,发挥了积极的作用。德育工作的基本目标是把学生培养成为热爱社会主义祖国、具有社会公德与文明行为习惯、遵纪守法的公民。

作为社会主义意识形态的本质体现与主导价值观,社会主义核心价值体系是推动经济社会发展的精神动力,代表着社会的发展方向,反映着时代的基本特征,它必须贯穿于学校思想政治教育的全过程。

3. 社会主义核心价值体系融入学校德育的途径

社会主义核心价值观是引导社会的重要坐标，是人生观和世界观的核心与基石。

习近平总书记指出："一种价值观要真正发挥作用，必须融入社会生活，让人们在实践中感知它、领悟它。""要从娃娃抓起、从学校抓起，做到进教材、进课堂、进头脑。要润物细无声。""要使核心价值观的影响像空气一样无所不在、无时不有。"

把社会主义核心价值体系融入学校教育，关键是"融入"，融入学校教育教学管理全过程。具体来说，就是融入各门课程、社会实践、校园文化以及班主任工作、学校日常管理等具体环节。

社会主义核心价值体系融入学校德育具有强烈的时代感，是社会发展的必然，也是教育改革的必然。

（二）国家省市德育政策：德育为先，立德树人

德育工作向来是教育理论与实践领域的重点内容。国家、地区、学校都十分重视对学生良好品质的培养，良好的品德不仅能够促进个体的稳定发展，更加有利于和谐社会的建构与发展。

然而，德育工作中仍然存在着一些问题。例如，德育内容和形式脱离学生的思想实际和身心发展需要，学生接受起来比较困难。反思我国德育现状，基本以教师的说教为主，纯然凭借说教的方式培养学生的良好品质通常收效甚微，有时甚至会适得其反。有调查表明，大多数学生认为学校德育工作，口号性内容较多，开展的活动缺乏特色，脱离生活实践，缺乏对学生需要的关注。

相当一部分学生认为，德育形式单调刻板，灌输、说教色彩重。学生渴望满足身心需要的有针对性的教育，而我们的德育未能真正符合学生的特点与需要，所以学生难以接受和内化。因此，对德育加以反思与改革势在必行。

2010年7月，根据党的十七大关于"优先发展教育，建设人力资源强国"的战略部署，为了促进教育事业科学发展，全面提高国民素质，加快社会主义现代化进程，颁布《国家中长期教育改革和发展规划纲要（2010—2020年）》（以下简称《纲要》），为未来中国10年的教育改革和发展描绘了宏伟蓝图。

为顺利实现未来10年教育改革和发展目标，《纲要》提出了包括10个重大项目和10个重大改革试点在内的六项保障措施。在《纲要》中，我们整理得出有关德育

的相关内容，用以学校德育建设。

1. 指导思想：促进学生思想道德素质、科学文化素质和健康素质的全面发展

《纲要》的指导思想即高举中国特色社会主义伟大旗帜，以邓小平理论和"三个代表"重要思想为指导，深入贯彻落实科学发展观，实施科教兴国战略和人才强国战略，优先发展教育，完善中国特色社会主义现代教育体系，办好人民满意的教育，建设人力资源强国。全面贯彻党的教育方针，坚持教育为社会主义现代化建设服务，为人民服务，与生产劳动和社会实践相结合，培养德、智、体、美全面发展的社会主义建设者和接班人。

可见，《纲要》的教育目标之一即提供更加丰富的优质教育。教育质量整体提升，教育现代化水平明显提高；优质教育资源总量不断扩大，更好满足人民群众接受高质量教育的需求；学生思想道德素质、科学文化素质和健康素质明显提高；各类人才服务国家、服务人民和参与国际竞争能力显著增强。

2. 基本原则：德育为先，培养拥有良好品德的个体

《纲要》指出教育应当坚持德育为先的原则，培养拥有良好品德的个体。立德树人，把社会主义核心价值体系融入国民教育全过程。

加强马克思主义中国化最新成果教育，引导学生形成正确的世界观、人生观、价值观；加强理想信念教育和道德教育，坚定学生对中国共产党领导、社会主义制度的信念和信心；加强以爱国主义为核心的民族精神和以改革创新为核心的时代精神教育；加强社会主义荣辱观教育，培养学生团结互助、诚实守信、遵纪守法、艰苦奋斗的良好品质；加强公民意识教育，树立社会主义民主法治、自由平等、公平正义理念，培养社会主义合格公民；加强中华民族优秀文化传统教育和革命传统教育。

把德育渗透于教育教学的各个环节，贯穿于学校教育、家庭教育和社会教育的各个方面。构建有效衔接的德育体系，创新德育形式，丰富德育内容，不断提高德育工作的吸引力和感染力，增强德育工作的针对性和实效性。

3. 核心理念：提升教育质量，建设创新型国家和人力资源强国

质量是教育水平的核心，质量高低是衡量教育成败的根本。提高教育质量是我国参与国际竞争、应对未来挑战的现实需要，是建设创新型国家和人力资源强国的迫切要求。进入 21 世纪，我国教育事业逐步实现了由数量增长向内涵发展的转变。

在今后一个时期内，提高质量是教育改革发展的中心任务。高质量教育是全面贯彻教育方针、面向全体学生、促进学生全面发展的教育。在我国教育规模大发展的同时，各级各类教育质量也不断提高。

但是，与日趋激烈的国际竞争、全面建成小康社会的新要求以及人民群众的新期待相比，我国教育质量总体水平还不够高，特别是学生的社会责任感、创新精神、实践能力、体质健康，需要重点提高和增强。

今天中国德育面临的挑战是巨大而复杂的，出路当然只有德育改革、创新。德育改革或创新的根本目的是，实质性地提高公平、正义、和谐的社会生活水平，提升每一个受教育者健康、幸福的个体生活质量。

（三）中西方教育家的德育思想

中国的古代文明铸就了辉煌的传统文化，传统文化中又孕育着独特的教育思想，相对于近代以后出现的新式教育，传统教育在很大程度上可以说是"道德的教育"，这一点历代教育家的教育思想能够很好地印证。同时，中国古代的"道德"是有着其自身特定的含义的。

1. 传统文化中孕育着独特的教育思想

（1）以个人"修身"为起点

中国传统道德教育思想是围绕"个人"展开的，即要求个人"修身"，培养良好的道德，从诸子百家到其后各家在道德教育的论述上都呈现出这样一个特点。

首先，从道德教育的内容上看，中国古代的道德要求，主要针对家庭、个体而言，提出诸如"孝""仁"等思想，从某种程度上说是一种伦理观。

《大学》指出了"格物、致知、诚意、正心、修身、齐家、治国、平天下"八个方面，也就是通常意义上的"八条目"，此八个方面层层递进，表现出对个体逐步提高的要求。从这段话中可以看出个人的"修身"是道德要求的首要方面，而对于个人的"修身"则又要求从"格物、致知、诚意、正心"四个方面来进行，前两者是知识的累积，后两者是道德的提升。

其次，从道德修养的方法上看，中国传统的道德教育思想体现出针对个人"修身"的特点，通过自身的"内省""内悟"来达到最终的目标。孔子在论述培养理想人格——君子的基础上，提出了学、思结合的修养方法。

《论语·为政》篇中记载："学而不思则罔，思而不学则殆"，表明学、思是一个相伴的过程。同时在道德情操的培养上，要注重个人的反思。孟子在孔子的基础上也提出存心养性、反身内省的修养方法。他说："尽其心者，知其性也；知其性，则知天矣。存其心，养其性，所以事天也。夭寿不贰，修身以俟之，所以立命也"。这段话体现出孟子道德修养论的基本纲领，个人"存心养性"，从而"修身""立命"。

（2）家庭伦理的德育功能

中国传统道德教育思想中的另一个很明显的特点便是家庭伦理具有德育功能。

西周是中国奴隶社会的鼎盛时期，无论从制度上还是意识形态上都形成了自己的特色。

孔子提出"仁"，是对个人的道德修养而言的，而这种"仁"又是从家庭中的伦理开始的，这种伦理又表现在"孝悌"方面，即对长辈的孝敬，对兄弟姊妹的爱护，这也仅局限于家庭的小环境中。至于孔子后来又提出的"爱人"则是一种伦理上的理想化，是在"爱亲"的基础之上进一步提高的要求，是一个抽象的范畴。

《论语》里面体现道德教育思想的主要是讲述个人的道德和伦理。孟子在继承孔子"贵仁"的基础上又提出了"仁义"并举之道，并形成了一套以"仁义"为主体的仁、义、礼、智四德相统一的道德规范体系。在论述这套体系时，孟子又引入一个"人伦"的概念，他指出，"人之有道也。饱食暖衣，逸居而无教，则近于禽兽。圣人有忧之。使契为司徒，教以人伦：父子有亲，君臣有义，夫妇有别，长幼有序，朋友有信。"

北齐著名教育家颜之推致力于家庭教育，经过多年的积累和研究著成《颜氏家训》一书，成为我国关于家庭教育一部典型的代表作，为后世提供了宝贵的经验。这本书除了介绍家教的一些方法之外，还体现出了传统道德教育思想中浓厚的"家庭伦理"观。

（3）以"德"治国的教育政治功能

由于中国长期的君主统治形成了专制的氛围，因此，传统的道德教育思想也与政治密切相关。西周森严的等级宗法制，从对子民道德的规范来加强政治的德治理，从而建立了一个道德、宗教、政治三者融为一体的思想体系。

孔子创立儒家学派，推崇"仁"的道德观念也是为政治服务的。

传统的道德教育思想贯穿于整个中国古代社会的发展，到西汉时期，董仲舒将儒家理论集大成，并形成了自己独特的道德观，将传统道德教育思想推向了一个高度，特别是将其与政治的联系拉得更加紧密！

（4）体现"天人合一"的和谐教育理念

中国传统文化中向来强调"天人合一"的思想，体现在道德教育思想中也是如此。

孟子曾对"天人"做出自己的见解，在他的眼中，"天"的含义有四层，即有自然之天、主宰之天、命运之天和道德之天，因此，对应到教育中来，便是最后一种"道德之天"。

孟子认为，"天之生物也，使之一本。"万物皆于我矣。反身而诚，乐莫大焉。强恕而行，求仁莫近焉。"宇宙万物有统一的本源，它们息息相通。"万物"大致指宇宙自然界的万物，万物之所以与我融为一体，是因为万物之理都已经备于我身了。

人与自然的合一也是以"善"为基础。所以，孟子最高层次的天人合一是在人性道德层面上的合一。

孟子的"天人合一"内容丰富、思想精邃，强调的是天与人的相通合一。天人合一的思想正是把认识世界和认识自我紧密联系起来，希望建立和谐关系，这在现代的文明的困境中，一天比一天显得有价值。

2. 西方教育予以德育哲学审视

德育是世界各国都普遍重视的全球性话题。道德教育方法作为德育工程的子系统，是十分关键的重要组成部分。这是由于成功而有效的德育不仅受益于德育内容的科学设计，而且还受益于方法的选择是否适当与正确。

西方在德育方法方面的研究也有悠久的历史，可以追溯到远古时期。古代西方道德教育同宗教结合紧密，近代以来，权威教育起主要作用，第二次世界大战结束后则受杜威、皮亚杰、哈特肖恩、霍尔等多个教育学派和学科的影响。

近现代西方的道德教育形成了不同于东方的许多特点，如宗教方法的传承、学科方法的多样、教育方式的渗透、选择方法的自由，并形成了道德认知发展、价值澄清、社会学习等主要的方法论。

通过对近现代西方国家德育方法的比较和分析，合理地借鉴、吸收国外先进的方法对我国德育方法的创新有十分重要的现实意义。

德育方法研究在西方可以追溯到远古时期的希腊与罗马。从德育方法论思想发展上看，古希腊著名哲学家德谟克利特就提出道德可以教育的观点，并提出相应的德育方法是说服教育和正面鼓励，认为"用鼓励和说服的语言来造成一个人的道德，显然比用法律和约束更能成功。说服而被引上尽义务道路的人，似乎不论私下或公开都不会做什么坏事"，主张在德育的方法问题上提出说理教育的原则，引导人们进行理性思考。

柏拉图在其"回忆说"和灵魂等级论的基础上，提出了"先天品德论"、先天品德的修养方法。亚里士多德在《政治学》中详细地阐述了在美德形成过程中进行教育训练的方法，甚至提出了进行语言、举止方面的道德教育方法。

从德育方法所依托的媒介上看，古希腊的斯巴达注重音乐和体育在德育方法中的作用，把音乐、体育与德育结合起来，丰富了德育的途径。如斯巴达人对音乐的选择有一定的要求，他们推崇庄严肃穆和情调高昂、激发人积极向上的乐调，将可歌可泣的英雄事迹写成赞美诗，并配以音乐，认为这种音乐才能教育斯巴达人服从命令、遵守纪律，为国家勇敢作战。

在雅典，音乐教育成为道德教育中最重要的组成部分之一。他们用战争歌曲培养人的勇气、坚忍不拔的战斗精神，用赞歌和颂歌教导人们敬畏英雄、忠于祖国。雅典则把对青少年的德育贯穿于全部的学校教育之中。在学校里，雅典人不仅单独开设了"道德"课进行直接的道德教育，而且注重通过体育、文学、音乐等各种课程来进行德育。

尽管从现代哲学观审视，古代西方德育的哲学方法论和神学方法论存在不民主、方式单一等很多不合理因素，但是宗教方法的传承性、重视多学科德育的整合性、注重渗透教育、理论灌输与实践相结合等重要思想，都为近现代的德育方法创新提供了十分重要的理论渊源与实践经验。

（1）宗教方法的传承性对近现代西方德育方法产生了深远的影响

德育与宗教结合一向是西方国家道德教育的特点。进入近现代之后，西方国家虽然改变了宗教教育的主导地位，但是与宗教教育相适应的一套传统教育方法，如教条灌输、宗教仪式、服从敬畏、省察忏悔、管制体罚等，一直传承下来并得到广泛运用与发展。

夸美纽斯在《大教学论》中关于德育方法的论述大多是继承了传统的宗教方法，主张除宗教仪式、服从敬畏、省察忏悔以外，还应当有预防法、实践法、榜样法、纪律和规则法等。洛克在《教育漫话》中也是继承宗教方法提出对儿童的德育主张的，除论述了通过宗教行为训练来培养德行外，还指出在德育训练方面要早实践、严而有度、奖罚得当等。

（2）重视多学科、多渠道、多媒介德育的整合性是西方德育的宝贵遗产

斯巴达和雅典的全方位德育方法给后来的德育以极大的启示。在近代，瑞士教育家裴斯泰洛齐提出德育、智育、体育并行，家庭教育与学校教育相结合的德育方法。

法国启蒙思想家卢梭在《爱弥尔》中提出了自然后果法、经验学习法、情感陶冶法、人格感化法等德育方法。赫尔巴特在《普通教育学·教育学讲授纲要》中提出"教学的教育性原则"，指出道德教育应在不同阶段实施相应的德育方法，寓德育于智育和校园生活之中等。

杜威从学科角度研究、探索道德教育理论与方法，在《教育中的道德原理》一书中指出应通过学校生活和各科教学来对学生进行德育。学科领域主要包括哲学、心理学、社会学、宗教和历史学等，并且主张道德教育应该把学校生活当作一个整体来进行，让学生在社会生活中受到应有的道德训练等。

（3）重视情境德育的重要作用

早在古希腊时期，苏格拉底就提出，儿童的道德教育应该通过开展讨论、组织活动进行。亚里士多德也强调要在行动中，在实际练习过程中培养德行，提出了在生活中根据人们的现实生活进行道德教育。

近现代西方教育家继承了这一传统，越来越认识到这种隐性的、潜在的、渗透式情境教育的重要性。他们反对向学生直接灌输道德理论和道德原则，主张学生通过自主的理智活动和实践活动获得道德上的提高和发展。柯尔伯格的"新苏格拉底法""公正团体法"、价值澄清学派的"自由选择"、贝克的"问题中心法"等，都以个体参与和自主活动方式来进行道德教育，都强调道德教育的情境性。

（四）继承传统文化的德育视域

儒家文化是中国传统文化的主流，早已积淀成为中华民族的精神底蕴。如其中的仁爱思想、天人合一思想、处世哲学等，其思想之博大精深对当前面临的严重道德失范问题的解决具有极大的理论和实践指导意义。

我们要利用先人留给我们的珍贵遗产，积极探索儒家德育思想在加强和改进德育工作中的有利因素，促进当前德育工作的完善。

1. 借鉴儒家文化发展德育的必要性

"儒家者流，盖出于司徒之官，助人君顺阴阳明教化者也。游文于六经之中，留意于仁义之际，祖叙尧、舜，宪章文、武，宗师仲尼，以重其言，于道为最高。"（《汉书·艺文志》）中国儒家传统文化作为一种内在精神，支撑着中华民族历经千载。

儒家文化以"仁"为核心，以"中庸"为准绳，以"礼"为行为规范，以"修身、齐家、治国、平天下"为宗旨，以"和"为理想目标，是中华民族传统美德的结晶和传承。历经时代的洗礼，已经成为适应时代发展需要的价值趋向。深化儒家文化教育，增强学生德育修养，已经成为当下拓展素质教育的必然路径。

教育在呼唤回归，回归育人的原点，回归教育的本真。

习近平总书记在孔子诞辰 2565 周年国际学术研讨会暨国际儒学联合会第五届会员大会上发表重要讲话，强调了孔子学说以及在此基础上发展起来的儒家思想的重要作用，认为儒家思想："可以为人们认识和改造世界提供有益启迪，可以为治国理政提供有益启示，也可以为道德建设提供有益启发。"

2014 年 5 月 4 日在北京大学师生座谈会上，习近平总书记引用许多儒家经典名句来倡导青年要自觉践行社会主义核心价值观。在其他的许多场合，习近平总书记也多次强调了儒家经典国学经典的重要作用。所以要重视儒家经典的作用，赋予它新的时代内涵，使之成为中国特色现代道德教育内容的重要来源。

目前，我国德育现状重灌输、轻体悟和实践，公民的道德平均水平不高，甚至在一定范围内道德滑坡现象严重。从根本上解决这些现实问题，需让德育重新定位并适应其发展的文化土壤。

2. "与时偕行"——让当代德育在传统文化中生长

（1）"君子怀德"——人才培养德育为首

"子曰，弟子入则孝，出则悌，谨而信，泛爱众而亲仁，行有余力，则以学文。"从中可以看出孔子是将道德实践置于文化知识之前的，智育是建立在德育基础之上的。

后代儒家无不遵循孔子的这种办学方向，逐步形成了儒家德育首位的育人观念。

唐代韩愈认为，教师的天职是"传道、授业、解惑"，更加明确地指出一个教育者的职责首先是传道，即传授儒道，培养人才；其次才是授业（传授业务知识）和解惑（解决疑难问题）。授业解惑的目的是传道，用今天的话说就是教书育人。教书是手段，育人是目的。

中国历代儒家重视德育，置德育于教育的首位，曾起过重要作用。今天看来，仍然不乏熠熠闪光之处，如揭示德育的核心作用，反映教育培养后代的一般规律，赋予教师的育人使命。但继承和借鉴德育首位论的合理内核时，也应注意其自身所具有的无法克服的历史局限性，即道德教育决定论的主观唯心主义倾向。

（2）"修身，齐家，治国，平天下"——德育目标层次化

德育目标的设定模糊、泛化是当代我国德育发展的一个重要问题。儒家文化倡导的德育目标具有鲜明的层次性、逻辑性和合理性。"修身，齐家，治国，平天下"是儒家德育目标的经典概括。

"修身"是基础，即从个体角度而言的道德目标，把臣民百姓都塑造成有道德的人，完善内圣外王的理想人格；"齐家"则是建立在"修身"之上的层次目标，即强调人伦孝悌，由家庭成员间的爱推及他人的仁爱。

"齐家"是儒家文化在家庭方面的德育目标；"治国、平天下"则是建立在前两者基础之上的德育目标；"举贤人治国""爱民"是对于统治者的道德要求，"公忠爱国"则是对于臣民的要求。

儒家的德育目标是将个人、家庭、国家紧紧联系在一起的，有着清晰的层次性和逻辑性。所以，当代德育的发展要充分借鉴儒家文化德育目标的合理性价值。

（3）"知行统一、身教示范"——传承育人方法

道德品质的养成不是一蹴而就的，而是要遵循循序渐进、知行统一的德育方法。《中庸》曰："博学之、审问之、慎思之、明辨之、笃行之。""笃行"是儒家学者所极为重视的修养方法。

所谓"笃行"，就是强调在"明理"的基础上，把"理"落实到自己的行动上，扎扎实实地去实行。"知"与"行"，相互依存、相互统一，二者相辅相成，但"知"与"行"又各有自己的功能："知"，可以帮人们明义理，这是"行"的前提，故曰："义理不明，如何践履？"但是"知"又必须落实到"行"上，"知是行之始，行是知

学生礼仪

之成。"儒家的知、行统一，重在践履的德育思想及方法，对于我们教育学生不仅要懂得知，更要引导学生在日常的生活中践履道德规范。

　　道家以其深邃的大智慧，以独特的言语和方式实施着其教育功能，潜移默化地影响着中国人的心理和性格。道家思想对中华民族传统美德的形成有着重要的影响，如老子的虚怀若谷、宽容谦逊的思想，恬淡素朴、助人为乐、反对争名夺利的思想，以柔克刚、以弱胜强的思想等。

　　正是这种传统文化与中国文化、与民族精神融为一体，以优秀的民族文化为基石，有利于培养学生建立正确的文化观、价值观与人生观，从而让学生成为德、智、体全面发展的一代新人。

八、常青树的德育实践维度

我常思考教育的实质是什么？

教育就是一种提醒与提供。

我校把培育"中国人格"的"五气三观"作为德育的目标追求，并将其细化为学校育人的"人与自己""人与社会""人与自然""人与世界"四个维度。

"人与自己"的达成需要养成教育、生命教育、健康教育、劳动教育、道德教育，"人与社会"的达成需要公民教育、本土教育、责任教育，"人与自然"的达成需要自然教育，"人与世界"的达成需要文化教育。基于上述分类，我校开展了一系列主题课程及班级活动，旨在达成德育的最终目的——培养学生的"中国人格"。

（一）人与自己

生命的本质就是在成长的过程中寻找到自己，并成为真正的自己；在成长的经历中寻找到爱，并成为爱。这样的"寻找"和"成为"是生命最高的目标，也是教育的最大收获。

每一个学生只有在自由舒适的学习过程中成为真正的自己，成为爱，才有可能实现他此生最深切的渴望，才会使灵魂获得最深刻、最灿烂的欢乐。

1. 身心康健，促进学生身心协调发展的生命教育

身心康健是我校培养学生的基础目标之一，我们一向认为学生的任何能力、兴趣、成就都应当建立在良好的身体状况以及健康的心理状态之上。

推进生理、心理健康教育课程化是我校长期以来努力的方向。依托学校"心理辅导活动中心"，我校开设了生理、心理健康教育讲座，举办生理、心理健康教育宣传专栏，完善校医服务机制，开设各类心理健康教育课程，设立心理咨询室，加强生理、心理健康指导。这些举措旨在培养学生健康的体魄以及良好的心理。

在"健康第一"理念的指导下，我校开展了丰富多彩的体育特色活动，例如：太极拳、韵律操、集体舞、广播体操等。

作为武汉市心理健康教育合格校，我们把心理健康教育作为德育工作的重要内容之一，旨在培养学生健康的心理品质和心理情感，形成健全人格。

为此，学校主要做出了以下五点努力：第一，健全和完善"舒心屋"（心理辅导室），配备专职心理健康老师，成立专业的心理健康教育教师队伍，引进更为全面、科学的心理检测软件及设备，形成我校心理健康教育系统建设理念；第二，建全学生心理档案，形成较为系统的心理健康教育相关资料；第三，定期聘请专家到校做心理健康专题讲座和相关指导，全体班主任老师都参与心理健康教育方面科研课题的研究工作；第四，班主任努力成为学生的"知心朋友"，班级设立心理角，开展班级学生"心情预报""悄悄话信箱"等活动；第五，各班都落实心理健康教育课，并在各学科教学中予以有机渗透。这些课程与活动是发展学生健康的身体和心理不可或缺的内容。

《月末班级心理茶座》是学校开设的一门校本课程。我在八年级（1）班，听了班主任方逸组织的《你想成为一个受欢迎的人吗?》的活动。方老师介绍说，上这样一节课，有两点很重要：一是对学生进行"人际交往"的教育，使学生了解待人真诚、热情、宽容的原则是发展真挚友情的基本要求；二是通过本次活动使学生认识到：建立和发展真挚的友情需要从多方面去实践，只要努力去做，定会获得这份美好的感情，建立良好的人际关系。老师希望同学们在活动中能够了解待人真诚、热情、宽容的原则是发展真挚友情的基本要求。

教师总结此堂课的授课意义说："学会了有勇气承受自己的成功和失败，我们就拥有了接受挑战的勇气和胆量；学会了交友四大秘诀，我们就拥有了接受挑战的可能。不过，要想真正地体验最后的成功，还需要我们的行动。"

同时，八年级（2）班开的"我眼中的你"主题班会也很有特色。对于刚升入八年级的孩子们而言，了解自己最重要的就是了解自己的优点和缺点。其实，能真正认识到自身优点和缺点的人并不多，自卑者常常看不到自身的优点和长处，而自负者也很难发现自己的缺点和不足。当局者迷旁观者清，他人的评价有时候往往是我们忽略的资料，了解了自身的优点和缺点，我们就掌握了正确规划人生的第一手材料，这是赢得成功人生的基础。友情和人际交往是八年级的孩子们必须要面对的人生课题，如何正确地评价别人以及如何正确地面对别人的各种评价，这是孩子们需要学习和掌握的。

2. 和而不同，促进学生个性良好发展的仪式教育

每年 9 月 1 日，学校会举行主题为"心系梦想 携手飞翔"的盛大开学典礼，精心策划一系列"开学第一天"活动：有盛大隆重的升旗仪式，有细致入微的校园本土文化培训，有温馨感人的七、八年级学子结盟仪式，有精彩纷呈的师生满满推介会。全校师生在开学第一天的兴奋和愉悦中感受着来自常青树的关怀，收获着来自师长的教诲，度过了难忘的"开学第一天"。

2015 年 9 月，中国人民抗日战争暨世界反法西斯战争胜利 70 周年，学校精心策划、组织了"铭记历史 鉴往知来"弘扬和传承民族精神系列活动。不仅举办了"纪念抗日战争胜利 70 周年"历史第一课活动，还组织师生共同看了《纪念抗战胜利 70 周年阅兵式》，认真撰写观后感并进行评比和展示。

庄严进行升旗仪式的国旗仪仗队队员

通过国旗下讲话，让全体师生再一次认识五星红旗，体会升旗仪式的重要意义；学校还组织主题为"弘扬和培育民族精神，践行社会主义核心价值观"的经典爱国诗文朗诵大赛；鼓励家长利用休息时间带学生参加以"走进红色展馆、寻访抗战历史"为主题的社会实践活动。学校把理想信念教育寓于形式多样的活动中，注重循序渐进，从知识的掌握到情感的升华，再到价值观念的形成，最后转化为学生现实生活中的言行举止，真正让孩子从中受益。

2015年12月25日，学校举行了主题为"蓬勃生命 见证成长"的第二届国际圣诞英语节暨读书节表彰大会活动，让七年级的新生在校园舞台上大放异彩，整台演出得到了教育部专家、市区各级领导和家长们的一致认可和大力称赞。

我校国旗班和校园护卫队自2014年9月组建以来，已有近三年的时间。自建队以来，每一届国旗班和校园护卫队都秉承着"自我管理，自我教育，自我服务"的宗旨，以"心系国旗，忠于祖国，率先垂范、乐于奉献"为行动准则，以弘扬爱国主义精神为己任，圆满地完成了升降国旗、护卫国旗和护卫校园的使命。在本学期中，七年级国旗班在校领导的热心关怀和指导下，在教官和政教处老师的正确领导下，紧紧围绕本届国旗班工作重心，同心协力，顽强拼搏，圆满完成了国旗班各项任务。"校园护卫队"在老师的带领下认真完成各项检查工作，对我校青少年学生的行为规范、学习及生活习惯的养成起着重要的促进作用。

爱国主义教育工作一直以来都是国旗班工作的重心。具体表现为弘扬我校光荣革命传统，广泛开展爱国主义教育，培养学生爱国情怀。我校国旗仪仗队作为学校开展爱国主义教育活动的先锋队伍，对每一位队员都有着十分严格的要求，他们将在这里接受考验，迎接挑战，在磨炼自我的同时也承担起宣扬爱国主义教育的神圣使命。我校国旗仪仗队历来都是最受学校重视的团队，在平时训练中，队员们吃苦耐劳，顽强拼搏，流汗但不流泪。经过一学期的训练，同学们在手臂、手型、步法和脚面控制上有了很大提高。他们不负使命，在全校师生的瞩目下每周的升旗仪式都能神圣而庄严地完成，他们的努力付出有目共睹，是非常优秀的学生队伍。

我校不仅重视学生综合素质的提升，更加重视学生兴趣的培养。针对学生的个体差异以及不同需求，我们从以下三个方面打造学校特色课程。

艺术特色：开展乐器进课堂的常规全员性培训课程，小学选取陶笛，中学选取口琴作为常规课程，即全员都需掌握的小型乐器，要求人人会吹奏，个个露一手；中小学部同时成立"常青树管弦乐团""常青树师生合唱团""常青树芭蕾舞团""常青树街舞团""常青树美术活动社"等。

国旗仪仗队表彰荣誉卡

体育特色：开展足球进课堂全员培训活动，凭借足球特色校这一优势，组建校园足球队。在五、六、七、八年级集中开展篮球进课堂活动，组建校级篮球队、乒乓队、田径队、围棋队等各级各类特色队伍。

社团活动：学校成立如文学、击剑、趣味英语、舞蹈、书画、卡通设计、动漫、摄影、国际象棋、围棋等社团。授课方式采取走班制，即根据学生个体需求以及兴趣爱好自主进行选择，因材施教，发展学生良好的个性，陶冶学生情操。

为了进一步体现《纲要》中指出的坚持全面发展与个性发展统一的原则，我校组建课本剧团、娃娃民乐团、TS合唱团、芭蕾舞团、陶艺制作团、围棋社团、足球社团、美术社团等，通过社团活动、专业定向辅导，让孩子们的个人素质得到全面的提升，同时个性特长得以长足发展。

除了德育课程建设以外，每个班分别设计个性化"班级名片"，并张贴在每个教室的外墙。名片上包括全体学生和正副班主任的"全家福"照片，还包括自主设计的班级格言以及各班获得的每周评比出的行规示范星。孩子们在活动过程中体验到个人的行为规范和集体荣誉的紧密联系，培养了一种积极向上的团队精神，从而增强了班级凝聚力和荣誉感。

3. 立德修身，培养学生良好德行的道德教育

我校道德教育主要包括以下两方面内容。

一方面，通过开设各类课程培养学生良好的思想品德。结合社会实际以及学生的实际需求，我校开发并实施了常青树（九年系列）校本课程。根据"培育健全人格、焕发生命活力"的理念和以师生为课程开发主体的原则，设立德育课程开发委员会，制订德育校本课程目标，调查分析学校德育课程资源，设计、组织实施德育校本课程，并及时评价、反馈德育校本课程的进展情况和实施结果，努力追求学校德育工作的课程化、特色化，优化德育活动课程，确立学校的重大活动和仪式，形成和谐的文化氛围和优良传统。

另一方面，学校大力倡导"真诚的微笑面对学生、真诚的目光关注学生、真诚的心灵走进学生、真诚的双手抚摸学生"。

万妮老师2015年年底参加武汉市优秀教师赴华东师范大学的一月学力培训，在学习期间她给放不下的孩子写了多封家信。有位感动的家长把其中一封转给我。

亲爱的同学们：

大家好！11月5日匆匆离开大家赴上海学习，距今已有一周多的时间，在这7天时间里，我不时想到各位：你们还是一如既往表现优秀吗？你们有着哪些新的收获？或许你们还会呈现让我担忧的一面……这些挂念如我对自己女儿的挂念一般，时常出现在脑海中。我想这些都是我的特殊身份带来的吧，既是你们的老师又是你们的亲人。

从家人的身份来看看我的这一周时间。上海的深秋与武汉有些相似，行走在华东师范大学的校园中，行走在各大教授深邃的思想里，我依旧觉得读书是一种享受，尽管其中也包含辛苦，每天八个小时的学习时间，每天要完成作业，逛书店，蹭讲座，一样觉得很有趣。午休时不禁会想，那我们班的小朋友在干吗，会和我一样自己发现所做事的乐趣吗，是在认真对待吧……

期中考试前，几乎与你们所有人用QQ进行讲解，不少同学的父母对我也深表感激。其实对于自己爱做的事，关心的人，这点付出真不算什么，就如你们的父母从不为对你们付出多少而计较，这就是把你们当成家人的自觉行为吧！

但同时，作为老师我还有另一层思考：只有挂念、关爱不是一位优秀班主任的

所为。我们的目标是要让这个班的你、你们成为优秀的人，让这个班因你们的存在而优秀，甚至骄傲。所以当我在为此次远行担忧不止时，我告诉自己：这是锻炼你们的最佳时期，只有这样的分离最能看出班上同学的不同层次。有人会一如既往的优秀，自觉性行为已养成，这是优秀的配合者；有人会具有责任意识，主动管理班级，或分担班级管理事务，这就是未来的领袖；有人在随大流，身边人在学，他才知道要动手，这样的同学有转变的潜质；同样还有一小部分同学在放纵自己的行为，好像知道什么时间做什么事，但其实他的精神状态是延续的，那么这样的同学在等到万老师回来帮他规范自己的时候，就会与其他同学相差甚远，或者是与自己同批次的同学拉开距离。大家不妨看看自己，你是哪类呢？

在这一周里，我没有给大家评价，就是想看看同学们的自然状态会是怎样的？这一周里，我给不同的老师打过电话，给家长发过微信，与部分同学聊过天，就是想全面地了解你们会在这一周如何表现。有些事真的"如期"发生，这几天我打电话的几位同学应该清楚，是询问更是提醒！我听到了一句安慰我的话："你不在班上，是会有区别。"你们是非常了解我的，这句话我听着会是什么感受。我们的目标在哪儿？怎么办，孩子们！我想最有效的就是责任意识的确定，"你尽到了自己该尽的责任吗？"班委、团员、社团组织、组长、组员，每个人都有自己该尽的义务。真正优秀的个体就应在这样的自省中诞生！

因此，从明日起（11月13日），各小组先进行自我反省，组长将本组同学的这周表现和今后打算以书面方式完成拍照给我，周末任何时候发图片给我都行；学习社同学做好小组评比的分数记载，在班主任不在期间的任何表扬都是翻倍积分，同样批评也是翻倍扣分；各组组长在班长的安排下轮流当值日生，管理班上的日常事务，评价由班长完成；团员的评价由所有新老团员推选一人完成；各社设计一次班会活动，方案由班长下周三收齐后拍照片给我，选中有奖；下周期中成绩出来后每人自觉进行质量分析，周三晚上传照片给我。

每个人都会有多面性，好的一面、优秀的一面人人身上都存在，只要你有意识地去要求自己。这个班的优秀需要你、你们每一个人的付出，希望此刻当大家读到这封信时，能暗下决心：我有信心为班级荣誉尽我所能！

想你们的万妮
2015年11月12日晚于上海

在常青树实验学校，教师爱生如子，认真践行着学校生命发展教育的理念。

孩子们的万妈妈

（二）人与社会

1. 筑梦立志，培养学生民族精神的爱国教育

我们把弘扬和培育以爱国主义为核心的民族精神作为德育的主旋律，重点打造升旗仪式，让升旗仪式成为每一个学生终生难忘的美好记忆。优化运动会、军训、艺术节、小学入队、中学入团、幼小衔接、小初衔接、毕业典礼仪式等传统德育活动的设计，最大限度地追求德育活动的有效性和实效性。学校坚持开展每周一次的"让班旗伴随国旗飘扬"的升班旗活动，旨在让学生接受良好的行为文明训练，内化思想道德精神，进而落实学校的育人目标。

严格训练国旗仪仗队，定制统一制服，呼喊统一口号："国旗、国旗，我敬您；祖国、祖国、我爱您。"借庄严的升旗仪式传递爱国情感。"传承·责任·成长"少先队离队暨新团员入团仪式，每学年，让红领巾在新一届学生手中传承，让优秀的少先队员光荣地加入共青团，承担起成长带来的社会责任。另外，在时事热点中增强学生的民族精神。例如每年9—10月是我校"弘扬和培育民族精神月"，全校同上一堂课，牢记历史，不忘过去，珍爱和平，开创未来。鼓励家长带领学生利用假期走进红色展馆、寻访抗战历史，在社会实践中重温历史，亲子同游，共同学习。开展"接受磨砺，百炼成钢"的校内社会实践活动，在严格的军事训练中磨炼意志，养成吃苦的精神。

各班根据本班特色进行环境布置，建立光荣角或中队自建园地，每班特色鲜明，有专人管理，如图书角、卫生角、玩具角、植物角等，努力创设富有个性、温馨、和谐的班级环境。"金色麦田班""小蜜蜂班""书香班""快乐音符班"等，全校各班百花齐放，体现出各具特色的班级文化。

各班师生共同设计班旗，拟订班训。每周评选出常规班级活动中表现突出的班级，给予升班旗资格。师生同登台，让班旗与国旗、校旗一同高高飘扬，然后全体师生以多姿多彩的形式展现班级文化，如英语秀、健美操、民乐、经典诵读等，充分展现师生风采。当看到自己设计的班旗冉冉升起的时候，孩子们的荣誉感和自豪感也随之升腾，升班旗作为我校德育的特色，已构成一道亮丽的风景。在"中国人格"这一德育总目标的引领下，我校的常规德育活动富有成效，学生们的个性品质、价值观念也在潜移默化中得到提升。

2. 缤纷活动，促进学生传承文化经典的本土教育

弘扬常青树理念文化的本土教育，围绕"以国魂、校品树立人格，促进生命健康和谐发展"的办学宗旨，让学生充分理解学校的办学理念、育人目标、学校文化以及校徽、校歌、校书、校园吉祥物的含义，并编撰校园文化校本教材，让每一位进校门的常青树学子人手一本，让学校文化植根在每一个孩子心中，让每一位学生对学校心怀敬畏感、荣誉感、自豪感。依据学校德育目标，我校开展了多项活动，这些活动都是每学期学校德育活动的重心。

每学期，校德育部门和少先队大队部必须坚持落实活动"三环节"，即活动前和学生共同商议、共同制订活动主题和活动方案；活动中，及时了解学生活动情况和活动需求，并最大限度调动学生主动参与和自主组织的积极性；活动后到学生那里反馈活动效果，以确保每次活动取得实效。

在充分尊重学生需求的前提下，由学生和教师共同设计并组织学生喜爱的"快乐周周行"实践活动，计划每学年上学期定期开展科技周、文学周、双语周活动，每学年下学期定期开展环保周、民俗周、艺术周等活动。例如文学周中可以开展"经典诵读节"，在一部部作品的读诵、朗诵、歌诵、吟唱、歌舞、戏剧表演中，孩子们时而体悟经典所触动的心灵震撼，时而瞻望经典的宏愿。民俗周中，把握民俗文化的传统节日，开展系列生动有趣的实践活动：新春佳节来临，组织"团团饺子寄深情"的包饺子活动，端午节组织学生吟诵屈原的代表作，自己动手编织"咸蛋袋"等，用各种形式与孩子们分享节日的喜庆，感受传统文化的博大精深，从而弘扬中华民族精神。

一年一度的读书节

以民族魂树立人格，让核心价值观在学生们心中"活"起来，我校通过"经典诵读""国学习字""红扇吟诵""经典名著漂流"等多元渠道和活动予以贯彻落实。学校各部门协同开展"20＋20"亲近母语传统文化进校园的活动。每天清晨20分钟的国学经典诵读，内容包括校本教材《拓展赏析》、武汉市统一下发的《国学经典》、专业老师指导的校级诵读。午间20分钟国学习字，包括老师讲解、示范，书法名家视频观看，学生书法习练。创编"诵唱经典诗文，舞动丝绸红扇"的校本操。选取经典诗文《沁园春·雪》《满江红》《七律·长征》《少年中国说》，融入创编动作，将体育运动与高声诵唱经典相结合，让学生在运动中感悟民族精神之精髓，逐步内化于心、外化于形。每年12月开展大型读书分享活动：经典名著漂流。

各个班级推荐好书共读，分享读后感、扉页小记，师生共同观摩，投票评选出"书香班级""悦读小组"。这些活动不仅有益于中国传统文化经典的传承，更加有利于学生良好品行、爱国情怀、责任意识的培养。

读书会

3. 倾心奉献，培养学生参与社会服务的责任意识

我校地处常青花园社区，拥有丰富的社区自然资源和人文资源，与社区青少办、青少年活动中心携手，共同搭建社区服务体验活动体系。依据学生年龄阶段特点，规定切合学生实际的志愿者服务活动内容，并实行记小时管理，从一年级至九年级，每位学生都有一本志愿者服务日志本，在校九年的学习时间内至少完成 180 小时的志愿服务活动。

活动可以采取学校组织、家长组织，学生个体参与等多种形式，同时还包括低年级段（一、二年级）学生必修的家庭志愿者服务活动。志愿服务内容包含：社区活动场所、绿地的协助管理，担任居委会小助理，保安或者清洁工人岗位体验，人口普查小帮手等，增强学生的社会意识、公民意识和责任意识，培养学生的交往能力、生存能力、实践能力等。

和常青花园社区携手，利用节假日和寒暑假时间组织学生开展系统的社区实践活动，包括"我是社区小保安""我是社区小主任"等角色体验活动，关爱老人、服务老人的社区服务活动，让孩子们在社区实践活动中树立公民意识和社会责任感。

学校的无车日

近年来，围绕美国著名教育家杜威教育思想中最为重要的主张"教育即生活"，我校师生自主设计了以学生动手实践为核心的"生活体验街"，"小邮局""丫丫小超市""低碳生活馆""小小安全岗""巧手小厨房""爱心小医院""立体创'衣坊'"七个空间涉及培养学生民生服务、生活技能、艺术修养、卫生健康、科学环保、创新设计等方面的素质与能力。同时还依托这些空间共同开发了与之配套的校本课程教材，学生们利用每天的课余时光，在各类学生社团的带领下，开展丰富多彩的课外活动。

我们遵循"社区即学校，生活即学习"的思想，把学生涉及的所有学习空间、场所都作为教学环境，让学生真正了解社区、融入社会。例如，我校班主任李皙婷老师执教的《聚力中国梦 快乐社区行》一课，以常青花园二社区作为学校"社区岗位体验活动"的实践基地，让学生参与社区小岗位体验活动，用更开放的形式，通过丰富的实践体验活动，达成培养学生无私奉献的良好品德。

在学校还有一道流动的风景线，课间一群群带着不同颜色帽子的孩子尽心尽责地为同学服务着。全校每一个学生都有一个锻炼的小岗位，例如洗手间里，每天清洁小岗位负责人要将拖完教室的拖把认真清洗、拧干，按照规定的位置挂得整整齐齐，向人们展示小主人的自主和能干，让洗手间也展现出另一种文明；班级财产小管理员轮岗负责教室里的关灯、关电扇等管理工作；每个教室门前的绿化带有环保小卫士们负责清理、浇灌……总之，孩子们在点点滴滴中体验，在真情体验中锻炼、成长。

（三）人与自然

我校的敬畏自然教育具有强烈的暗示性和引导性，不知不觉慢慢地浸润着学生的成长。

学校首先通过"外显内隐"的"四育人"，即"自然育人、人文育人、科技育人、人性育人"，整合在"绿、文、活、厚、和"自然教育系统（"绿"体现绿色生态美；"文"体现人文理性美；"活"体现生命活力美；"厚"体现办学内涵美；"和"体现和谐发展美）内，为孩子们创设了由学校走向生活、走向社会、走向世界的生命成长时空。

徜徉校园，小学的生命科学馆、树人谷、生活体验街，充分体现了开放式、人文性、现代化、科技化和国际化的教育思想和办学特色。无论在氛围的创设，还是设施的条件上，都达到了令人心"动"的境地。

湖北梁子湖的小天鹅、神农架的红腹锦鸡、四川的金丝猴、沉湖的白鹳、雄立树顶的金钱豹、世界名蝶美洲蓝闪蝶……这里丰富的标本，创造出一个生命科学学习教育的独特天地。

"树人谷"被葱郁的"春、夏、秋、冬"园和讲述生命起源的展板环抱，里面精心安置着"中国地图"和"世界地图"两大沙盘。

各班以按周轮值的形式，开展以"知我中华，爱我中华""了解世界，放眼未来"为主题的一日新闻发布活动。每天的重大新闻发生地，被值周的班级学生贴上了通告，培养了学生的国际视野、祖国胸怀、本土情怀。周五交接时，下周轮值的班级负责对前一周发布的信息进行归纳、评价。每月的常青藤电视台进行"小沙盘、大世界、大社会"的专题点评，颇受同学们关注。

"让未来的中国诺贝尔奖从这里诞生"是学校办教育的一个心愿。学校建设有华中地区 10 年内最有创意的 3000 平方米的"树常青"创客梦工场。此创客空间由教育部装备司推荐首都师范大学最有科技实力的专家团队设计，体现了创新学习重要的要素。

"树常青"创客空间，共有六个创意工坊。

益智思维工坊：利用思维训练教具，学习和提升逻辑推理、空间拓扑、平面和立体几何知识，打破惯性思维，培养创新思维能力。

创意手工工坊：培养学生自我创造创新能力，学会观察周围事物，利用现有或者回收利用的废物进行价值再创造，在锻炼学生创新能力的同时也可以达到环保回收。如纸艺、布艺、雕塑、刺绣、编织……

模型创客工坊：通过不同种类的模型设计、制作、操控、竞赛等活动，培养对模型领域感兴趣的学生，提升其综合能力以及团队协作能力，从不同维度和深度上拓展和延伸中小学生的文学、数学、物理学、美学、建筑学、工程技术等各种科学知识，培养学生的动手制作能力、操控能力、想象能力、设计能力和创造能力。如模型主要活动：航空模型竞赛、航海模型竞赛、车辆模型竞赛、建筑模型竞赛、无人机竞赛……

电子创客工坊：提供电子制作测量、焊接等全套工具，配备相应电子器材，开放的电子制作空间。如创意机器人与编程。机器人课程让学生能够全面地了解机器人控制系统，控制方法和编程算法。课程包分别面向低、中、高年龄段的学生，通过模型制作、原理讲解、现象演示过程让学生完成机器人作品的制作。

3D 创客工坊：活动课程 3D 打印为学生提供了一个梦想变为现实的空间。学生通过 3D 打印设备将自己设计的数字模型制作成实物。还有趣味电子制作、基础电子制作实验（电路焊接、面包板制作）、创意电子 DIY 设计制作等。

数媒创客工坊：数字音乐体验、制作；音视频编辑、微电影制作；摄影摄像编辑、输出；VR 体验、数字艺术创作；网页、PPT、网店等信息技术领域模拟实践等。

我校依托"生命科学馆"与"树常青生态馆"，深入开展生态道德教育和系列环保活动，凸显科技环保特色。结合我校环保教育特色，开发作为国际生态学校这一有利资源，并开展丰富的低碳环保实践活动，各年级确定研究主题，通过专题研讨、研究性学习、调查报告等多种形式，让孩子们在实践和体验中提升能力。

随着雾霾污染的日益严重，全社会对环境质量的监测、环境污染的治理格外重视。基于此，我校开展了"环保植绿护绿"活动。为了营造和谐美好的家园，班主任在春季三月期间，会自主选择时间，带领全体同学走进常青花园社区，共同参加"携手共建，美化家园"植绿护绿的实践活动。班主任和家委会代表积极参与社区植树造林公益活动，既增强了班级的组织观念，又体验到了绿化工作的艰辛，这种植绿护绿的举动是在用我们的双手和信念造福社会、造福未来。

每年春季，各位班主任会组织班级学生开展"植树节"爱绿护绿活动。学生们在老师的带领下，佩戴"环保小卫士"袖章，组成爱绿小分队，走进常青花园社区，对街道周边的树木、花园进行浇水、护绿、清洁维护等活动，并向行人和住户宣传爱护环境的相关知识。

这些活动，进一步树立了"生态环保"的理念，增强了学生的环保绿化意识和作为社区小主人的责任感。除此以外，"少用塑料袋，多用环保袋，袋袋相传""邻里共乘，减少尾气排放""绿丝带飘起来""无车日步行到校""社区节能行"等活动也获得社区居民的一致好评。这类活动大大地丰富了学校教育的内容，提高了德育工作的有效性。

（四）人与世界

1. "人生远足"，从学校走向社会

学校十分重视从小培养孩子的"生活"阅历与"世界化"眼光。由此，"人生远足"课程孕育而生。

"人生远足"课程根据远足的地域不同分为国内课程、国外课程两个部分，具体做法是，学校根据季节特点、学生的需求和课程设计的需要，组织学生走出学校，走进社会，走出国门，读万卷书，行万里路。

"人生远足"课程的国内课程运用祖国的大好风光、民族的悠久历史、优良革命传统和现代化建设成就，最直观、最直接地教育、感染、熏陶学生。通过人生远足，

学生"与名人对话""与历史握手""与大自然亲密接触";"人生远足"的国外课程带领学生走出国门,走进世界知名大学,做具有国际视野的地球公民。学生在活动中丰富知识,开阔眼界;在游历中锻炼自我,挑战自我;在交往中体验情感,发展友谊;在总结中感悟人生,提升品行。

地理课堂

随着国际交往的日趋密切,在此背景下成长的孩子将面临越来越激烈的国际竞争,而要想让他们真正成为世界公民,教育者必须要有"从这里走向世界"的眼界,必须对异国文化和历史拥有全面、深入、准确的了解。

只有让孩子学会理解不同政治制度、文化背景和宗教信仰,他们才能与人类和平共处,从而拥有更大的生存空间。

2. 在世界,我们面对面

用一张 A4 的纸,做一个没有盖的长方体,你能做出的最大体积是多少?开学在即,这道前不久出现在世界奥林匹克数学竞赛全球总决赛中的数学建模题,被常青实验小学的师生当作"开年语"疯传,而掀起这股"智斗潮"的是我校五年级(1)班的学生万家齐。

2012 年世界奥林匹克数学竞赛全球总决赛在英国举行，来自十几个国家和地区的 178 名 10～16 岁的数学"尖子"展开精彩对决，共产生 16 金。10 岁的万家齐同学是金牌得主中年龄最小并受到伦敦市长接见的唯一中国学生。

比赛之余，老师带领他驱车来到了既陌生又熟识的纽卡斯尔泰恩河大桥群转了又转，接着特别兴奋地远眺了 Moorside 学校。Moorside 学校——这座常实小对口交流的英国小学，对他来言，一直很有神秘感。他假想着 Moorside 学校里那些未曾谋面的共做"架起中英友谊之桥"课题的小朋友，在向他不停地招着手。

武汉市和纽卡斯尔市有着极为相似的地理环境，桥梁众多。在"中英校际连线"活动中，为推进两国友谊校之间的交流，两城学校以两国桥梁的研究为切入点，开展了自主课程共建项目"武汉和纽卡斯尔桥梁的研究"，旨在加强两国学生间的研究与交流互动，同时也借此机会架起两校间的友谊之桥。

在常实小"武汉和纽卡斯尔桥梁的研究"的学生社团，每周三的"校本空间"他们都兴致勃勃地研究着两城桥梁的相关信息，研究两城桥梁的共同点和不同点。两城学校以师生互访及调查报告、绘画作品、手工作品、电子 PPT 等形式展示，通过电子邮件分享成果。万家齐同学所在的桥梁建模团队做的大大小小两城桥梁模型受到了来访的 Moorside 学校校长的惊叹与称赞。

"桥梁建模，使我们的沟通能力、合作技巧、想象力和创造力都得到了很好的发挥。"万家齐同学在世界奥林匹克数学竞赛获奖感言日记中由衷地感慨。

我校有着明晰的国际化办学目标。我时刻关注学校与英国学校并建这个社团研究的重要性——中英孩子在充分认识和了解各自家乡桥梁的历史、构造、特色、作用等基础上，再了解对方，由此帮助学生深入全面地了解两国的文化，培养学生放眼世界的国际观。

自"中英校际连线"签署了区域合作备忘录以来，常实小将更加注重将国际化元素有效地融入其整体教育发展规划当中，并搭建了两校多方位合作平台，在管理视野、课程合作、师生交流和文化活动等领域开展了积极交流与合作。

2011 年 7 月 6—22 日，按照"中英校际连线"计划，常实小 23 名学生和 5 名教师访学 Moorside 学校。

"中英校际连线"的学校互访，不仅提升了学生应对全球化学习和生活环境所必备的知识和沟通技巧，也让更多的师生走向世界，也使中国的文化在国外得到广泛的传播。

五年级（1）班杨晨语的英国访学日记写得十分有趣。

丰盛的午饭后，我们一同去了校园里的游戏场所，看到这些可爱的外国小朋友，我不由自主地拿出照相机。

首先进入我镜头的是可爱的 Shina，她做了一个"耶"的手势，对着镜头笑起来，笑容像正午的阳光一样灿烂而纯净。一转头，我拍下了一个两颊有些雀斑的小男孩，可能是因为曝光过度，镜头里的他脸上看不出很多雀斑了，所以拿给他看的时候，他十分开心地点点头。

正拍着，咦？怎么闻到一股布丁的香味啊？原来我旁边有一对双胞胎女孩在一边大口吃着布丁，一边好奇地盯着我看。她们指着我手里的相机问我：这是什么？我突然忘了照相机的单词了，只好连说带比画地告诉她们，并且拍下了她们被布丁塞得鼓鼓地、在阳光下可人甜美的笑脸。

之后，我和小伙伴们一起打高尔夫、扔鞋子，玩得不亦乐乎。我还把她们聚集在一起，教他们玩波波球，把我们五年级（1）班的游戏漂洋过海、发扬光大。

在世界，我们面对面。学校作为武汉市教育对外展示窗口，每年要接待很多国际参观团来访。学校积极对话世界、拥抱世界、融入世界，用国际一流的教育支撑教育理想，承担历史使命，在交流合作中把中国文化的传统、改革的成果、发展的智慧向世界传播。

作为世界大家庭的教育成员，要培养出与世界不同地域、拥有不同历史和文化背景的人们共同生存的意识，就必须打开国际交流之窗，自觉增进全球教育的交流与合作，培养具有世界情怀的中国公民，让我们的孩子具备未来地球村畅行的绿色通行证，是办学现代化、国际化的一个显性标识。提升学校的教育质量，就必须自觉培养青少年学生具有全球生存视野、具有跨文化交往能力和分析问题以及解决问题的能力。

与国际接轨，以世界眼光办学，的确是我的办学理想。

九、特色德育活动的链式效应

（一）"假如我是孩子，假如是我的孩子"

"假如我是孩子，假如是我的孩子"是学校对班主任提出的家校沟通教育思想。以我校"家书传情"为例，各年级各班每周由任课教师轮流给学生、家长写"家书"，在"感动篇"中和家长分享学生校园生活中的点点滴滴；在"分享篇"中，和家长分享教育的策略和智慧；在"共勉篇"中与学生和家长相互提醒，携手共勉。这一活动旨在通过撰写"家书"的方式，让老师们真正去知晓学生、关爱学生。

下面是陈慧老师的一篇周末家书。

亲爱的家长朋友：

您好！踏着时间的步伐，我们走过了烟花三月和繁花似锦的四月。在这初夏时节，我带领着孩子们紧紧抓住时间的手，充实而快乐地生活着、学习着。春的气息使人精神振奋，而已经到来的夏则会令人热情似火。在常实小这个孩子学习和成长的摇篮中，无处不洋溢着朝气蓬勃、积极向上的气氛。在平凡的工作中，我不断收到的是感动、喜悦和孩子们的进步……

感 动

感动一：养有所感

在我们的后黑板上，写着这样一首诗：《献给妈妈》

我一定要说出来，说出我对你的爱。你给我这么多我喜欢的树，你给我这么多我喜欢的鸟，你给我这么多张开花瓣的星星，你给我这么多写诗作词的词语，你给我这么多向我敞开的心灵，还给了我这颗童稚的心——它对生活无所企求，就只希望一阵风，把我的理想的风筝送上蓝天。

5月8日是母亲节，每年的这一天，我都会做好前期的"感恩教育"，并在上周的家校中设立了专门的板块——"给我最最亲爱的妈妈"，以此作为母亲节的献礼。周五那天，许多孩子带来了彩笔、卡纸，花了近两节课的时间，精心为妈妈写感谢信、做感恩卡。看着孩子们那专注的神情，还有情不自禁流露出的甜蜜的笑意，我很是欣慰！我想母亲们在收到孩子向您表达的敬意时，内心一定别有滋味吧！我们的目的是希望孩子们能学会孝敬父母、感恩父母，拥有一颗感恩的心。希望孩子们能带着这颗感恩的心来回报父母、回报学校、回报社会。来，一起分享孩子们的真挚话语吧。

您像雨中的伞，为我们遮风挡雨；您像夏天的冰激凌，为我们解暑送凉。妈妈，我感谢您赐予我生命，让我看到五彩斑斓的世界。无论将来怎样，我永远爱您！妈妈，您永远在我心中最柔软、最温暖的地方！

——周宇轩

您伴我走过 4019 个日日夜夜，从无知到充实，从打闹到学习，从爬到跑，您无处不在我身边。小时候，跌倒了您扶我起来，长大后，您要我自己站起来；小时候，您喂我吃饭，长大了，您要我自己动手做饭；小时候，您帮我叠被子，长大了，您要我自己叠被子；小时候，您教我读书，长大了，您叫我自己读书。这所有的一切，都是因为——我长大了！等我要自力更生离开您时，您会想我吗？不管您会不会，我都会永远想着您，想着您的爱！

——刘昊

谢谢您 11 年来的养育之恩！您一定了解，我现在有点叛逆，有点坏，有点爱追星……您也知道，这是每个孩子青春期的表现，但我还是很爱您的，谢谢您能谅解。现在，每当我犯错时，您都会用和气的语气给我讲道理，让我明白到我的错误。谢谢您能一如既往地支持我，谢谢您教会我处理我与同学之间的关系……

——叶奕霏

妈妈们，不要吝啬您的语言，看到孩子们的童心，也用您的欣慰来回应吧！像一些家长那样，也赶快给孩子补上您的回复，好吗？

感动二：读有所思

本月读书有收获、记载详细、语言流畅，表达出自己的读书感受的同学有：兰磊、周天喆、邱高志、刘昊、林嘉仪、陈娜、张清婉、向亦丹、张雅康、张诗蕊、周宇轩、宋珂、叶奕霏、方婧旎、张瀚文。

能密切关注孩子的读书状况，亲子共读，及时给予读书指导与评价的有这些同学的家长：高畅、兰磊、周天喆、邱高志、郭益成、刘星雨、刘昊、袁吴迪、王润

康、邱芯婷、林嘉仪、陈娜、张清婉、向亦丹、张诗蕊、宁雅雯、周宇轩、张芷彤、姜勉、宋珂、叶奕霏、蔡冬娜、方婧旎、张瀚文。

家长们，不容置辩，每个孩子身上都有"被动"的一面，我们大人也一样，可是在孩子成长的时期，您的正确引导、密切关注对孩子来说"举足轻重"！不难发现，但凡爱读书、会读书的孩子，除了个人的兴趣使然，他们的家长也付出了很多的心血！世界上"不劳而获"的事基本上没有，不付出谆谆教导，怎能收获孩子的不断进步、不断成长呢？真心希望部分家长调整自己的生活比重，将多一点、再多一点的时间分配给自己的孩子，真正做到"家校携手"，好吗？

感动三：学有所获

近段时间课堂表现"主动"、预习非常有实效的孩子有：李映龙、兰磊、周天喆、部斌桦、邱高志、曹方旭、刘佳睿、林嘉仪、陈娜、张清婉、周欣悦、向亦丹、张雅康、张诗蕊、宁雅雯、周宇轩、周诗睿、张芷彤、徐晨、宋珂、张书屏、叶奕霏、蔡冬娜、方婧旖、方婧旎、张瀚文。

感动四：赛有所得

本次的全国奥林匹克数学竞赛省内选拔中，我班李映龙、邱高志同学荣获二等奖的好成绩，袁吴迪同学获得优秀奖。同时，袁吴迪同学还获得楚才杯作文竞赛三等奖。为他们鼓掌吧！

分　享

记得在上次的家校中，有的家长提出了自己的困惑：孩子的课外书一直在读，也读了很多，但是感觉到孩子并没有把读到的东西加以运用，孩子的语文能力没有明显的提高。关于这一点，我想分两个方面与大家沟通。

第一，孩子虽然读了很多书，但是孩子是否真的把每一本书都读细了、读透了？是否真的领悟到书中的精华，能和书的作者产生共鸣？如果家长能经常和孩子一起探讨书中的情节、人物、哲理等，我想可以提高孩子对阅读的鉴赏能力。

第二，阅读是一个日积月累的过程，正所谓"厚积而薄发"，只有大量的积累，才有精彩的释放，这是一个由量变到质变的过程。小学生对语言文字的理解能力尚未达到一定的深度，这时，可以靠一些机械记忆把一些经典名篇储存在脑子里。随着阅历的增长，慢慢地理解这些东西。也许眼前看不到明显的收益，但只要坚持不断地去积累，文学素养会逐步提高。

我们总说教育这条路是"路漫漫其修远今"，需要长久地坚持与等待，望您能与我一样，静静守护，静静陪伴，静静等待！

共　勉

无论是每周的家书，还是每次的读书记载表，还有每天的作业记载本，老实说，在一次次地检查、总结孩子们的完成情况的同时，我们老师也情不自禁地想到了孩子们身后的家长们：家书上，有密密麻麻的回复和签名；表格上，有"亲子共读、共写感想"和"空白或只有签名"之分；作业记载本，有"每天检查签字并评价"和"记载本破烂不堪、无人问津"之分……这诸多的"分"字，日积月累，直接造成了孩子们之中的"分水岭"！！这样的道理，我不多说，您自知也自明，却没能自改！对吗？您如此，您的孩子又何尝不是如此呢？

每一天都是新的起点，既然都说不能输在起跑线上，您又何尝不能从新的起跑线重新起步，从当下做起呢？祝各位身体健康！工作顺利！

五年级（3）班　陈老师

2015-5-13

希望本周大家能和孩子一起总结这段时间的得失，特别是出现的问题所在，有则改之，无则加勉！

举一个例子，我校在班主任中深入开展了"十六知晓"活动。这"十六知晓"是：知晓学生的心灵渴盼，知晓学生的体质状况，知晓学生的饮食需求，知晓学生的起居习惯，知晓学生的上学路径，知晓学生的家庭情况，知晓学生的社区环境，知晓学生的个性特点，知晓学生的兴趣爱好，知晓学生学情状态，知晓学生的困难疑惑，知晓学生的知心伙伴，知晓学生的行为方式，知晓学生的成长历程，知晓学生的人生理想，知晓学生家长的愿望。

"十六知晓"被班主任老师称为"尽最大可能从学生成长过程中的一切需求出发，全方位覆盖班主任工作。"真正落实了"知学生心，晓家长情"，从细小处入手去关爱学生，得到了学生们的热情响应和广大家长的一致认可。

因为知晓了学生的家庭情况、成长历程和心灵渴盼，班主任才及时挽救了一个个因缺失家庭关爱而濒于自闭的孩子。

因为知晓学生的兴趣爱好、学情状态和人生理想，班主任才取其所长，补其所短，尽可能为每个孩子创设适合其发展的平台……

因为知晓学生的个性点和行事风格，我们不再把一个个属于心理上的、行为个性的问题归属于道德问题从而误伤孩子。

三年级有个小朋友在课堂上总会乱摔文具盒、教具，弄出很大的声响，影响整个课堂的正常进行。老师没有批评指责，而是关爱有加，倍加安慰。因为孩子有多动症，每隔四分钟就要站起身活动一下，有时候手脚的幅度过大导致物体滑落。老师一边给他做行为治疗和行为矫正，一边跟其他同学声明他正在做一项实验，等实验结束了，就跟你们一样听课了，他的实验是老师允许的。一边想办法让这位小朋友避免因物体滑落造成大的响声。每节课前，老师提前来到教室帮他清理课桌上的杂物，保留必要的学习用具，然后，在上面用厚厚的泡沫包上一层，使得下落时的声音要少得多。如果不是因为详细地了解学生的特征和心理状态，我们的老师就很可能误伤了这名小朋友，更严重的有可能给他的心灵带来伤害并留下阴影。正是"十六知晓"让班主任的管理方式和监督方法越来越趋于人性化，展现出强大的教育力量。

龚亚荣老师的班级笔记里记录了一段感人的故事。

班里有一个女孩叫睿琪，天生有些智力障碍，整个面部的器官也不协调，性格内向，整天沉默不语。

在电话家访时，母亲向我泪流满面地倾诉："孩子的反应驽钝，接受事物的能力弱。我们做家长的已经十分尽力了。孩子也很可怜，每天做作业要做到很晚，每天睡眠都不足，还跟不上班级，孩子的心理压力很大。"

我的心一沉，随即自责起来：没有顾及她的特殊情况，竟然布置的作业一样多！

除了降低对她的要求，每次批完作业本都不忘在后面写上本次作业进步的地方。一个月以后，她的作业渐渐有了起色，尽管达不到其他孩子的水平，但比起她自己以前的水平已经长进不少。

每次发杂志学生都自觉地涌上来帮助我们发。有一次班级订的杂志到了。我发现这次小琪也举手了，用极渴盼的眼神望着我。我毫不犹豫地点了她的名，她快活极了，在同学们羡慕的眼光中走到我的身边，从我的手里接过杂志，送给每一位同学。我向她伸出了大拇指："想不到睿琪这么能干，做事这么麻利，真是个聪明的小姑娘。"笑容在她的脸上蔓延开来。

小姑娘变了，脸上的笑容多了，更自信了，每次班上有什么活动也愿意参加了，小手还总是举得高高的。看着她的转变，我心中有一种说不出的高兴。去年期末考试，她的英语竟然考了88分，这个数字对于其他孩子来说也许是不值得一提的，但只有我知道这背后凝聚了她多少心血和汗水啊。我激动地对她说："睿琪，你真了不起，你终于超越了自我，老师为你骄傲，我们全班同学也为你而骄傲呢！"

翻开教师的教育手记，你会发现像这类故事简直太多了。"等待、潜心地去等待……"则是教导处徐辉主任的工作小记。

教育是需要耐心和等待的事业，每一个生命的成长都有一个过程，甚至是一个漫长的过程，教育者的职业素养和教育智慧在这个过程中经受着锤炼和提升。

小小年纪你竟然知道"一屋不扫何以扫天下？"竟然对《中国通史》如饥似渴，竟然对胡雪岩感兴趣，班级"三星"评比落选竟然说出"士可杀不可辱"。当然还有竟然可以一整节课头也不抬地看着课外书，一分钟可以抄完的作业竟然就是不愿意动笔……太多的不可思议都集中在你一个人的身上，让人感叹！只是从每一次放学你一定要跑到老师面前甜甜地跟老师说一声"老师再见！"我就坚信：你终究会成长为一个儒雅、有见地的人！

这是我上学期给班上一个总是自称为"老万"的叫万天洋的孩子的鉴定。

这学期放暑假的前两天，我把一封信递给他，这是一份报社寄给他的报纸，他知道那里面有什么。他用他那有些倒弯的、接近三角形的、但是很明亮的眼睛迅速地看了我一眼，"谢谢！"两个字一出口人就不见了，他如此安静地坐在了自己的座位上，小心翼翼地拆开了信……

"六一"之后的一天午休，我远远地看见生活老师正在寝室外边的走廊上批评他。一定又是自己睡不着，吵着别人也睡不着了，我心里清楚。等生活老师批评教育完，我把他叫到身边："万天洋，你回忆一下今天从早晨到现在自己的经历吧！"我了解他，他对自己做的事是能够说得很清楚的，而且不会有任何的隐瞒。

"我早读在看课外书，被领读员批评了。"他眼睛看着我，没有任何的闪躲。

"做眼保健操不规范，是被管理员点起来站着做的。"顿了一下，他接着说道。

"第三节课我把墨水瓶弄翻了，但是我擦干净了。"

"嗯，我看到了。"我轻叹了一口气，想象着当时几个同学那手忙脚乱的情景，"还有吗？"

"第四节音乐课老师表扬了我两次。"

他看着我，我也看着他。

我看了他好久，对他说道："你到学校上学肯定不会是想要这些各种各样的批评的，你还是喜欢表扬，对吧？"

"嗯。"他点了一下头，吐出了一个字。

期末考试前的两个星期，在开展"十六知晓"活动中，学校邀请报社媒体征集"名字来历"的学生习作，我记得他曾经写过自己名字来历的那篇日记，里面他爷爷给他取名时引用的那句"海阔凭鱼跃，天高任鸟飞。"让我印象深刻。我找来他的那篇日记，稍作修改，打印成电子稿，投寄了出去……

"老师，你说我的日记会被选上吗？"他跟在我后面问。

"你的这篇作文写得很好，应该有希望的。"

第二天，他又问："老师，我的日记报社有消息没有？"

"还没有，耐心等等，可能快了。"

……

过了两个星期，我收到了两封报社寄来的信，他的习作被选中发表了。

放学整队时，我发现他站得笔直，抱臂的右手上小心地拿着那封信，我从来没有见过有哪封信的封口拆得那么齐整！

"你开学的那段时间的样子真让人怀念：生活、学习有条不紊，课堂上听讲那么专注认真，发言又积极又精彩，平时活泼而不失礼节……这也是为什么我和数学老师开学不久就要一起到你家去家访的原因——我们几乎是迫不及待地想和你的爸爸妈妈一起来分享这个喜悦……真希望我们还有这样的机会！"

这是我这学期给他写的鉴定。

这个孩子的成长我愿意等待，在我的关注中潜心地去等待！我知道，我们一定还有机会和他的爸爸妈妈一起来分享！

作为教师，只有加强自身修养，研究教育的策略，只有心中有爱，心中充满阳光，把学生的错误看成是美丽的错误，那么，爱心和耐心就会等待到每个生命的成长。

当你把学生装在心里的时候，学生就会回报你一个春天！

近代教育家夏丏尊说过："教育如果没有情感，没有爱，如同池塘没有水一样。没有水就不成其为池塘，没有爱，就没有教育。"德育的世界里如果仅剩下老师空洞的说教，那将是一件非常可怕的事情。只要为道德理论灌注实实在在的情感、爱、同情、宽容、鼓励，德育的力量才会显得更伟大！

12月24日，是学校盛大的节日。这一天，学校将举办盛大的"英语节"，《一生围着孩子转》是我在2015年国际圣诞英语暨读书节表彰大会上的发言。我说道："前几天，去看望75岁的老母亲，我问她这一生最大的成就是什么？她那双粗糙而温暖的双手握着我的手自豪地说：'我的成就就是围着你们这几个孩儿转了一生！'听了这句话，我的眼眶顿时湿润了。我想到了我的职责——就是围着学生转一生！"

作为一校之长，我的幸福感在哪里？

给孩子办了一所什么样的学校？

把孩子们培养成什么样的人能够面对未来社会的需求？

教育从爱做起!

著名作家冰心老人有句名言:"有了爱就有了一切。"这也是她毕生坚持的信念。

父母对孩子的爱,老师对学生的爱,校长对师生的爱……如何去衡量?我的理解是:孩子(包括老师)生命成长的每一天是否感到幸福?快乐?温暖?

围着孩子转,孩子的身心需求就是教育的第一信号。

寒冷的冬天每天早上六点半,学校食堂空调一定会打开,确保学生 7:15 进校后到食堂能吃上热乎乎的早餐;七点教室的空调也一定会打开,确保学生用完早餐后回到教室开展早读等学习活动时又能在温暖的室温下,身心健康地开始一天的学习。

每次下雨,门卫师傅和值勤的干部、老师都会为没有伞的孩子备好伞,把孩子们护送到家长手上,哪怕是自己淋湿……

我们率先践行先进的课改理念,进行小班分层教学,根据不同孩子的知识能力需求采取分层走班制,为孩子们的成长提供更适合的教育。

今天,学校不仅隆重表彰一批配合、支持学校工作和教子有方的好家长,还将表彰一批批学业优秀、特长突出的各类星级学生。在此,我专门为大家介绍 24 名各班优秀学生代表:足球、钢琴、阅读、街舞、书法、口才……的出色学生代表。

像这样优秀的孩子还有很多,每棵常青树都富有生机与活力。这就是我们每一天围着孩子转的收获。

优者从教,教者从优。优秀的人当先生,当先生的人要教出好学生。我校教师队伍由两个层面构成,一个层面是由全省、市考核调入的各级优秀骨干教师;另一个层面是"211"和"985"高学历人才,他们是学校的巨大潜力股。而无论是优秀的骨干老师,还是选拔进来的高学历人才,都要具备一个首要因素:爱心与责任。我们的办学宗旨有两个负责:一是对每个学生的成长负责;二是要对伟大的中华民族负责!

家长是孩子的第一任教师。要多给孩子传递正能量,做正确的人生引导,特别是初中生到了叛逆期,更希望家长们再多一分耐心与细心,多关注孩子的心灵需求与疏导,和学校的教育更加紧密配合,为孩子的成人成才携手共赢!

一生围着孩子转，教育的幸福与此相伴！

（二）搭建社区服务体验活动平台

学校地处常青花园社区内，拥有丰富的社区自然资源和人文资源。学校与社区青少办、青少年活动中心携手，共同搭建社区服务体验活动体系。

班主任利用周五班会课时间，有计划地带领班级学生深入社区青少年活动中心，进行有针对性的教育实践和体验活动，拓宽学校教育资源。活动依据学生年龄段特点，规定切合学生实际的志愿者服务活动内容，并实行记小时管理，从一年级至九年级，每位学生都有一本志愿者服务日志本，在校九年的学习时间内至少完成180小时的志愿服务活动。志愿服务内容包含：社区活动场所、绿地的协助管理，担任居委会小助理，保安或者清洁工人岗位体验，人口普查小帮手等，增强学生的社会意识、公民意识和责任意识，培养学生的交往能力、生存能力、实践能力等。

以下是《社区保安我最棒》案例。

这学期暑假期间，我们班着重开展社会实践活动，开展了"我是小保安"的社会实践活动。瞧，这些小保安们真是有模有样，执行任务起来多认真呀！

　　这次的社区实践活动，同学们统筹兼顾、各负其责、配合默契、互帮互助，在社区里对车辆进行管理，熟悉社区里的行车路线，指挥和疏通社区道路。

　　在实践的同时，他们也深刻地感受到了社区保安的辛苦，对社区的保安叔叔们产生了由衷地敬佩之情。这次实践活动也启示着同学们无论做什么事情，都必须持之以恒，不达目的誓不罢休。劳动如此，学习如此，工作也如此。只有认定目标，脚踏实地，才能"绳锯木断，水滴石穿"。同学们会在以后的人生道路上，发扬吃苦耐劳的优秀品质，正视一切挫折，不屈不挠，勇往直前。

　　这是一节中队少先队活动课，李皙婷老师上的课名为《聚力中国梦，快乐社区行》的案例。

活动背景：

　　我校坚持贯彻教育部《关于加强中小学少先队活动课的通知》，积极地开展少先队活动课的研究与探索。充分遵循少先队活动课的特点，让队员自己做主，从队员的实际出发，以队员的心灵需求作为少先队活动的第一信号，大队部进行了"队员课题选举投票"活动，通过队员的投票与建议，有这样一个现象，引起了我和五年级（2）班梦飞扬中队队员们的讨论与思考。有许多队员对待社区的保安、清洁工师傅等工作人员的态度不太礼貌或冷淡，有的甚至在小区内随意乱扔垃圾、随意乱停自行车等。根据《少先队活动课分年级活动建议》中五年级"劳动实践"活动的相关要求，我与队员们通过集体讨论、设计，开展了本次少先队活动课。

活动目标：

1. 功能维度：通过让队员们走进社区进行角色扮演，体验社会上不同角色劳动者的艰辛、劳动的快乐以及热爱劳动人民、尊重他人劳动成果的朴素情感，从而激发自己的社会责任感，让大家都来争当社会小主人，当好社会小公民，学会爱他人、爱学校、爱社区、爱家乡、爱生活，这也就是爱祖国的最好体现！

2. 空间维度：本节课将活动课的地点设在了校外，让学生走出教室，走出校门，走进社区。这也体现了少先队活动课不受空间性的局限，用更开放的形式，通过丰富的实践体验活动达成教育目标。

3. 时间维度：在活动开展的前期，成立调查小分队，让队员通过查阅资料、社区采访等形式了解社区工作每个岗位的工作职责，完成问题生成单，以便于队员们实践体验。

本节课重难点：

1. 通过活动培养队员的社会责任感和使命感，为实现伟大的民族复兴梦而不懈奋斗。

2. 让队员走出教室，走出校门，走进社区，用更开放的形式，通过丰富的实践体验活动达成教育目标。

活动准备：

以武汉市常青花园二社区作为本次活动的实践基地。从前期调查中，辅导员与队员共同选取了最集中的四个岗位：社区小主任、社区小保安、社区保洁员、社区小小志愿者。五年级（2）班梦飞扬中队队员们在课前进行讨论，每个小队任意选择一个角色进行体验，同时还设计了自己的口号，有文字记录员、小小摄像师，用微图、微视屏等方式记录活动过程。

活动过程：

第一环节：举行少先队仪式（5分钟）

1. 预备部分：整理队伍，清点人数。

（1）中队长整队宣布：少先队活动课准备开始，各小队整队，报告人数。

（2）各小队报告人数：立正！向右看齐，向前看，报数。

2. 中队长向全中队发出"全体立正"的口令。宣布少先队活动课现在开始。

3. 出旗、敬礼、礼毕。

4. 唱队歌，全体坐下。

第二环节："快乐体验小岗位"（20分钟）

快乐的"岗位体验"活动开始了，四个小队的队员们按照各自选好的岗位已经开始工作了，以下是工作时的几个情景，小记者殷佳蔚对本次活动进行了采访。

A："大家好，我是五年级（2）班梦飞扬中队的小记者殷佳蔚，今天，我们中队开展了一次特别的少先队活动课——《快乐服务小岗位》的体验活动，现在四个小队的队员们已经来到了各自的岗位，让我们一起去看看他们工作时的情景吧！"

A："瞧，梦之翔小队的小保安已经上岗了！"

情景一：

两名小保安正拿着扩音器，对居民宣讲防火防盗的知识。同学B："各位爷爷奶奶，叔叔阿姨，大家好，我是今天执勤的小保安王元浩，现在已经进入秋天了，天气干燥，是火灾的高发期，请大家一定要注意预防火灾，消防电话是119，不可随意将烟蒂、火柴杆扔在废纸篓内或者可燃杂物上，不要躺在床上或沙发上吸烟。"而这时，其他的小保安为来往的居民群众下发资料。

情景二：

梦之翔小队同学穿着校服，头戴保安帽，站在保安亭门口，对来往的车辆进行指挥和疏通。同学C正在对前来乱停乱放的车主给予提醒："叔叔，您好，这里不能停车，这样会堵塞小区门口，请您把车停到指定的地方去，谢谢叔叔。"

A："小保安们执勤的样子有模有样，咱们再去看看寻梦小队的小主任当的如何？"

情景三：

王阿姨在社区内捡到一串钥匙，交到了社区居委会，小主任D接待了她。"阿姨，您好，请问您有什么需要帮助的吗？""我在小花园里捡到一串钥匙，帮我找到她的失主吧！""好的，您放心吧，我现在来做好登记，待会我会在小区公告栏上贴上一份'失物招领'，谢谢您！"

情景四：

全体保洁员带着"环保小卫士"的袖章，拿着扫把和撮箕在社区小花园里进行打扫。小记者走到他们身边进行采访。"同学，你好，能说说你的感受吗？"E："地上有好多的烟头，特别是角落里，捡了好久，感觉到清洁师傅们平时真不容易啊！"

A："现在我们来到了社区空巢老人们的家里，梦缤纷小队的队员们正在对老人进行慰问。"

情景五：

刚进到空巢老人的家里，就被热闹欢腾的氛围感染了，小队员们给老人们表演了欢快的《骑马舞》，给老人们唱了自己学过的歌曲，两位老人被队员们的真诚与热情所打动，张爷爷更是以一位老党员的身份，语重心长地与队员们谈话。

第三环节："圆梦微访谈"（10分钟）

（播放视频）

体验完毕以后，全体队员回到社区会议中心，中队组织委员袁安琪为活动主持人，以十分钟微访谈的方式组织队员们谈一谈刚才参与体验活动的感受，说说自己遇到的问题与感想，在这一环节中，每个小队都积极地参与发言讨论，他们的感触特别多。"队员们，现在就让我们畅所欲言，来谈谈实践后的感受。"

B："我体验的角色是小保安，通过体验，我知道了保安的工作责任非常大，每一个保安叔叔都为社区的治安做出了贡献，在平时，我们要更加的尊重他们！"

E："是的，我觉得清洁工伯伯也很不容易，我们随手乱扔的垃圾，清洁工师傅们都得一个一个去捡起来，太辛苦了，以后，我再也不乱扔了。"

A："今天我很幸运从一个小记者的角度去观察了这些看似普通的职业，平时在生活中我们很容易忽视他们，从今天起，我要更加有礼貌地对待他们，珍惜他们的劳动成果。"

C："是的，我觉得社区小主任也不好当啊，每天都要处理很多琐碎的事情，面对很多纠纷，处理起来真不容易。"

D："社区是属于我们每一个人的，我们要像爱自己的家一样，去爱护它，维护它。"

E："是的，通过这次体验，我也感觉到了一种责任感，要时刻都有'小主人翁'的意识，这样我们的社区才会越来越美！"

第四环节：辅导员讲话、退旗

这节少先队活动课，我和队员共同参与、共同成长，在课的最后我也有感而发，做了以下总结。

亲爱的队员们，今天我们上了一节特别的少先队活动课，看到了你们在体验中收获了快乐，收获了知识，学会了感恩，懂得了责任，我非常欣慰，而与你们一起参加活动，也让我这个"大朋友"觉得特别快乐，我想这就是少先队活动课的魅力所在。希望你们都来争当有社会责任感的小公民，并且通过你们的良好行为去影响你的父母，你身边的所有人。行动起来吧，去实现你的梦，我的梦，还有我们共同的中国梦！

活动效果与反思

这节少先队活动课展示出了五年级队员敢于寻梦、勇于追梦、用劳动构筑梦想的朴素情感，队员们是活动的主人，人人参与，主动投入。课后，我让每个小队的队员们将自己的心得体会用微博的方式放到了网上平台，供全体队员学习交流，跟拍组拍下的微图、微视频也在校园常青藤电视台"校园新闻眼"上进行展播，这些视频一经播出后，赢得了全校少先队员的大力追捧，大家纷纷都来到网络交流平台说自己的感受，晒晒自己的照片。

在课的一开始，就进行了报告人数、出旗、敬礼、唱队歌等仪式，让队员在庄严的氛围中受到洗礼。少先队活动课是区别于学校的德育课程、综合实践课程，有鲜明的少先队"味道"，举行少先队仪式是非常有必要的，日后在仪式的形式上，还可以多加创新，让它变得更有实效性。

本节少先队活动课，鼓励队员走出教室，参与实践。让队员通过亲身经历去体验，从而激发他们的小主人翁意识，以强烈的社会责任感为实现中国梦传递正能量。热爱劳动，尊重他人劳动成果，尊重在社区或社会上默默奉献、爱岗敬业的劳动人民，同时，通过小队队员的全员参与，培养他们的合作意识，帮助他们在与伙伴互比、互帮、互学中，发挥自身优势，提高综合素质。但体验的时间毕竟是有限的，有一些队员并没来得及充分体验角色，如"社区小主任"，以后的活动中，在设计岗位时要考虑得更细致周到。在第二环节中，以微访谈这种队员们能够接受且能形成观点碰撞的方式，抒发自己的情感，从自身与旁观者的角度去激发自己的责任感与使命感。同时，也让队员们感受到作为中队集体的一员，应当为红领巾添光彩，增强队员们的主人翁责任感。

（三）"三个衔接"贯通学生发展的健康通道

幼小衔接教育：每年暑期，学校会精心准备为期3天的幼小衔接教育和新生家长培训活动，帮助新生熟悉校园环境，认识老师和小伙伴，了解小学学习要求和生活习惯，培训家长学习学校办学理念和实践举措及配合教育工作的相关要求，选举各班家委会，成立家委会组织等。

父母为孩子亲手戴上鲜艳的红领巾

小初衔接教育：重点关注小学六年级毕业后升入初中前的心理辅导教育及面临初中学习和生活需做好的哪些准备，包括对家长的培训内容。因此，每一年的9月1日都会举行常青树特别的"开学第一课"——我眼中的校园生活，内容丰富翔实。其中有一项传统活动，即高一年级的学生全都要到新生班去认领一位小师弟或小师妹，结为友谊之枝，在未来的校园生活中帮助其克服困难，顺利成长。这种友善和谐的文化氛围已深深影响到家长群体，学校家长常挂在嘴边的就是"常青树挂满爱心友谊之果，我们的孩子就像幸福的鸟儿栖息在这个温暖的家里"。

初高衔接教育：初中三年级下学期，有一个为期2天的初高衔接教育活动。一是隆重表彰，包括九年来各方面表现优秀的学子，如学业优胜学子、科技发明创造学子、艺术造诣学子、体育健儿学子、助人为乐好学子等多项表彰；还有对家长的表彰，如亲子共读好家长、关心孩子成长好家长、配合教育好家长等，颁发证书，授戴荣誉帽等。二是服务指导，请相关专家指导家长和孩子做好面临高中的心理、生活和学业上的准备；对于走国际高中路的学生和家庭还另发专门的毕业证书及国际高中就读邀请函，请对口学校外籍教师来解答家长的咨询……

这"三个衔接"一直以来是学校高度重视的育人环节，被视为温暖生命教育的重要体现。更为重要的是，三个节点的衔接使得九年一贯教育承上启下，一以贯之，更利于"中国人格"教育在我校顺利实施。

（四）德育评价

1. 德育评价总目标

蓬勃生命给我们成长与进步，中国人格给我们前行的力量。

2. 基于核心素养培养的特色德育评价体系：德育对象评价和德育实效评价

本着立足常规常态，追求"生态"评价，培养核心素养的宗旨，我校从德育对象评价和德育实效评价入手，以培育"五树"之人育人目标为基础，探索具有常青树实验特色的德育评价体系。评价体系的设计原则是以学生个体差异为"根"，实现"三个关注"，即评价要关注学生个性发展差异；评价要关注学生成长起点差异；评价要关注学生学习体验差异，从而使每个生命个体都能抽枝开花、茁壮成长！

与此同时，学校德育工作遵循"生命发展教育"中自能发展的核心思想：育自我教育之魂、植自我发展之根，建立自我管理、自主评价、自主发展教育系统。即以学校、年级、班级三级学生自能管理体系为骨架，以"常青核心素养树"建设为载体，通过全员德育落实反馈激励，实现学校的有序、和谐、稳定；推动"规范、和谐和学习型"班集体的形成，从而实现学生从他评到自评，从他律到自律的"中国人格"塑造和生命健康成长。

德育对象评价——"高素质多样化创新人才培养"

在评价形式上，我们依据"五树"培养目标，结合学校自身教育教学特色，将评价分为及时性评价和形成性评价，即及时反馈、及时表彰和"评价手册"记录成长过程两种形式。

及时性评价——"常青树"和"特色树"

A. 常青树

学生根据日常行规要求表现获得"常青树树种子"，集齐 10 颗种子，即可在班主任老师处换取 1 颗"常青树"荣誉章，每月由政教处汇总各班得荣誉数最高的 1 名学生，在校园电视台对其事迹进行宣传报道，将其照片及事迹简介张贴于学校的"五树"主题墙上。

B. 特色树

根据校园"节文化"及每月的主题，每学期按月分别进行评比活动，表扬活动中表现突出的学生。

时间	表彰名称	颜色	依据内容
3月、9月	仁爱之树	红	学雷锋活动及教师节、国庆节
4月、10月	强健之树	橙	结合运动会、春秋季实践活动
7月、1月	聪慧之树	蓝	结合每学期期末测查
6月、12月	美雅之树	黄	儿童节、缤纷英语节
5月、11月	创造之树	紫	劳动节、校园科技节

形成性评价——"成长树"

学校德育部门结合课程体系的实施，为每一位学生设计评价手册，手册命名为《我的成长树》，寓意学生精彩人生从这里奠基。其内容在介绍课程时再具体介绍。

德育实效评价——"素养魅力班级打造"

班级是学生成长的主要场所，是有效德育实施的重要阵地。

学校根据实际校情、生情制订了《"常青核心素养树"魅力班级评价细则》《"常青核心素养树"周省册》，德育管理团队规范并落实做到——日日评、周周评、月月一表彰、期末大评比，从学习、生活、活动的各方面，多角度对班级进行量化评价和管理，从而促进班级文化建设的规范和个性发展，创设良好育人环境，以班级文化"微"环境营造学生健康成长小天地、优化校园文化大环境。

3. 讲述我们的育人故事

与爱同行的行者

郭　敏

她叫赵沁怡，是我们班有名的女汉子，大大咧咧。

我总是记得那个中午，她跟我说，她被老师误会而导致不想上那门课的时候，她很愤怒，她说她不在乎她在那个老师心目中的形象，她无所谓，眼神里却满是绝望。

我问她，"那你在乎你在我心目中的形象吗?"她愣了两秒，突然哭了起来，嘴里非常含糊地说，"在乎"。那个时候我的内心是震惊的，我没有想到男子汉一般的赵沁怡会给我这样的答案，会突然在我面前流眼泪，我甚至有些手足无措，但我又突然意识到，我与孩子们之间有些不一样，她信任我，她在乎我对她的看法，她能够把自己的软弱面展现给我看。我还记得有一次因为她物理作业多次没有做没有交，我在班上严厉地批评了这个现象，她很不服气，瞪着我不屑一顾，我当时内心里很后怕，我担心自此会失去一个孩子对我的信任和爱，我甚至怀疑我的批评是不是对的，是不是太严苛。

意想不到，在第二天，就在我觉得她肯定会继续不屑一顾地看着我、不理睬我的时候，就在我打算看到她一如既往地跟她打招呼嘻嘻哈哈的时候，她竟然像往常一样疯跑冲过来，挽着我的胳膊说："郭婆婆，今天穿这么粉嫩，好像小公主呐。"我的内心再次受到了巨大的冲击，我扪心自问，我还不够信任她，甚至可以说她更信任我，她给我打造了一个坚固而友善的避风港。期末考试前她信誓旦旦地跟我说："婆婆，你相信我，这次期末考试我的语文成绩一定要上 95 分。"卷子一发下来，我立马找到她的试卷，104 分。是信任让我收获了满满的幸福。

前几天由于我被学校派出学习，这是我第一次这么长时间离开孩子们，他们说我像是在交代后事一样碎碎念，我让他们在我出差之后写了一篇百字感言，题目是《我眼中的郭老师》，回来之后我迫不及待地去看看孩子们眼中的我，他们说我比他们更像一个孩子，他们说我有时候阴晴不定，生气的时候太恐怖，他们说对我又爱又恨或许爱更多些，他们说他们很自豪被其他班的孩子们羡慕着，他们说他们会慢慢帮助我去实现我的梦想，他们说我跟其他老师不一样。

其实，我并没有与其他老师不一样，只是因为这些孩子们让我不断成长，让我从他们的身上看到曾经那个叛逆不省心的自己，我只是想让曾经的那个自己变得不一样。我们总是在说教学相长，但是我真正理解这个词真的是源自于赵沁怡和我们班的那群孩子们。我从来没有体会过被人无条件的信任，因为在现代社会，人与人之间的关系越来越脆弱，但是一个孩子，一个或许不能算得上是优等生，平时疯疯癫癫、打打闹闹、没心没肺的孩子，竟然能够做到无条件地去信任她爱的人，即便她觉得自己被冤枉。不仅仅是赵沁怡，班上的每个孩子或多或少都给我上了人生的一堂课，在陪伴他们的日子里，在他们陪伴我成才的岁月里，我们已不再是老师与学生，更多是相互扶持的行者。

爱就是责任

朱厚萍

小泽是我们班自封的"天兵天将"中的一员"大将"。第一学期刚进小学，上课时他可以趁老师转身板书，一溜烟跑到树人谷里捉蜜蜂、看豆豆虫。不知多少次，我与他捉迷藏式地带他重新回到其他老师的课堂。下课除了大喊大叫就是横冲直撞，乱推人。每周的升旗仪式上，他可以无视一切要求，想蹲就蹲，想说话就说话……想想以前，再看看现在，我在期末的评语中这样写道："你这小子，这学期的进步可真是不小呀！学习态度认真，成绩有很大的进步，上课能积极举手发言。老师只要一想到在每周一的升旗仪式上，不管站多久，你都能站得笔直的身影时，心里顿时感到欣慰和满足。你真的是长大了，祝贺你！你最大的优点是什么，知道吗？那就是你能听从老师和爸爸、妈妈的教导，并且了解我们的一片苦心。虽然，你身上还有一些小毛病，但是老师相信聪明的你在下学期一定会全部改掉，你说是吗？"他为什么会有这么大的转变呢？我也在反思着，就是一个信念——爱就是责任，是我的责任心、耐心和信心改变了他。

爱学生要深入地爱，爱学生要理智地爱。爱就是要严格要求学生，对学生不娇惯、不溺爱，对其缺点和错误不纵容、不姑息、不放任。师爱既蕴含着强烈的情感色彩，又表现出深刻的理智，不仅着眼于学生目前的得失和苦乐，更注重学生未来的发展和前途。作为一个一年级的班主任，我不仅要全身心地爱着他们，更要知道自己肩负的责任——培养他们良好的学习品质，引领他们走进知识的殿堂，学到更多的知识。

一天，上课铃响了，我夹着作业本，迈着轻快的步子走进了教室。教室里特别安静，我习惯性地把教室扫视了一圈后，笑了笑，说："同学们，这次作业许多同学都写得很好，得了'甲＋'，我非常高兴。"边说着，我边举起了一叠作业本，稍作停顿，我接着说："告诉同学们，今天朱老师还发现了一份最满意的作业，他是谁的呢？"不待我讲完，同学们就一下子把目光投到了我们班的那些小书法家的身上。我再一次停顿了一下，激动地大声宣布："余明泽！虽然这次作业的书写不能跟蒋诗琦等同学的比，但老师知道这份作业是他最努力、也是他最优秀的。"从同学们的眼神和小声的嘀咕中，我看出了他们心中的疑惑。于是我翻开作业本，把上面的"甲＋"和一个"顶呱呱"的图章展示给大家。"请同学们用掌声向余明泽表示祝贺！"我带头鼓起了掌，随即，教室里响起热烈的掌声。

要知道，这个"甲＋"对于余明泽来说可是"放卫星"的大事了。一年级刚上学时，我就感到余明泽是个"有嘴没手"的孩子，课堂上夸夸其谈，课后作业邋邋遢遢，在接下来的几周中，我也真正领教了他的作业：铅笔描红笔画不到位，田字格写字歪歪斜斜，拼音格里的拼音更是"上天入地"，作业中错字连篇。我很快就熟悉了他的"余氏字体"，不用看名字，就能一下认出。

此刻，我望了一眼余明泽，平时很能说的他，这时就像旗杆似的，坐得笔直，脸上有些疑惑与不解，然而，我还是从他的眼神中捕捉到了兴奋与激动，这一切来得太快了，他还没有从课间的那一刹那中回来……

那一刹那是这样的——

　　课间十分钟，我埋头赶批着作业，一路打钩，批到余明泽的作业时卡壳了，我叫同学把他"请"到我的身边站着面批，他的作业本上有两个错别字，我用红笔重重地圈了出来，一脸严肃地说："千叮咛，万嘱托，不要写错别字！要仔细检查！"声音不高，分量却很重。说完，我抬头冷冷地看了他一眼，想从他脸上找到悔过的表情。他没有说什么，眼睛睁得大大的，眼神好特别，我蓦然发现一种从心底流淌的渴望，一种对学习的热情正在悄悄地消逝，他的整个表情变得木然，我的心为之一颤。

　　等他走后，我又重新审视这份作业：字的"个子"缩小了许多，在拼音格里的章节排得很匀称；一笔一画写得重重的，十分清晰有力；他还自己进行了规范的订正。我着实吃惊不小，不觉翻看起他前阵子的作业，他的作业整洁了，字迹端正了，而等来等去却看不到一个"甲＋"。记得前两天我发作业的时候，他老是悄悄地翻看优秀作业的名单，而我当时还曾不屑一顾地阻止他……噢，我对他做了什么？猛然间，我仿佛看到了他那带着期盼的眼神了，仿佛一下子明白他所有的含义……这份作业好沉，这是一个孩子用"心"写的，一个简单的对错符号只能来判断作业的正误，而面对一份真正有质量的、蕴含着特别价值的作业，责任心要求我必须以自己的一颗真诚的"心"去发现、去触摸、去呵护……

　　因为懂得了，所以也特别珍惜，我在他的作业本上工工整整写上了一个"甲＋"，盖上了一个"顶呱呱"的图章，还特意画上一张迟到的笑脸。

　　此后，这样的"特批作业"多了起来，作业本上又多了许多丰富的内容：一面面鲜艳的小苹果，一个个可爱的笑脸。小泽每次只要一听到要写作业，就高兴得不得了。那一个个、一排排工整的铅笔字，那点点滴滴学习习惯上的进步，让我深深地感受到为了孩子有更好的明天，我们的责任重大！

　　爱就是责任。每个学生身上都有闪光点。关键在于，我们能不能怀揣爱心和责任心去发掘。班主任，就是那个沙里淘金的发掘者；班主任，就是那位使沙漠变良田的拓荒者；班主任，就是那名给千千万万孩子和父母带来欢笑的天使。我们的责任重于泰山！我自豪，我是班主任！我快乐，我是班主任！我将为这美丽的工作、肩负的责任而努力奋斗！

　　（本文作者朱厚萍是武汉市优秀班主任、武汉市班主任队伍建设核心组成员）

呵护童心，把爱携带

陈　娟

作为班主任，每天都会面对许多的小事情，如同一个家庭每天要面对的柴米油盐一样的平常与普通。然而，作为教育者，教育就在每个平凡的瞬间里，做个教育的有心人，你与孩子一起的每个瞬间就会变得不平凡。

今天是个普通的日子，而我的心情却因为一件小事此起彼伏。

疑惑：

中午，我依旧像平时一样到寝室叫我班的宝贝们起床，这时，我班的乖乖女小璇悄悄走到我身边神秘地说："老师，你知道小朦觉得最可怕的是什么吗？我说一定是妖怪，可她说是她的班主任。"一听这话，满腔的疑惑涌上心头，这可是我平时最怜惜、照顾最多的一个女孩。是什么原因使她产生这样的想法呢？

思索：

回到办公室，我独自回忆着与这个小女孩之间的点点滴滴。小朦是一名心思细腻的学生，写话中渗透出的"多愁善感"，说明她是一个内心世界十分丰富的女孩，只是平时性格内向，难得听到她的声音，即使说话也是嘤嘤细语，和她交流更是"惜字如金"。而我却十分喜欢她的安静、她的处事不惊，还有她对待事情认真的态度，难道我的喜欢只是"一厢情愿"？

还记得，为了鼓励她上课发言，我们进行的一次谈话。"你的作业做得那么优秀，一定能够回答老师上课提出的问题，愿意试试吗？"当时她很紧张。我继续着："我们来个约定，明天上课时我要请你发言的，你要做好准备哦，当然，我更希望你自己举手。"她诧异地抬起头，似乎不相信谈话就这样结束了，虽然依旧沉默，但从她的点头中我还是发现了她眼睛后面隐藏的一丝笑意。第二天，我带着一份激动和期盼走进课堂，因为我将实现一个约定。上课之余，我分了分神，偷偷观察她的"动静"，等待着……她的眼神不时地和我交会，我则向她颔首示意。终于，那只手悄悄地举起了一半，虽然内心已急不可待，可我故作平静地请她回答问题，尽管声音还是不够响亮，但已足以引起同学们的诧异。我们俩会心一笑。

还记得，他们小组中有个同学忘记带铅笔了，要做作业了，很着急，我走到那位同学身边，环顾四周，想为他借支笔，可看见小朦眼神躲闪，手悄悄将自己装满铅笔的笔盒盖上并向后挪了挪，当她发现了我的目光后赶紧低下了头，为了保护脆弱的她，我什么话也没有说，只是对她浅浅一笑。事后，我专门找她的妈妈谈这件事，希望能够共同帮助她变得更大方。妈妈的谈话让我又一次解除了疑惑，依然关注着她，对她充满了希望。妈妈告诉我，他们工作都很忙，孩子从小跟着爷爷奶奶，被宠着长大，一切以自我为中心，心中没有她人。妈妈十分支持我提出的指导孩子"学会做人"的培养方向，并试着让小朦融入集体之中，将她最心爱的图书送到班级图书角和大家一起分享，在我们推出课间下棋的活动时，妈妈还特意为孩子买了一副十分精致的动物棋带到学校，虽然小朦并没有将自己的棋交给小管理员统一管理，但是能看到她与小伙伴一起开心地下棋，我也会为这个小小的进步而高兴。

还记得，我们学校的个性心理辅导空间推出的"心情预报站"栏目招募负责人，我第一个想到了她，为了激发她主动与人交流的欲望，让她敞开心扉，我将学校的"心情预报站"小岗位让她管理，谁有心事都可以找她倾诉，并在那个小本子上记录下来，她也总是根据孩子们的心情变化把"心情预报本"装饰得十分别致，在这个岗位上她尽职尽责，虽然还没有看到我期望的她也能在此诉说她的心里话，但看到她那么热诚地欢迎着每一个来倾诉的同学，我同样能体会到她的喜悦。

平静：

所有这些关注，难道使她产生了压力，发生了负效应吗？我决定找她谈话。课间，我们坐到了一起。"今天，你和小璇主动聊天了，真不错！有快乐和烦恼就应该找人分享。"她不安地绞着手，话未说，眼先红，"老师，我不是故意那样说的。"她的声音有些哽咽。我一震，多敏感的小家伙！"对老师有意见吗？我很想和你交朋友，但朋友间应该有什么话直接说，对吗？"无语。"是因为今天我批评你收本子太慢，生气了吗？"依然无语，但已泪眼蒙眬，不能再说下去了，我知道这个脆弱的心灵此时一定备受煎熬。灵机一动，"明天是三八妇女节，老师很希望收到你的卡片，到时再告诉我原因，好吗？"此时，她抬起了头，"老师，我知道您很关心我，所以我不想让您失望，今天您批评我作业交晚了，我觉得很委屈，我是想做得更好，让您高兴啊！"我如释重负，我冤枉了她！是我步步紧逼的爱让她产生了压力，对待孩子的成长一定要有期待的心境，万不可操之过急。

豁然开朗：

第二天一早，我的桌上放着一张亲手制作的贺卡，上面写着："陈老师，节日快乐。希望您开心!"右下角还画了一颗心,写着"我爱您!"我一直相信教育只要是真诚的,就一定有回报,此时,我的心情豁然开朗。

感慨:

成长中的孩子关注自我,也追求理解,全心地投入,才能触及心灵,感动人心。在教育孩子的过程中我们应该有和学生一同欣赏生活、体验生活的心境,才能与他们一同感受生命中的快乐和感动。虽然我没有做什么惊天动地的大事,但我对学生的那份爱是真诚的、执着的,我想今天我的爱与真诚一定打动了这个幼小的心灵,我的今天,又因为一件平凡的事情而变得不平凡,眼前的小草也显得格外富有生机,用心去呵护每一个幼小的生命吧,你一定会收获一路阳光。"用心去爱你身边的每一个孩子吧,只要你的爱是真诚的,你的爱心必能换来一片真情!"

(本文作者陈娟是江汉区优秀班主任、学校德育大组长)

课程创新与课堂实践

一、走向"生命发展教育"的课程创新

——"生命发展课程"体系建构

美国哲学家有一句名言：如果你走路不知道要去哪里，你就很可能无法到达那里。在我们都会觉得这句话挺有道理的时候，我们可否想过：

我们的学校，我们的课程，究竟想走到哪里？

我将是所在学校的和所在课程的创始者或参与人吗？

一个学校的课程体系才最能够体现一个学校特有的办学价值取向，反映一个学校的办学水平和办学特色。

所以，作为学校，如何积极直面教育现状与新的教育形式？——我的回答是：锻造学生最留恋的课程，让校园生活成为学生最美好的回忆。

（一）由 STEAM& 创客教育引发的课程思考

以人为本，重视生命，是教育的出发点。生命因独特而弥足珍贵，因自主而积极发展，因超越而幸福完整，集自然生命之长、社会生命之宽、精神生命之高，才形成一个立体的人。

从教育的视角出发，人的成长不仅是个体的诸方面发展，更包括了人与人、人与社会、人与大自然等之间关系的建设，生命发展必须要放在一个大的生态体系中来展望。

学校，作为一个生命重要的成长时空，让教育立足于生命的原点，构建教育新生态环境，通过教育协助学生成长为最好的自己，拓展每一个生命，就会让社会更加和谐，也能让人类不断地走向崇高。"学校生态体系"就是指教育个体的生命发展与学校教育生态环境形成的相互作用、相互影响的系统。

但是纵观现存普遍学校生态，学校教育因应试而越来越早就开始严密训练，或者虽然随着素质教育的推行强调全面发展，但是学生依然生活在"校内减负校外补"的教育环境中。这样的生态体系不仅轻视生命的长度，同时也极大缩减生命所能达到的应有宽度，弱化了生命所能达到的应有高度。这样，一个人的生命所能发挥的创造力就极为有限。这种状态引发着生命可持续发展的深层危机。

学生究竟喜爱怎样的课程？什么样的课程体系才是最利于学生生命发展的教育生态？什么样的课程，才能使学生终身受益，让每一个学生的生命蓬勃发展？

在我校，学生的生命发展是学校课程设置的灵魂，统整着学校课程规划和建设的各个要素。学校课程体系建设的核心标杆就是：人人都能成长为一棵参天大树。

对于课程，我们有着广阔的国际视域。当前，国际上最前沿的两大教育运动就是"STEAM 教育"和"创客教育"。

1. STEAM 教育

我们国家一直重视青少年创新能力的发展，当下提出探索科学精神与实践创新素养，不免让人联想源于美国的 STEM 教育，随着教育的飞速发展，现在升级为STEAM 教育。

STEAM 是科学（Science）、技术（Technology）、工程（Engineering）、艺术（Art）和数学（Mathematics）五门学科的简称，是科学、技术、工程、艺术和数学英文首字母的缩写。

STEAM 教育强调以上学科的交叉，推进跨学科的融合，旨在培养学生的创新精神和实践能力。青少年的 STEAM 素养越来越受到世界各国科学教育的重视。

打个最通俗的比方，桌子上的一杯水，当我们想喝时会想，这杯水是凉还是热？为什么会变凉？这就是科学（Science）。研究怎样才能让水不变凉，这就是技术（Technology），然后制造一个结构实现让水不凉的目的，这其实就是工程（Engineering），如何让这杯水的保温设计美观让人有喝的意愿？这就是艺术（Art）。最后进行数据采集进行测试分析，这就是数学（Mathematics）。

同时，生活中，"为什么杯子里的热水会变凉？""怎样让房子更保暖？"这两个貌似不相同的问题，其本质却都是热学中能量的传递问题。当教学围绕这个本质展开时，就有了一条隐形的线索，将科学和工程问题有效地结合在一起。

可见，STEAM 的教学并不是简单地将科学与工程组合起来，而是要把学生的学习场营造为由点状的知识建构与运用过程转变成一个探究世界相互联系的探究性成长性的过程。

STEAM 教育最早出现在美国。为了培养在未来竞争中领先世界的人才，美国前任奥巴马政府从娃娃抓起，鼓励孩子探索科学、技术、工程和数学领域，把培养下一代的科技理工素养作为立国之本之一。

2013 年美国最新版《下一代科学课程标准的最终版》，有个最明显的变化，即减少了理论知识的掌握，增加了孩子动手操作的要求，有意识地将孩子置于问题解决的真实情境之中，引导他们通过持续的动手操作，增进对科学概念的深层理解，提高他们解决现实问题的能力。STEAM 教育相继在澳大利亚、加拿大、印度等多个国家引起重视，对中国基础教育创新也具有极大的借鉴作用。

STEAM 教育在学校，就是将更加广泛的科学思维与课内学习的内容相结合，既激发学生的兴趣，又利用所学知识和技能解决生活中的问题。这对于发展青少年综合解决问题的能力，培养创新人才具有重要的价值。

STEAM 教育的特征，就是通过协同、融合、重构的课程，培养学生的核心素养。

2. 创客教育

"创客"，"创"是创造，"客"指从事某种活动的人。"创客"（Maker），本指勇于创新，努力把自己的创意转变为现实的人。

创客教育是创客文化与教育的结合，基于学生兴趣，以项目学习的方式，使用数字化工具，倡导造物，鼓励分享，培养跨学科解决问题能力、团队协作能力和创新能力的一种素质教育。

首先，创客教育很显然是兴趣导向的。项目学习的方式，仍然是目前推荐的基于创客空间的学习组织形式。

其次，在创客教育当中"造物"的概念延伸了"做中学"的理念，创客的造物是一个相对复杂的过程，跨学科是一种根据项目需求而来的自然的学科综合，并非刻意为之。在解决问题的过程中，涉及的很多知识都是需要查阅大量资料、寻求各种帮助，通过自学和协作才能完成。这一点和"STEM 教育"有共通之处。

最后，关于创新能力的培养。当学生有这样一种欲望："我不想仅仅成为一个项目的参与者，我想成为它的发起人"，或者"我想做一个属于自己的东西"，创新的想法自然会产生。而这种创新是脚踏实地的，并非天马行空而不切实际。细致的观察自己、朋友圈和社会的需求，走出学校，走向生活，创意将源源不断。

所以，推进创客教育的学校肯定是一个很好的鼓励创造、提升学生创新能力的平台，提供创客空间，传授造物技能，给学生各种机会。这样一来，创客教育显然是在推行素质教育，培养能力、发展个性。这刚好和广大家长的认知是一致的，谁都不希望自己的孩子只会应试，失去最基本的动手实践能力。

综合以上对"STEAM 教育"和"创客教育"的思考，我校在"十三五"规划中，对于实施 STEAM 教育的目标非常清晰，其中就包括，认真建构现代教育课程体系，组建课改创新教育特色师生团队，积极组织师生参加线上线下的翻转学校。同时，建成高品位的 STEAM 教育＋创客空间，并积极向本地区其他学校学生开放，向社区内其他学校学生开设短期公益性科技创新课程。

学校新校区拥有华中地区 10 年内最有创意意义的 3000 平方米的"树常青"创客梦工场，这个名字寓意为"为树立培养创新型拔尖人才奠基！"此创客空间由教育部装备司推荐首都师范大学最有科技实力的专家团队设计，体现了创新学习重要的六大要素：

- 更高级别的创造力。
- 更好的学业表现。
- 更高的考试成绩。
- 更大胆的想法和有创造性的解决问题的能力。
- 更高的视觉、口语、写作、构建，表现和表达能力。
- 更好的研究、协作、团队和领导力。

这样，相当于从小就能为孩子搭建创新型人才的丰厚平台。

"树常青"创客梦工场的核心按创客类型培养，以兴趣为导向，基于项目或主题或任务的信息情境，开展开放性创新设计实践活动。要求掌握和使用制造工具，根据设计方案自主选择材料和工具设备；能进行相应的概念设计和创意设计，意念具体化和方案物化；体验创造实践的快乐，培养勇于创新的行为习惯和思维品质。

"树常青"创客梦工场特征为"努力培养具备设计思维＋批判思维＋创新体验＋技术实现＋创客精神的学生"。所以，其学习模式也发生着巨大的变化。

我们将"梦工场"划分为六大空间，包括益智创客工坊、手工创客工坊、模型创客工坊、电子创客工坊、3D 创客工坊、数媒创客工坊。

我们主要想通过情景体验活动，培养学生的观察分析能力；通过头脑风暴，培养学生的设计思维能力；通过实践，强调学生的动手能力；通过展示交流活动，培养学生的演讲、交流和展示能力。

经过多年课改实践的积累与思考，我认识到课程才是教育的核心部分，同时也成为文化变迁的核心。

课程所形成的教育生态是学校教育人群生命与精神世界充实和完善的过程与结果，是一种深深打上了学校教育特色烙印的文化。

课程创新，是通过课程改革，优化课程结构，按学生发展的需求设置课程，并在课程开发过程中实施质量控制，促进学生全面而富有个性的发展。

我的脑海中勾勒出这样一幅"生命发展课程"全景图。

新生态生命发展教育课程体系总轮廓

课程背景	课程目标	课程结构	课程实施	课程评价
办学思想	国际视野	人与社会	学生分合	创造之果
教育理论	中国人格	人与世界	学时组合	美雅之花
九年一贯	楚汉气度	人与自然	学段融合	聪慧之叶
楚汉文化	智慧生活			强健之干
核心素养	身心健康	人与自我	学科整合	仁爱之根
学校历史				
校长情怀				

（二）常青树课程体系构建的背景溯源

"谋定而后动。"一个学校课程体系的构建不能缺少前期对构建背景的深入思考与客观分析。

我校"生命发展"课程体系建设主要从学校办学思想、中西教育理论、办学的历程、九年一贯的优劣势、国际视野的核心素养探索、楚文化的传承、校长的教育情怀七个方面进行了课程体系的统筹思考。

第一，基于学校自身的办学理念。

常青树实验学校"生命发展教育"理念用一句话来概括就是：让生命之树常青！

我们的一切办学行为都要体现这样六个宗旨——

尊重生命成长的需求；

遵循生命成长的规律；

敬畏生命成长的状态；

关注生命成长的过程；

提升生命成长的质量；

创造生命成长的价值。

"新生态生命发展教育"，是一个具有蓬勃生命力的多维的教育场——

学校层面倡导和谐、自然、生机的教育；

教师层面倡导仁爱、博学、求真的教育；

学生层面倡导快乐、主动、创造的教育。

作为学校课改的主体——课程，必须围绕学校办学理念，研究和开发能促进学生生命健康全面发展，提高生命质量的课程，构建更科学生态的课程体系。

由此，我们确立的学校课程建设发展思路是：进一步有效使用学校课程建设自主权、优化课程结构、教材体系和教与学的方式，以课程体例建设为支撑点，推动学科、课程四合，加强特色校本课程及教学环境的开发实施，逐步健全具有生命发展教育的全息课程体系。

第二，基于中西教育理论中对课程体系的认识。

我国现行主要课程体系有学科课程、综合课程、活动课程。如美国教育心理学家布鲁纳的结构主义课程论、德国教育学家瓦根舍因的范例方式课程论、苏联教育家赞科夫的发展主义课程论等都对学校课程有着深远影响和指导作用。

学科课程的优点是它的逻辑性、系统性和简约性，有利于学生学习和巩固知识，同时也便于设计和管理。传统的国家课程基本是按照这一体系在构建。我校实施的课程体系的主体也仍然要充分尊重和研究学科课程。但其弱点也是明确的，一则，由于分科课程的"分科"是人为的，因而缺乏内在整合性，忽视知识的联系性，从而也割裂了学生的理解力；二则，忽视学生的动机和已有经验，容易脱离学生的兴趣和生活实际。

再看活动课程，其基本特征是：第一，主张一切学习都来自于经验，而学习就是经验的改造或改组；第二，主张学习必须和个人的特殊经验发生联系，教学必须从学习者已有的经验开始；第三，主张打破严格的学科界限，有步骤地扩充学习单元和组织教材，强调在活动中学习，而教师从中发挥协助作用。传统的学校教育中是以学科课程为中心，活动课程作为补充，我校办学以来也有丰富的活动课程资源。

而综合课程是一种主张整合若干相关联的学科而成为一门更广泛的共同领域的课程，在新课标实施以来，受到很大推广。综合课程有着自身的特有优势：一是认识方面的作用，既可以提供整体观念又有利于联系知识的不同领域；二是心理方面的作用，综合课程是按儿童心理需要、兴趣、好奇心和活动来编制的，有助于学生学习和学生个性发展；三是社会方面的作用，综合课有利于教学与社会方面的联系，有利于课堂间的相互影响。

根据综合课程的综合程度及其发展轨迹，可分为以下几种。

一是相关课程，就是在保留原来学科的独立性基础上，寻找两个或多个学科之间的共同点，使这些学科的教学顺序能够相互照应、相互联系、穿插进行。

二是融合课程，也称合科课程，就是把部分的科目统合兼并于范围较广的新科目，选择对于学生有意义的论题或概括的问题进行学习。

三是广域课程，就是合并数门相邻学科的教学内容而形成的综合性课程。

四是核心课程，这种课程是围绕一些重大的社会问题组织教学内容，社会问题就像包裹在教学内容里的果核一样，又被称为问题中心课程。

前三种课程都是在学科领域的基础上进行的知识综合的课程形式，它们打破了原有的学科界限，是旧的学科课程的改进和扩展；而核心课程则是以解决实际问题的逻辑顺序为主线来组织教学内容的。我们学校的课程建设将很大程度借助综合课程的特点进行改革，加大对综合课程的研究力度。

同时，我校的课程体系构建如何有机地将学科课程、活动课程、综合课程这三者构架成一个多维整体，发挥优势，互为补充，共同促进学生生命发展，其研究与实践的空间还很大。

第三，基于学校办学的发展历程。

"筚路蓝缕，以启山林。"我们学校发展本身也是我校课程体系建设的重要背景之一。

常青花园当初是武汉市政府规划的一项安居工程，拟建成一座可容纳近二十万居民，集居住、商务、金融、行政、娱乐、教育、卫生、交通、通信、高科技为一体的多功能综合性新城。

可是，建设初期，百废待兴，来小区居住的人并不多，人们当时最大的顾虑是这里没有好学校，孩子不能享受优质教育。

2001年夏天，武汉市教育局向全市优秀校长公开招聘常青第一小学（现常青实验小学，以下简称常青实小）校长，我在激烈的竞争中脱颖而出，成为武汉市第一批竞聘上岗的校长，那时我不到30岁。

学校2001年刚成立时，满目荒草，校舍空空如也，学生只有102人。但2007年，即发展为两个校区，学生突破3000人，2014年更是以九年一贯制的办学模式开办常青第二初级中学，2015年9月常青树实验学校由现在的常青二初中与六号新校区、常青实验小学多个校区组成。

作为一校之长的我，在为学校发展成绩斐然感到欣慰的同时，深知这其间的历程是曲折而艰辛的！

建校的艰辛让我感慨万千，办学的艰难更让我倍加珍惜发展机遇。我深知，学校建得再好，没有先进的办学理念，永远成不了好学校。

为此，我聚焦学生生命，立足关注学生的健康发展、关注学生的个性发展、关注学生的潜能发展，在教育界响亮地提出"生命发展教育"理念（之后又初步丰厚发展成为"新生态生命发展教育"）。

从立校之初，我就以五年为一个时间节点，明确树立了系列课程建设的五年规划。

第一个五年规划（2001—2005），主要是明确课程理念与方向，抓实教师队伍。特别是教师课程观念的强化和课程设计力、实施力的培养。

第二个五年规划（2006—2010），主要是研究国家学科课程目标的达成与学校育人目标、学生发展需求三者之间的空缺，补白拓新，优化课程结构。

第三个五年规划（2011—2015），主要是深化推进，不断完善，初步形成我校"生命发展"课程体系。

第四个五年规划（2016—2020），主要是总结成果，内涵发展，随着新的校区建设全面深入推进我校课程体系建设。

与课程规划相辅相成的是我校对课堂教学的研究与探索。

2001—2003年，我校开展了"师生双主体和谐发展"教学模式研究；2004—

2006年，我校开展了"原生态体验式"教学模式研究；2007年，学校开始了"主动教育"的规模性探索；2014年，学校将课堂教学的"主动模式"升级为"自能模式"；如今，我又带领老师进一步探索"e＋"环境下的现代课堂，努力提升课堂的高效。

常青树的孩子们大声喊出了"我的课堂我做主"的心声；"课前预习质疑，主动求知；课中合作学习，充分展示；课后分层作业，自能发展"构成了学校课堂的新生态！学校课改探索的经验被国家部级刊物《人民教育》《中国教育报》等全面报道，在全国教育界引起了很大反响。

打造学校教育的新生态，一直是我的教育梦想。为实现这一梦想，我对教师队伍的打造一直是倾心倾力的。

我提出了"做鹰一样的个人，雁一样的团队"理念，狠抓了学校"师德建设工程"和"师能建设工程"。

正是因为有着这样一支优质的教师队伍，学校参加了全市教育行风评议活动，家长满意率达100％，被评为"孩子们家门口的好学校"。

第四，紧紧抓住九年一贯制的契机。

教育绝不能是生产流水线！这是我对九年一贯制的最本位的思考。

在规划学校办学时，我综合研究了多种学制。我认为，九年一贯制最本质的优势，是运用拓宽的时空，解决小学与初中的衔接，使学生从"应试教育"中解放出来，即实施素质教育这个核心问题。但是这个学制也有着自身的局限。因此，我校课程体系的建构，必须紧扣九年一贯这一学制特点，发挥优势，研究困境，全面思考、长远思考。

一是九年一贯制的贯通优势。

九年一贯制学校，顾名思义，是指学制为九年，集教育、教学、管理等为一体，将小学、初中九年义务教育连贯进行的学校。十八届三中全会提出试行学区制和九年一贯对口招生，正是对义务教育免试就近入学的回归。"九年一贯对口招生"的推行，针对的就是近年来愈演愈烈的"小升初"择校，通过小学与初中的对口升学，目的就是全面取消各种隐性或显性的"小升初"考试和择校。

九年一贯制最本质的优势，是运用拓宽的时空，解决小学与初中的衔接，更利于实施素质教育。但是，九年一贯制本身不是素质教育同义语，它只是实施素质教育众多形式中的一种。仔细对比几种学制，九年一贯制的贯通优势体现在以下几个方面。

首先，优化资源配置提升办学效益。

"九年一贯制"体现了教育规模集聚理论，教育规模集聚理论倡导重组教育资源，使内部各因素能较均衡地运行，达到较高的效益。"九年一贯制"学校将小学和初中的各种资源进行有机整合，从岗位设置、人员安排，到各种设施、设备的使用，都可以进行统一安排，这就节约了人力和物质资源，降低了教育成本。

其次，保持办学理念与办学方向的前后一贯。

学校可以从一年级到九年级做通盘考虑，对办学特色、办学理念、管理制度、教学风格、学习策略、校园文化建设等重新进行整体设计，形成鲜明特色，统一实施。这样便于使学校办学手段一路相沿与反复扩充。

当然，"九年一贯制"最大的好处，还在于解决了"小升初"的衔接难题，特别是衔接期的小学五、六年级和初中一、二年级。学校实行九年一贯制，将使教育的功能主要定位在学生的发展而不是在对优质学生的选拔和竞争上，这比较符合当前我国义务教育公平原则和均衡发展的要求。学校可以系统编制从小学直至中学的德育目标，有自己的校本课程。内容可以按照教学进度，由浅入深，由易到难，由简到繁，循序渐进，为学生的思想、信念、理想、行业习惯的形成和转变奠定基础。

二是九年一贯制面临的困境和难题。

"九年一贯制"由于其学制本身的局限，使得学校会面临一定的客观困难，这是我在办学之初必须充分考虑的，特别是对于课程体系的构建，更要统筹思考，科学安排。

从学生方面来看，由于学生年龄跨度大，教育教学、身心成长、行为习惯等存在明显差异。大到作息时间不一致，课堂要求不一致，小到体育锻炼内容不一致，着装、饮食等生活习惯不一致，都给学校日常管理和教育教学活动组织带来了压力。九年在一个校园内，成长环境过于单一，也难免导致孩子产生厌烦，不利于培养孩子的环境适应性。

再从教师方面来看，工作时间长短、教学任务轻重、升学压力大小等方面各有不同，也导致同一学校内教职工的工作量、业绩评价、经济待遇等认定标准无法统一。加之目前，中学和小学在职称评定、生均经费等方面的差异，容易形成教师的内部矛盾，给管理带来难题。

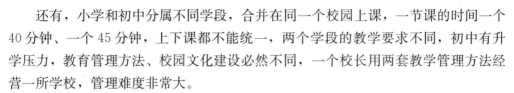

　　还有，小学和初中分属不同学段，合并在同一个校园上课，一节课的时间一个40分钟、一个45分钟，上下课都不能统一，两个学段的教学要求不同，初中有升学压力，教育管理方法、校园文化建设必然不同，一个校长用两套教学管理方法经营一所学校，管理难度非常大。

　　学校实行"免试直升"招生制度后，缺乏竞争性也是不可回避的。这就要求学校一方面进行学习的目的性教育，另一方面适当引入竞争机制，让学生在一个适当强度的竞争之中完成学业。

　　客观分析了"九年一贯制"的优势和局限后，我反复和专家及学校团队磋商，决定从"特色管理"和"课程设计"两个层面出发，充分发挥九年一贯制本质优势。

　　我提出的管理战略思想是："特色"与"创新"。

　　首先，九年一贯制学校管理一定要有系统规划和整体构思。学校需要对办学特色、办学理念、管理制度、教学风格、学习策略、校园文化建设等，重新进行结构性设计，从一年级到九年级做通盘考虑，充分发挥"一贯"优势，形成"一贯"制学校文化。这种整体规划的思路，既统整了学校课程，又统整了教学质量。学校在课程改革过程中可以以时间换空间，抛开眼前短期考试需求，大胆地开展更多着眼于学生未来发展的改革举措。同时，教师在教育教学中也能更加从容地关注学生的生命发展。

　　其次，九年一贯制学校的教育教学研究和活动开展，一定要遵循6~15岁学生的成长规律，根据不同学段学生身心发展的特点和规律，理顺育人目标，对学生培养进行一体化设计，用一以贯之的影响，奠定学生品格、信念、理想与行为习惯的基础。

　　最后，重视对一专多能、贯通型教师的培养。既懂小学，又知中学的教师和管理人员，是使九年一贯制学校优势尽显的关键。加强对中小学教学衔接的学习、研究、交流，是九年一贯制学校"校本教研培训一体化"的主要形式。

　　同时，对校长自身的管理水平要求更高。因九年跨度较大，所以必须按"统一领导，分部负责，条块结合，全程管理"的原则实施全面、科学、合理、高效的管理。对中小学的管理，既要突出中小学的共性，有客观一体化的要求，又要照顾中小学的特殊性，按相对分段独立运作；既要完善制度、依法治校，又要以人为本、灵活处理，讲究管理的艺术。对中小学部的办学水平，应分别进行评估，以避免

"重中轻小"的实用片面做法。

而对九年一贯制的教学管理，我探索了"三段一体"的九年一贯创新模式。即将各年级的学生分以下三个阶段。

"一年级——二年级"为一段，这一阶段的教学难度则略微降低，从而减缓"知识坡度"，着重培养学生的自理能力和学习生活习惯。

"三年级——五年级"为一段，此阶段学校侧重于对学生进行能力及综合素质的培养，以求学生全面发展，体现"合格＋特长"。

"六年级——九年级"为一段，在此阶段，学校适当加快小学六年级的课程进度，并合理添加七年级的部分知识点，以此降低七年级的教学内容坡度，顺利完成中小学的衔接。

而对九年一贯制课程设计，我则提出要"关注内容的一贯性与综合性，加大改革力度"。

九年一贯地整体安排课程，通过对基础教育课程的整体设计，避免了各阶段课程内容的不必要重复，加强了各阶段课程的衔接性和整体性。我提出了以下"四个强调"的思路。

一是强调课程的综合。

"合"不是单纯学科（分科）的"分"与"合"，而是一种教或学的态度，是指如何透过教学活动的设计，将知识与生活相结合，促进学生的发展。

从纵向来看，综合课程与分科课程在中小学课程结构中所占的比重一般要随学校教育层次的变化而变化。这是因为学科知识大都以其系统性及逻辑性将该领域内的知识予以抽象化及形式化，并形成知识的层级性结构———愈高层级的知识愈抽象，知识是随着层级的提高而逐渐脱离生活的。

因此，在低年级的课程结构中，综合课程所占比重应明显超出分科课程。随着年级的增高，综合课程在课程结构中所占比重应逐渐降低，而分科课程所占比重则逐渐提高，并最后超出综合课程。

二是强调教师之间的协同合作是未来教学的重要方式。

九年一贯课程改革强调课程统整，学科疆域界限被打破，知识间的横向联结增强，这必然导致教师间的横向沟通增多，教师之间只有相互依赖，组成教学群，共同发展课程、设计教学及准备教学相关媒体和资源，才能较好地完成教学工作。

随着课程综合性的加强，教师间在教学上的协同与合作会显得日益重要，这种新的教学方式对习惯于"单兵作战"的传统教师教学模式提出了重大挑战。

三是强调落实的课程运作方式。

课程改革并不是由研究者到发展者再到教师的简单移植过程，在课程实施过程中，学校或教师总是习惯以适合他们的方式来实施课程，课程是由教师和学生共同参与的教育实践，教师与学生的经验课程也应成为课程的重要组成部分。

因此，在课程实施过程中，课程的开发者和使用者必须互相适应和调整，二者之间应有相当程度的协商和弹性，这就是"落实的课程"。

教师要经常与同事共同观察和讨论，并在正式教学后反复地评鉴和修正，形成特定的课程知识，能落实新课程。这意味着教师将成为课程设计与实施的中坚力量，落实的课程运作方式将为未来教师的专业自主创造更丰富的空间。

四是强调松绑而授权的课程管理模式。

我提出了"以学校本位课程设计取代统一课程设计"的观念，其主要目的是希望学校所提供的课程，能够适时且恰当地响应学生的学习兴趣与需要，能够适应学校环境的条件与特色以及社区的特性与资源，改进学校课程的品质，提升学生的学习效果。

学校本位课程的发展是以学校的教育理念及学生的需要为核心，以适应本地与本校特色为目标，这有利于调动社区、学校、教师主动发展课程的积极性，也有利于课程真正贴近学生生活实际，促进其身心健康发展。

第五，"核心素养"是国际视域中不容忽视的对未来人才的素质探讨。

当下，"核心素养"（Key Competencies）已经悄然成为教育研究领域的热点话题。林崇德教授在"京台基础教育校长峰会"的报告中指出，"核心素养是学生在接受相应学段的教育过程中，逐步形成的适应个人终身发展和社会发展需要的必备品格和关键能力……未来基础教育的顶层理念就是强化学生的核心素养。"因此，基于学校发展特色以及学生的需求，遴选适用于学校的核心素养，对于推动学校的课程改革至关重要。

我在敏锐关注我国对"核心素养"研究与探讨的同时，搜集了世界发达国家和地区对"核心素养"的研究和界定。

1997 年 12 月，经济合作与发展组织（Organization for Economic Cooperation and Development，OECD）启动了"素养的界定与遴选：理论和概念基础"（Definition and Selection of Competencies：Theoretical and Conceptual Foundations，DeSeCo）项目。

2000 年 3 月，欧盟理事会在欧盟经济和社会政策议程（以下简称"议程"）中明确使用"核心素养"一词。"议程"指出，要在 2010 年发展欧洲成为最具竞争力和动态知识基础的经济共同体，通过更多、更好的工作促进经济的持续增长和社会凝集力。

随着欧洲经济的发展与社会的转型，教育关注点由资源输入，如学生的入学率、教育投资的比率等，逐渐转向成果输出，如学习者应当具备哪些能力、学习者如何能够更好地促进经济的增长等，核心素养的提出旨在培养能够适应并促进社会发展的公民。

2003 年，经济合作与发展组织出版的研究报告《核心素养促进成功的生活和健全的社会》（*Key Competencies for a Successful Life and a Well-Functioning Society*），构建了"人与工具""人与自己"和"人与社会"三个维度的核心素养框架，以及核心素养遴选的三条标准：有助于形成良好的个体生活和良好运转的社会；应用于相互交织的情景和领域；能够辅助个体成功地处理复杂的需求。

经济合作与发展组织对于核心素养维度的划分虽然在措辞上略有不同，但其基本维度仍然是对知识、个体、社会之间的关系进行讨论。多个国家（特别是欧洲国家）以此为据，遴选适用于本国的核心素养。例如，德国的核心素养主要指向"行动素养"，并划分为以下四个维度：职业素养、社会素养、方法素养和个人素养。每个维度均与个体、知识、技能、素养、社会等因素息息相关。法国的核心素养被解构为知识、技能和社会素养三个方面，并将"素养"解释为一种动态的学习、发展、摄取知识的过程。如今，法国的核心素养框架已经应用于课程的开发与评价。

2006 年 12 月，欧洲议会（European Parliament）和欧盟理事会（European Council）通过了关于核心素养的建议案，向各成员国推荐母语、外语、数学与科学技术素养、信息素养、学习能力、公民与社会素养、创业精神以及艺术素养八大核心素养体系，每个核心素养均从知识、技能和态度三个维度进行描述。

各个国家在遴选核心素养的过程中通常以欧洲议会和欧盟理事会提出的核心素养体系为基础，结合本国的实际情况，遴选适用于本国的核心素养。例如，新西兰的核心素养框架包括五项相互关联的内容：思考、意义建构、参与和贡献、自我管理、人际关系。其中，思考是新西兰核心素养框架的核心内容。新西兰的核心素养框架体现出对技术的重视，并且通过技术领域的未来发展巩固新西兰（在世界上）的地位。

我国台湾地区在经合组织设立的三个维度的基础之上增设了第四个维度——"展现人类的整体价值并建构文明的能力"，将视野扩展至人类的价值与文明的建构，这一界定在一定程度上超越了社会的范围，为核心素养的遴选开辟了全新领域。

同时，大陆也有学者建构核心素养的三层架构模型，将核心素养划分为："双基"层、问题解决层、学科思维层。

无论是起源于美国的科学素养，还是起源于欧洲的核心素养，对于大多数国家而言，两者均属于"舶来品"，因此，在将两者引入本国的同时，必须要在国际化的基础上对概念加以本土化诠释。

林崇德教授及其团队通过小组访谈、专家个别访谈、问卷调查、数据统计等方式，研究分析中国大陆不同学段学生的核心素养。研究结果集中在"全面发展的人"上，它包括三个方面：第一，自主发展，包括培养和发展身体、心理、学习等方面的素养；第二，社会参与，包括处理好个体与群体、社会与国家等之间的关系；第三，文化素养，也就是工具性，包括掌握应用人类智慧文明的各种成果。

可见，各个国家核心素养的具体内容虽然不尽相同，但均涉及个体、知识、社会等核心要素，并努力寻求各要素的均衡发展与交互式作用。

2014 年 4 月，教育部颁布《关于全面深化课程改革，落实立德树人根本任务的意见》，文件中有个引人关注的词：核心素养体系——研究提出各学段学生发展核心素养体系，明确学生应具备的适应终身发展和社会发展需要的必备品格和关键能力，突出强调个人修养、社会关爱、家国情怀，更加注重自主发展、合作参与、创新实践。

这时，我也将对"核心素养"的关注引向学校教育的落脚点——课程体系建构上。

近十年来，核心素养已然成为欧盟发展终身教育的支柱性理念，欧盟的目标是发展世界上最具竞争力和知识基础的经济，在经济和社会两个方面达到全面发展。

欧盟希望以核心素养取代传统的以"读、写、算"为核心的基本能力，引发并指导各成员国的课程变革。部分欧洲国家已经以此为据，开始进行尝试。例如，新西兰已经将核心素养纳入学校课程之中，新西兰将核心素养界定为以下五项内容：和其他人的关系；自我管理；参与与奉献；思考；使用语言、符号、文本。这五项内容也成了新西兰课程改革的主要依据。

另外，核心素养并不指向某一特定学科，而是指个体发展、适应生活所必需的综合素养，是个体终身发展过程中获得的共性素养。例如，全球性问题逐步融入人们的日常生产与生活活动中，社会结构多样性与趋同性并存，知识与信息爆炸式发展，使得新时代学生的信息能力成为一项必不可缺的素养；同时国际竞争日趋激烈，人才强国战略深入实施，时代和社会发展需要进一步提高国民的综合素质，培养创新人才，提高创新意识成为教育发展的新命题。可见，相较于科学素养，核心素养拥有更广的内涵。

按照核心素养与课程体系独立程度的不同，世界各国和地区的核心素养体系在教育教学实践领域的应用模式可以大致分为以下三类。

第一类模式，是核心素养独立于课程体系之外，由专门的机构进行研制和开发，之后逐渐与课程和教学相融合的模式，代表者有美国、澳大利亚和中国台湾地区等。

第二类模式，在国家的课程体系当中规定了要培养学生哪些核心能力和素养，并指导课程的内容与设置，代表国家为芬兰。芬兰的课程中直接融入了对学生核心素养的界定与规范。通过分解到各个学科之后，直接引导教师的教学。

第三类模式，学生的核心能力和素养没有单独的体系做出规定，但国家的课程体系当中的许多部分都体现了培养学生核心能力和素养的宗旨，代表国家主要是日本和韩国。可见，即使是在核心素养与课程体系相对整合的国家（如芬兰），核心素养也是作用于核心课程的内容与设置，而非直接作用于教学实践。

第六，立足本土，课程构建不可或缺楚文化的传承。

"海纳百川，敢为人先。"楚地文化的特色首先体现在其极大的包容性，其次是重义理，善思辨。即"博采众长"的开放精神和"不鸣则已、一鸣惊人"的创新精神。这些是永远不会过时的。近代的武汉更是作为中国民主革命的发祥地，几度成为全国政治中心。如今，武汉更在楚地文化的基础之上，以"敢为人先，追求卓越"作为城市精神，学校的课程一定要在珍惜本土文化的基础上追求更高发展。

　　回顾历史长河，楚地文化是中华民族多元文化的重要组成部分。它源远流长，博大精深，具有鲜明的地域特色和巨大的文化价值。楚，原指一种灌木，在江汉流域的山林中极为常见，可用作薪柴，古时是人们生存的必要之物。自商代起，北方中原人就以荆楚来称呼江汉流域的南方地区和南方部族，如《诗经·商颂》中所谓"维女荆楚居国南方"。楚地恰临界于我国南北，汲取中原文化和南方的土著文化的精华，形成了独具异彩的楚地文化。

　　楚地文化是一种独立的文化形态，有它本身的内涵和属性，有它相互依存、相互影响的科学体系。

　　楚地文化的哲学智慧首先体现在其极大的包容性。出于史官的道家学派对楚文化的发展有深刻的影响，老庄哲学即为其代表。道家的平等、宽容、善下、无争的精神深刻地影响着楚文化的精神。庄子反复措意于大小之辩，在通过对大和小、有限和无限的比较中，克服了"一曲之士"的主观片面。他肯定百家之学"皆有所长，时有所用"。这种包容的态度，成就了楚文化精神底蕴的特色。

　　正如现代著名文学史家刘师培在《南北文学不同论》中所指出："荆楚之地，僻处南方，故老子之书，其说杳冥而深远。及庄、列之徒承之，其旨远，其义隐，其为文也，纵而后反，寓实于虚，肆以荒唐谲怪之词，渊乎其有思，茫乎其不可测矣。屈子之文，音哀思，矢耿介，慕灵修，芳草美人，托词喻物，志行芳洁，符于二《南》之比兴。而叙事记游，遗尘超物，荒唐谲怪，复与庄、列相同。"

　　楚地文化的第二个特色是重义理，善思辨。无论是先秦时的老庄学派，还是两汉荆州新学、南北朝至隋唐的湖北佛学以及近代江汉新学，其学术特征均重哲理与思辨，具有较为突出的思辨性。

　　在南北文化分野中，产生于江汉潇湘间、以泽国为主要地理特征的道家学说，表现出了崇尚虚无、活泼进取、"大抵遗弃尘世，藐视宇宙，以自然为主，以谦逊为宗"的特征。他们学"究天人之际"，深探"天地与我并生，万物与我齐一"的宇宙精神，体现了人与天、地、道同大的自觉意识，又具有齐同物我、平视神人的博大眼光。

　　因此，有的学者将先秦道家视为中国轴心时代"哲学的突破"的代表，而它所展示的正是楚文化精神的思辨特色。作为楚文化精髓的道家哲学，它的思辨性还表现在对"有"与"无"这对哲学范畴的理解上。

通常认为，文化有两种现象，一是"物化"现象，即文化方面各种各样的物质产品；一是"人化"现象，即人的精神及其产品。

其实，第一种现象也是"人化"现象，因为物质产品都是人创造的，是人的力量的对象化。人创造了文化，文化也创造了人，对文化与人之间的互动以及共生关系的认识与把握，是审视文化价值的一个十分重要的现代视角。

最能体现荆楚文化特点、表现其艰苦创业的"筚路蓝缕"，正是这种文化与人的关系的真实写照。楚国历经数代国君与国民的奋力开拓，成就了"楚地千里，饮马黄河，问鼎中原"的霸业，然其最初，只是周王朝在歧视政策下封于蛮荒之地的一个蕞尔小邦。熊绎的部众在睢山、荆山之间的穷乡僻壤耕垦，过着古朴的生活，而灿烂的楚文化的起点，也就在这狭小的天地之中。

"筚路蓝缕"的精神不仅为楚国创造了丰富的物质文明，它所带来的"文治教化"方面的财富也是巨大的。在文化经验和智力不断积累的过程中，文化心理和素质也在不断提升，而在其中发挥积极作用的始终是人及其精神。

越来越成为人们的共识，而且也是现代文化价值论题中应有之义的，就是文化的竞争意识。在我国历史上，各个区域文化之间的相互融通、此消彼长，实际上也包含着竞争的因素，因为没有竞争就没有文化的发展。

荆楚文化的精神特质，在民族文化的发展史上显示了强大的竞争力，除了已经讲到的"筚路蓝缕"的进取精神、"博采众长"的开放精神、"眷恋故土"的爱国精神之外，其"不鸣则已、一鸣惊人"的创新精神更在文化竞争力的发挥中起到了积极作用，这一切不仅使楚国于蛮荒之地中立足、壮大，更于楚国先民奋斗的过程中，构成了我们整个中华民族精神的重要因素。

艰苦创业、发愤兴邦，不管时代条件如何变化，这种精神都是永远不会过时的，始终拥有它，就能在任何竞争中处于不败之地。

武汉作为楚地文化的重镇，继承发扬了楚地文化中善下不争、坚韧不拔的品质。早在清末洋务运动时，武汉的近代工业便得以蓬勃发展。与此同时，武汉成为近代中国重要的经济中心而蜚声中外。近代的武汉作为中国民主革命的发祥地，几度成为全国政治中心。民国时期汉口高度繁荣，被誉为"东方芝加哥"，武汉三镇综合实力曾仅次于上海，位居亚洲前列。如今，武汉更是在楚地文化的基础之上，以"敢为人先，追求卓越"作为城市精神，积极进取、无畏向前，在珍惜本土文化的基础上追求国际化发展。

楚地文化，将成为我校课程的深厚背景和丰富资源。

第七，课程体系构建离不开校长自身的情怀。

"鸟的天堂"是巴金笔下那棵枝叶繁盛独立成岛的榕树，无数小鸟在上面自由快乐的翱翔栖息，我一直用自己的生命教育情怀矢志不渝为孩子搭建一个常青花园的"鸟的天堂"，那就是一所能让孩子们自由蓬勃生长的，富有生命活力的学校——常青树实验学校！

无论在什么季节，走在常青树实验学校的校园里，都有种如沐春风的感觉，无论是校园偷偷绽放的梅花，还是走廊的书架，精心布置的书法教室，甚至小小的一只花瓶都呈现着浓郁的中国书院品格和博大胸襟的包容情怀。还有那一张张孩子的笑脸，一个个学子矫健的身影，更是让常青树实验学校呈现出蓬勃的生机与活力。

学校被教育部特批为"国家课程改革实验基地校""全国未成年人生态道德教育示范学校""全国基础教育课程改革骨干教师研修基地""全国艺术教育特色单位""全国绿色学校"等各项荣誉称号 200 余项。学校参加了多次教育行风评议活动，省、市行风组专家成员在对家长和社区的几次暗访中，家长满意率达 100%，学校在社区居民的评价中声誉极高。

我个人也收获了诸多赞誉——"全国先进工作者（全国劳模）""十大中国好校长""全国创新型优秀校长""全国课改杰出校长""湖北省有突出贡献中青年专家""湖北省党代表""湖北省语文特级教师""湖北省百名优秀校长""武汉市首届廉洁勤政好校长""武汉市首届优秀校长""武汉巾帼建功十行百星""武汉市'三八'红旗手"……

短短十七年，学校究竟是如何实现跨越式的发展，收获如此多的殊荣呢？我的回答是：用真诚的教育情怀来赢得学生、家长的爱和信任！

建校的艰辛让我感慨万千，办学的艰难更让我倍加珍惜发展机遇。我深知，学校建得再好，没有先进的办学理念，永远成不了好学校。为此，我聚焦学生的发展，立足关注学生的健康发展、关注学生的个性发展、关注学生的潜能发展，在教育界响亮地提出"生命发展教育"理念，并且大胆实施教改实践，开创了"主动教育"

课堂教学模式品牌。

我要求自己首先要有"立德树人的责任力"。在常青树的校园里，任何一个校区，都可以听见孩子们亲热地喊我"万妈妈"。"万妈妈，我们这学期什么时候春游啊？""万妈妈，学校的炸鸡腿好吃极了！"……一张张笑脸，一声声童稚的话语，都会让我蹲下身来搂着孩子们亲切地给予回复。因为孩子的身心需求是教育的第一信号！

"将学生的心灵需求作为教育的第一信号。"这充满人性化的教育理念体现在了点点滴滴的办学中。每日清晨我都带领着自己的行政班子，在校园迎接每一个孩子，并给孩子们鞠躬，我说："只有我们尊重了孩子，孩子才懂得尊重我们。"

我经常提醒老师：要给孩子最大的自主成长空间。在校园，我让学生们响亮地喊出："我的活动我做主"。学校"快乐周周行"的实践活动中，科技周、环保周、文学周、双语周、艺术周、书法周、民俗周等深得孩子们的喜爱，培养了一大批品学兼优的学生。学校成立了鼓号队、管弦乐队、足球队、科技组、计算机组、美术素描组、陶艺队、书法组……无不为学生富有个性特长的成长搭建了丰厚的平台。

兴趣是学生学习最好的激发点。我引导孩子们提出"我的课堂我做主"，让老师们"到学生那里去备课"，找教学的最佳突破点；"课后直面学生评教"，到学生那里去反思。

为了学生有个健康、快乐的童年，我积极探索减负的新举措，"低年级学生不背书包回家，当天的问题当天解决"，给学生留有更多的空间做自己喜爱的事情；中高年级开展的"分层作业超市""网络平台晾作业"接受家长和社会的监督、评议，深受学生和家长的拥护，多家媒体对学校减负工作和成绩纷纷予以报道。

作为一位从教学一线成长起来的校长，我始终不忘把课堂作为兑现生命教育理念的主渠道。"追求卓越的创新力"是我对自身不懈的要求！

我常说校长要姓"教"，自己一直在三尺讲台上耕耘不辍，并用先进的办学理念内化在课堂教学实践中。我长期坚持深入课堂、深入教学，创设了享誉全国的"主动教育"课堂教学模式：课前，鼓励学生独立预习，完成"问题生成单"；课中，小组学习、主动质疑探究；课后，听取学生反馈交流，链接下步预习。教师真正成了把孩子的创造潜能从沉睡中诱导出来的"唤醒者"！

我带领老师们进一步研究教学方式，将"主动课堂"提升发展成为"自能课堂"。我以课案为抓手，从解决学生课前自学质疑的问题入手，充分利用"教材、学生问题生成单、小白板和纠错本"，通过独学、对学、群学的方式，开展小组合作学习；我提出"15＋30"的课堂时间分配要求，将课堂的大部分时间和空间还给学生，让学生在课堂上敢说、会说，充分展示，最大限度开发学生的发展潜能，提高学生的学习能力，培养学生的综合素质，最终实现教学效益的最大化。

多年来，我坚持每学期带头上研讨课，随堂听评指导老师们的教学情况，每年累计听评指导教师各学科研讨课达200余节，指导教师参加各级各类优质课赛纷获好成绩，深受教师敬服和拥戴。我开设了"语文工作室"，带头上课，主动带徒，甘为人梯。作为特级教师的我所执教的高段语文课《鸟的天堂》参加教育部"小学语文学会"学习专题研讨，我以诗化的语言，真情的表达，引诗入文，引导学生入情入境，让学生与文本真诚交流，《人民教育》在年度报告中，称我形成了"诗化语文"新流派。学校被誉为"国家新课程改革的坐标"，我个人也光荣地被评为"全国课改杰出校长"。

这十七年来，我执着地做了一件最核心之事，就是树立并不断丰厚先进科学的办学理念——"生命发展教育"理念，并将其兑现在办学的方方面面。

接手初中后，我将办学思想进一步凝练成一句话"让生命之树常青"。我提出"蓬勃生命给我们成长与进步，中国人格给我们前行的力量！"这一德育总目标，充分体现了我校办学宗旨和办学追求，即两个负责：一是对每个学生的生命成长负责；二是要对中华民族的伟大复兴负责！

因为负责，我坚持改革课堂教学，突破常规，把"主动课堂""自能课堂"还给孩子；因为负责，我对教师们提出"十六知晓""十个细节"等精细化管理要求，以让每个学生都能找到家的感觉；因为负责，我率先利用社区资源，勇敢地打破围墙的限制，把课堂开到社区里去；因为负责，我敢为人先，开创武汉市初中学段走班分层教学先河；因为负责，我远赴海南、云南等边陲县市，为推广教学改革不遗余力。仅2010年，我作为"主动教育"课堂教学模式的缔造者、特邀的云南省楚雄州首席专家，多次赴楚雄州及各县教育战线进行教改工作指导，足迹遍至当地13个县市，百余所学校。

2012年12月，我当选为武汉市素质教育特色校共同体理事长，带领着12个共同体分部，150余所武汉市素质教育特色学校，相互学习，相互鼓励，不断生长出新的优势和亮点，形成了异彩纷呈的武汉教育喜人局面。除武汉市各个城区外，北京、上海、河北、河南、安徽……仅2013年，我应邀到各地讲学18场次，为教育的均衡发展不懈努力着。

2014 年 11 月 8 日，因长期的透支，积劳成疾，我不得不接受本应该早就进行的开颅手术。术后三天麻醉刚醒，我就在病床上向前来探望的校行政布置学校系列教改措施，要求大家从细节入手全面关爱孩子……大家无不动容。12 月，我不顾医生要病休 3 至 5 个月后才能上班的反复叮嘱，匆忙出院，又废寝忘食地一心扑在工作上。

我，在用自己的生命每日为教育起舞，用我对生命教育的情怀为孩子搭建一个常青花园的"鸟的天堂"。

校长课改导航课

（三）常青树课程目标的具体内容

基础教育阶段的课程改革不同于其他改革，它撼动的是学生人生的一个最重要的时期，同时也会影响一个时代。因此，在学校内进行课程改革一方面要大胆开拓，另一方面要科学有序。

我在学校课程体系建构之初，就明确规划，具体要求，走一条"扎实探索与实践的路"，主要分了"三步走"。

第一步是明确课程理念与方向，抓实教师队伍，特别是教师课程观念的强化，和课程设计力，实施力的培养，也就是做好"人"的储备。

第二步是研究国家学科课程目标的达成与学校育人目标、学生发展需求三者之间的空缺，补白拓新，优化课程结构。实施新课程改革以来，我校在认真执行国家课程和地方课程计划，积极开发建设校本课程，探索实施综合实践活动课程，以课堂教学为中心，以课程建设为突破口，建构了"一主两翼"的课程结构。其中，"主"是国家课程、地方课程；"翼"是校本课程和综合实践活动课程。这一步主要是为课程体系建构积累和丰富资源。

第三步则是在各级专家的指导下，深化推进，不断完善，结合核心素养培养由课程目标入手，具体形成了我校"生命发展"课程体系。

21世纪初，经济合作与发展组织（OECD）率先提出了"核心素养"结构模型。它要解决的问题是：21世纪培养的学生应该具备哪些最核心的知识、能力与情感态度，才能成功地融入未来社会，才能在满足个人自我实现需要的同时推动社会发展？

2014年4月，教育部颁布《关于全面深化课程改革，落实立德树人根本任务的意见》，文件中有个引人关注的词：核心素养体系——研究提出各学段学生发展核心素养体系，明确学生应具备的适应终身发展和社会发展需要的必备品格和关键能力，突出强调个人修养、社会关爱、家国情怀，更加注重自主发展、合作参与、创新实践。所以，我们认识到：

第一，课程改革必须为未来社会提供创新型人才。

学习不仅仅是课程内容的学习，还是学生智力建构与社会性发展的综合过程。关注"核心素养"的课程和课堂，是现代教育必须具备的，从"人的全面发展角度出发，体现促进人的全面发展，适应社会需要"这一要求，解决的是"培养什么样的人"的教育问题，是为未来社会提供了创新型人才，是对教育目标的新诠释。

第二，核心素养的培养必须通过课程改革来兑现落实。

核心素养的培养是中国教育从"知识核心时代"走向"核心素养时代"的标志。

随着时代的变化，基础教育的内涵也在不断地拓展和丰富。从知识基础到能力基础再到道德基础，它的外延就是核心素养。

学生核心素养，简而言之，就是经过一系列的课程体系学习之后，沉淀下来的核心技能。今天，这个体系正在成为新一轮课程改革深化的方向。它标志着中国教育从"知识核心时代"走向"核心素养时代"的必然。

　　世界各国近年来课程改革中课程模型与课改实施模式的发展，使得各国基础教育的课程体系逐渐呈现出共同的发展趋势。在课程标准的内容上逐渐呈现关注学生发展，强调培养适应现代社会所需的能力，注重课程的整合性，强调传统学科融合的趋势。

　　核心素养与课程结合是以能力为导向的课程标准改革的重要举措，核心素养与课程结合的方式需要根据国家教育教学实践的特点进行。在我国，核心素养培养有一条从顶层设计到实践落地的路径。

　　国家层面：构建学生的核心素养理论体系框架，对教育实践起导航、引领作用。

　　教育实践层面：将核心素养落实在具体的学科素养中，体现学科本质观和学科的育人价值，体现不同学科融合的共同教育价值，体现打破知识壁垒的学科软化边界性。

　　课程层面：建设以学生学会终生学习为目标，以学生全面发展为愿景，以学生多元发展为导向，科学设计课程体系。

　　课程目标是指导课程发展建设的重要理论依据。课程具体化的教学目标和质量标准是学生核心素养的具体体现，而内容标准和教学建议的内容设定旨在通过学科的教学促进学生核心素养的形成。

　　我校确定课程目标的具体内容如下图所示。

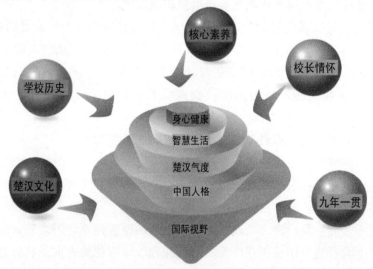

　　课程目标是教育目的和培养目标实现的途径，体现了课程开发与教学设计中的教育价值；是教学运作的方向和灵魂，是其价值理性的集中体现，也是指导课程发展建设的重要理论依据。遴选合理的课程目标内容对于课程的建构与发展至关重要。

　　我校以核心素养培养和"生命发展教育理念"作为我校课程目标的遴选依据，以国际化与本土化相结合作为遴选原则。我们将课程目标的内容设定为身心健康、智慧生活、楚汉气度、中国人格、国际视野五方面内容。这五项课程目标存在内在的逻辑关联，是实现全面培养学生的重要指导依据。

1. 身心健康

　　身心健康是个体发展的基本条件，同时也是个体发展过程中追求的理想目标。随着科学技术的高速发展，社会竞争的日益强烈，学生们承受的学习压力与日俱增。由于过重的学习压力，导致学生身体或心理受到损害的案例比比皆是。因此，我校在制订育人目标时，将学生的身心健康放置在首要位置。洛克指出"健康之精神寓于健康之身体"，身体健康是保证学生健康成长、良好发展的重要基础。

　　世界卫生组织指出，身体健康的个体应当有充沛的精力，能从容不迫地担负日常的繁重工作；处事乐观，态度积极，勇于承担责任，不挑剔所要做的事；善于休息，睡眠良好；身体应变能力强，能适应外界环境变化；能抵抗一般性感冒和传染病；体重适当，身体匀称，站立时头、肩、臂位置协调；眼睛明亮，反应敏捷，眼和眼睑不发炎；牙齿清洁，无龋齿，不疼痛，牙龈颜色正常且无出血现象；头发有光泽，无头屑；肌肉丰满，皮肤富有弹性。在制订育人目标的过程中，我们也以此为据。

　　心理健康是当今教育领域越来越重视的话题，太多的负面案例反映出学生在强大的学习压力下，心理发生不良变化，甚至做出极端行为。培养学生健康的心理不仅是对个体成长的负责，同时也是对社会的负责。

　　世界卫生组织指出，心理健康的个体应当有良好的自我意识，能做到自知自觉，既对自己的优点和长处感到欣慰，保持自尊、自信，又不因自己的缺点感到沮丧；坦然面对现实，既有高于现实的理想，又能正确对待生活中的缺陷和挫折，做到"胜不骄，败不馁"；保持正常的人际关系，能承认别人、限制自己，能接纳别人，包括别人的短处。在与人相处中，尊重多于嫉妒，信任多于怀疑，喜爱多于憎恶；有较强的情绪控制力，能保持情绪稳定与心理平衡，对外界的刺激反应适度，行为协调；处事乐观，满怀希望，始终保持一种积极向上的进取态度；珍惜生命，热爱生活，有经久一致的人生哲学。健康的成长有一种一致的定向，为一定的目的而生活，有一种主要的愿望。

将身心健康放置在育人目标的核心地位，一方面是符合个体发展的规律。良好的身体与心理是个体发展不可或缺的要素，相较于学业成就、艺术特长等，身心健康是促进个体可持续发展的核心要素。另一方面突出身心健康的重要性符合我校新生态课程发展的理念。所谓新生态，即要让学生在自然、温暖、舒适的环境中得以全面的发展，因此身心健康也是践行我校课程理念的核心内容。

2. 智慧生活

诺贝尔奖获得者李政道教授在给我国召开的"促进人文教育与科学教育的融合高级研讨会"的贺信中说道："科学、艺术、人文的共同基础是人类的创造力。它们追求的目标都是真理的普遍性。追求科学与艺术、科技与人文之间的关联和均衡，是人的创造力的本能。"

科技教育是以向人们传授自然科学技术知识，开发人的智力以征服和改造自然，促进物质财富增长和社会发展为目的的教育，主要体现为以社会发展需要为标准的教育观。人文教育是一种传授人文知识、培养人文精神和提高人文素养的教育。它的目的是提高人们认识和处理社会关系、人际关系、物我关系的能力，实现和促进个体身心和谐发展。其实质是一种人性教育，以个性的自我完善为最高目标，主要体现以个人发展需要为标准的教育观。

著名教育家杨叔子说过："一个国家、一个民族，没有现代科学，没有先进技术，一打就打垮；而一个国家、一个民族，没有优秀历史传统，没有民族人文精神，不打自垮。"

因此，人文与科技是教育的根本，人才培养既要注重科技教育，又要注重人文教育。人文从大的方面讲是指社会的精神面貌和道德修养，从小的方面讲是对资深精神世界的感悟和认知。它关注人的生命、价值和意义，强调求善求美，注重人的精神追求和人性培养，是一个国家、一个民族的文化精髓。

同样科技教育对于一个国家意义重大，它是国家发展的力量源泉，国家竞争力的重要标志，没有科技发展，就没有社会进步，也没有现代文明。可见人文教育和科技教育在人才培养过程中都非常重要，任何一项都不可忽视。

推进人文教育与科学教育的融合，并不是两者的简单调和，也不是教育的科学取向与人文取向的二元相加，而是它们在高层次上的结合。这种结合是全方位的，是教育思想、教育价值观与功能观、教育制度和课程编制等方面的根本改变。

在这种理念下，常青树实验学校充分利用校园文化，使其成为对学生进行人文素质教育的重要载体。一方面加强校园文化建设，造就了一个浓厚的文化氛围，用高品位、高雅的文化艺术环境去熏陶学生，在学校各个环节教育中渗透民族优秀传统文化教育和爱国主义教育。另一方面开设了文、史、哲等方面的特色校本课程，开设人文讲座、专题报告会、学术交流会，对热门话题进行专题讨论或举办辩论会。充分发挥第二课堂的综合效应，开展丰富多彩的校园文化活动，营造全面提高学生素质的良好环境，陶冶情操，培养人文精神，提高学生综合素质。

3. 楚汉气度

楚地人杰地灵，人才济济。从古至今，楚地文化孕育了无数政治、军事、经济、思想、科学、文化等各个领域的一流人才。荆楚大地向来被视为我国的学术研究中心。清末以来，随着民族矛盾和阶级矛盾的不断激化，荆楚学人更是以族国命运为己任，积极地投身到学习西方和俄国的洪流之中，在洋务运动、民主革命中形成了宏大的人才队伍。荆楚文化的精神特质除"筚路蓝缕"的进取精神、"博采众长"的开放精神、"眷恋故土"的爱国精神之外，其"不鸣则已、一鸣惊人"的创新精神更在文化竞争力的发挥中起到了积极作用。

无论我们身处何种时代，楚地文化的精神永远也不会过时。"筚路蓝缕"的进取精神是鼓舞人们奋勇向前、无畏艰辛的拼搏精神。当今社会，竞争日益激烈，除了应当培养学生在面临激烈的竞争时应当具备危机意识，更重要的是要有勇于拼搏的斗志与信心。"博采众长"的开放精神则要求学生能够虚怀若谷，广泛听取别人的意见，"择其善者而从之"，促进自身的可持续发展。"眷恋故土"的爱国精神即要求学生时刻不忘祖国、家乡对我们成长的重要意义，自身价值的实现不仅体现在自身的成长方面，同时也体现在对国家、故乡的回馈。"不鸣则已、一鸣惊人"的创新精神不仅是楚地文化的精华，也是当今人们致力追求的意志品质、创新精神，是在珍惜原有文化的基础上，通过发明、创造新生事物以促进文明发展的持续性过程。

楚地文化是中国多元文化中的一块瑰宝，其提倡的"筚路蓝缕"的进取精神、"博采众长"的开放精神、"眷恋故土"的爱国精神以及"不鸣则已、一鸣惊人"的创新精神，都是楚地文化留给我们的精华。如何在教育实践中将其合理地开发利用，并与现代化发展相结合，是值得每一位教育工作者深思的问题。

为了培养学生热爱楚地文化、了解楚地文化、弘扬楚地文化，我校开展了一系列与武汉、常青有关的课程，如《常青藤电视台》《常青导游》《武汉之"城"》《武汉之"桥"》《武汉之"音"》《武汉之"艺"》《武汉之"水"》《武汉之"食"》《武汉之"学"》等。学生可以通过实地考察、收集资料、设问辩论等形式，学习武汉、常青独特的楚地文化。

4. 中国人格

"中华民国"第一任教育总长，也是后来的北京大学校长，中国国际化、现代化教育体系的建立者蔡元培先生曾说："中国为一人，天下为一家。"——这是 1936 年他为邹韬奋主编的《生活星期刊》双十特刊所写的题词。他说，"若是中国四万万七千万人，都能休戚相关，为身使臂，臂使指的样子，就自然没有人敢来侵略，而立于与各国平等之地位。由是而参加国际团体，与维持和平的各国相提携，自然可以制裁侵略主义的国家，而造成天下一家的太平世了。"

100 多年前的梁启超、孙中山、蔡元培都不约而同地谈到人格，强调人格，重视人格。梁启超于 1903 年著文《论中国国民之品格》，孙中山于 1923 年演讲《改良人格来救国》，蔡元培于 1918 年谈到教育时郑重提出《尤当养成学问家之人格》。学校教育的本质和核心是人格教育，否则，就是教育的堕落，继之以人的堕落。"然则，进化史所以诏吾人者：人类之义务，为群伦不为小己，为将来不为现在，为精神之愉快而非为体魄之享受，固已彰明较著矣。"（《世界观与人生观》）

儒家学者认为，一个崇高的理想人格，应当是由德（道德）、知（智慧）、志（意志）、美（审美）诸要素铸成，是真、善、美的统一。而学校是培养社会文化最重要的场所。学校所传授的，不仅是有用的知识，而且是几千年人文精神的传承，体现社会文化的核心价值。常青实验学校植根于中国传统文化，重视现代教育背景下的文化传承，秉持文化性和教育性，开展了多种多样的传承中国优秀传统文化的特色课程。

少儿时期的文化启蒙将决定人一生的精神价值取向，《经典诵读》课程通过诵读道德经典，加强优秀文化熏陶，增强学生民族自豪感，培植民族精神，建构正确的人生信念。学校以此为学生提供美好的母语营养，用琅琅书声为他们构筑了一个温馨、实在的成长环境。

心正则笔正，立品应为先，人品书品俱佳，书法是形式与内容的统一，更是人格精神的体现。书法、绘画、音乐等艺术教育不可能把每一名学生都培养成为书法家、画家、音乐家，却可以使学生的人格不断高尚与完善。《软笔书法》课程给了学生绝佳的机会，一窥古代文人、书法家、思想家们的血性、傲骨、志气和胸怀。

常青树实验学校对学生中国人格的培养不仅在于富有传统文化内涵的特色课程，还散布在学校的每件装饰和每个角落之中，一进学校大门的君子道，墙面的夫子像和仁、义、礼、智、信浮雕，无一不在默默浸润着学生的灵魂。

5. 国际视野

国际视野是常青树实验学校的育人目标之一。国际视野，关于它可能没有一个十分精确的标准化表述，但我们总可以对它的基本内涵进行提炼与梳理。比如，它要求一个人有全球视野与胸怀，具有与国际文化对接、交流、沟通的能力，具有相应的创新、务实能力，能够不断吸收新思维、新观点等。

现代教育的价值之一，就是培养出一群具备现代公民素质、具备历史纵深感与国际视野的人，让更多孩子懂得什么是尊严、什么是使命，明白自己与他人以及与世界的关系，懂得权利与义务的边界，懂得去呵护和追求那被时间反复证明了的共同价值。

也许有人认为，这种综合素养训练放到大学也不迟，殊不知，中小学时期不仅是一个人重要的身体发育期，也是重要的精神发育期。错过了这样的窗口期，对一个人的成长而言意味着一种难以弥补的空白。

设立国际视野这样的育人目标的初衷，不仅仅是希望这里的学生获得更辽阔的眼界，学会尊重及鼓励独立思考与独立见解，让更多孩子可以看到国外的教育和发展，更是希望学生可以在学习和自豪于荆楚文化、中华文化之上，拥有以英语为载体的国际交流和学习的能力，成为拥有开阔的国际视野、有独立思想和判断力的学生，而不是继续沦为教育流水线上千篇一律的产品。

他山之石，可以攻玉。随着我国教育现代化进程的加快，教育国际化就显得尤为重要，作为学校，如何将国外的先进教育理念和教育教学改革的经验与我国本土化的教育实践嫁接与融合，为我所用，是我们需要思考与解决的课题。

为此常青树实验学校开设多种具有国际教育特色的校本课程以达成培养具有国际视野的学生的教育目标，将国际和国内教育优势整合，进一步提升学生视野，如《SPARKS国际英语》《英语影视课》《访学交流实践活动》等，多达十余种课程。

作为培养国际视野的学校，自身也需要具有国际视野。近年来，常青树实验学校，接待了来自美、英、法等多个国家来校进行国际交流，接纳了台湾同胞的合唱艺术交流及香港环保专家来校的环保教育活动等，接受了国家教育部、省、市、区各级领导的视察及专家和各国同仁学校交流活动800余次，成为一所开放式、人文性、现代化、科技化和国际化的新型实验学校。

此外，校长也要言传身教，作为国家教育部教育交流团副团长的我多次出访交流，一方面学习发达国家的教育经验，另一方面也将中国的教育带向世界。我给美国中小学生上课的大版面照片，被美国教育部官员称为"中国教育的微笑"。

（四）常青树课程结构及科目

我们将国家课程、地方课程、校本课程等课程形式加以解构与重组，将生态课程体系建构为"人与自我""人与社会""人与世界""人与自然"四个维度，在每个维度下分别开设两类课程，辅助生态课程体系的建构。

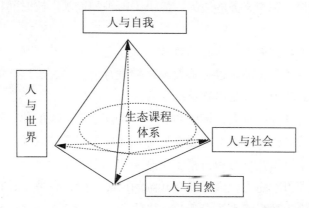

1. 人与自我

在"人与自我"维度下，我们开设了身心发展类和思维创造类课程，旨在促进学生身体、心理、思维的全面发展。

其中，身心健康类课程旨在培养身体健康、心理健康的个体。身体健康与心理健康是个体发展的两个必不可少的内容，而且两者并不是决然割裂的两个部分。个体在发展的过程中身体与心理的健康会相互促进、相互影响。

身体健康主要指肉体的良好发展，例如有充沛的精力，能从容不迫地担负日常的繁重工作；处事乐观，态度积极，勇于承担责任，不挑剔所要做的事；善于休息，睡眠良好；身体应变能力强，能适应外界环境变化等。基于此，我们在《体育》《体育与健康》的基础上开设了供学生自由选择的体育类课程，如《击剑》《游泳》《武术》《田径》等。

心理健康主要指精神的良好发展，例如能做到自知自觉，既对自己的优点和长处感到欣慰，保持自尊、自信，又不因自己的缺点感到沮丧；坦然面对现实，既有高于现实的理想，又能正确对待生活中的缺陷和挫折，做到"胜不骄，败不馁"等。基于此，我们开设了《心理健康教育》《心灵向日葵》等培养学生健康心理的课程。

思维创造类课程旨在促进个体思维的良好发展。思维水平的发展是个体走向成熟的重要标志，思维水平会随着个体与外部世界的交互式作用而不断提升。同时，个体又能够通过良好的思维能力以更加深刻、全面、动态的视野观察世界。因此，思维水平的培养对于个体的发展而言至关重要。

我校在必修基础型课程，如《数学》《科学》《物理》《化学》的基础上，开设了《头脑OM》《云端技术》《精彩未知》《奇妙世界》等课程，旨在开阔学生的视野，培养学生良好的思维创造水平。

2. 人与社会

在"人与社会"维度下，我们开设了生活实践类和地域文化类课程，旨在提升学生热爱生活、善于观察生活、善于改造生活的良好品质，增加学生对家乡的了解与热爱。

在生活实践类课程中，不仅包括《劳动与技术》《扎染课程》《毛线编织》等促进技能学习的课程，还包括《走进社区环保实践行》《地铁宣传队》《小小安全岗》《爱心小医院》《小邮局大世界》等培养学生职业意识与社会服务精神的课程。

在全体教师的努力下，生活实践类课程不断得以丰富和完善。我们会关注社会生活中出现的热点问题或新兴职业，为学生开设相应的课程，培养学生成为生活的主人、未来社会的栋梁。

地域文化类课程以武汉和常青的文化为基础，培养学生热爱家乡、了解家乡的品质。我们开设了《武汉之城》《武汉之桥》《武汉之音》《武汉之艺》等凸显武汉文化特色的课程，学生通过收集资料、实地调研、访谈居民等方式，直观、深刻地了解武汉的文化。

此外，我们充分利用常青社区的资源，开设了关于常青社区的系列课程，其中包括《常青藤电视台》《常青导游》等。社区资源通常是教育中容易被忽略的重要资源，合理利用社区资源，让学生融入社区、服务社区、奉献社区，培养学生良好的社会意识与奉献精神。

3. 人与世界

在"人与世界"维度下，我们开设了传统文化类和异域文化类课程，旨在培养学生在立足我国经典传统文化的基础上，拥有国际视野。

为了实现"中国人格"的育人目标，开设传统文化的相关课程至关重要，传统文化中所包含的思想、技艺，是非常必要教授给学生的内容，同时也是培养学生中国人格的必由之路。

在传统文化类课程中，包括《国学经典》《经典诵读》《生命书香》等介绍我国经典思想文化的课程，也包括《京剧艺术欣赏》《软笔书法欣赏》《茶艺茶道》《古筝》《二胡》等介绍我国经典技艺的课程。

传统文化类课程旨在从思想和技艺两个维度培养学生的中国人格，培养热爱中国的传统艺术与文化的良好品质。

异域文化类课程的开设，旨在开阔学生的国际视野。通过课程设置，我们首先要培养"中国人"，即熟知并热爱中国传统文化与技艺中的精华内容。进而培养"世界人"，即拥有国际视野，思想水平与国际接轨，能够以宏观的视野思考问题。

在异域文化类课程中，我们开设了《SPARKS国际英语课》《英语读写能力课》《英语口语交际课》《英语游艺活动课》《英语影视视听课》《IGCSE国际课程》等课程。

我们认为，国际视野并非单纯的外语学习，而是建立在熟知、热爱本土文化的基础上，以外语为载体，对外国文化的思考与反思。因此，我们开设的异域文化类课程不仅注重学生对于语言的学习，更重要的是以语言为工具，汲取、借鉴外国文化的精华。

4. 人与自然

在"人与自然"维度下，我们开设了生物探索类和科学创客类课程，旨在培养学生热爱自然、保护自然、敬畏自然的品质以及科学创新的精神和能力。

如今，环境问题成了人类生存面临的挑战之一，因此开设相关课程，让学生在在校期间意识到环境保护的重要性十分必要。其中生物探索类课程旨在通过学生对动植物的观察与研究，丰富学生的相关知识。我们开设了《观鸟》《植物生态研究所》等课程，我们联合具备相关专业的大学与研究院，让学生通过实地观察的方式，学习动物与植物的相关知识。

在校园中，我们极力为学生创造生态化的学习环境，让学生以最自然、最直观的形式学习自然、了解自然。

科学创客类课程是我校重点打造的课程类型。在校园中，我们尽可能为学生创造实践环境，开设"树常青创客梦工场"等，运用 STEAM 教育理论，综合培养学生的创新和实践能力等核心素养。

例如：我们拟开设的《星际穿越》课程，具体内容如下。

第一课：
魔幻时空，观察迷幻的星际空间（实验：迷幻星空，光学），这已经在触摸科学。

第二课：
逃离地球引力，这是飞向宇宙的前提（实验：双锥体爬坡，力学），其计算离不开数学基础。

第三课：
探秘神奇材料，设计宇宙飞船（实验：魔沙、记忆合金、磁流体，材料科学），这是技术素养。

第四课：
电，我们需要电！（实验：来自水果的电力，化学、物理）

第五课：

制作一辆超级星球探测车（实验：搭建小车，电学、力学），这其实就是工程。

第六课：

合成材料，搭建太空生态园（实验：塑料的性质，材料科学），那么，设计和搭建的美观则对"艺术"素养有了更高的提升。

第七课：

生生不息，认识昆虫的生命周期（实验：螳螂活体观察，生物）

第八课：

昆虫木乃伊，永久的纪念（实验：制作昆虫标本，生物），对生命的生死历程的了解和感悟，这些都涵盖着 STEAM 素养的综合体现。

二、由"主动教育"走向"自能发展"
——课程实施及组织管理

课程的实施及组织管理关键是课堂。课程目标的兑现、内容的落实还是要落脚在课堂中。我对课堂变革的想法由来已久——

致力于学生学习意识和能力的培养；

把课堂还给每个学生，让学生成为自己学习的主人；

把创造还给每个学生，让学习活动充满智慧的挑战；

把发展还给每个学生，让学习经历成为学生的幸福增长点。

这正是我们课堂教学改革的目标。

（一）学校课堂教学改革历程

为了进一步追求让每个学生生命在新生态的学校教育环境中，得到全面、自由、充分的和谐发展，我校的课堂教学改革走过了一段艰辛却成果丰硕的过程。下面这张时间表可以帮助我们回顾一下我校课改发展的历程。

2001—2003 年	学校进行教学方法和学习方式的变革，开展了"师生双主体和谐发展"的课堂教学模式研究和评价体系的探索
2004—2006 年	在原有研究基础上，提出了"课前预设—课中生成—课后反思—自能作业—多元评价"为教学活动主线的教改新思路
2007—2011 年	以轻负高效为准绳，开启了"主动教育"课堂教学模式的规模性实践研究
2011 年 11 月 9 日	"主动教育"课堂教学模式正式通过来自教育部、中国教育学会、国家关工委、北师大、华东师大、华中师大等 12 名国家级著名教育学者和专家的论证
2011 年 11 月 29 日	由武汉市教育局基教处和武汉市教科院牵头在我校举办召开了"武汉市小学高效课堂暨常实小'主动教育'课堂教学模式研讨活动"，向全市推广
2012—2014 年	"主动教育"课堂教学模式获武汉市首届"十佳模式"称号。学校全覆盖课堂推进，进行学科变式研究
2014 年至今	将"主动模式"升级为"自能发展模式"，开展"p＋s 自能发展课堂"研究

在 2001 年建校之初，学校基于对教育的核心价值是发展人的生命的认识，树立了"生命发展教育"办学理念。我带领老师们开展了"师生双主体和谐发展"的课堂教学模式研究和评价体系的探索。随着教学研究的深入，我们提出了"课前预设—课中生成—课后反思—自能作业—多元评价"为教学活动主线的教改新思路。

课前——教学设计另辟蹊径，到学生那里去备课，到学生那里找教学出发点，寻找学生的学习需求。

课中——实现三个统一（知情统一、知行统一、知能统一），提倡"四大关系""五大策略"的教学研究。"四大关系"为预设与生成的关系、自主与合作的关系、质疑与探究的关系、发展与创造的关系；"五大策略"包括生命体验策略、意义理解策略、主动建构策略、情景趣味策略、信息拓展策略。

课后——开展课堂教学改革创新的实地研究，强调两个"直面"——直面教师的课堂实践；直面学生的课后评价。

　　2007 年，《中国教育报》对我校以上立足于"课前—课中—课后"最原始的教学流程去进行"轻负高效"的课堂教学改革进行了专题报道。

　　同年，学校经过专家引领，在多年反复实地研究的基础上启动了"主动教育"课堂教学模式的规模性研究，以轻负高效为准绳，积极探索"自主—合作、体验—创造、开放—多元"的高效课堂，用新的教学模式去领悟和践行生命发展教育理念的宗旨，去开创教学改革的新特色。

主动学习的课堂

　　2011 年，适逢全市基础教育狠抓高效课堂建设工程，深入推进课程改革之际，我校紧紧抓住这一重大契机，聚焦课堂这一核心，积极思考，主动作为，勇于创新。2011 年 11 月 9 日，学校迎来了来自教育部、中国教育学会、国家关工委、北师大、华东师大、华中师大等 12 名国家级著名教育学者和专家。

　　专家们对我校"主动教育"课堂教学模式进行了论证，充分肯定了学校的做法与取得的成绩。专家们特别指出，在国际教育当今着重研究的四个教育领域，即创新人才培养、学校文化建设、基础教育国际化、生命教育四个方面，我校的探索和研究均取得了显著成效。

　　2011 年 11 月 29 日，武汉市教育局和武汉市教科院在我校联合召开了"主动教育"高效课堂教学模式展示暨武汉市高效课堂推进会。会上认真听取了学校关于打造高效课堂的汇报；观摩了全学科覆盖的 21 节"主动教育"高效课堂教学模式课；全国教育专家指导中心副主任冯恩洪教授、市教科院王池富院长、市教育局徐定斌副局长（现为市委教育工委书记）分别对我校的课改工作做了高度的赞誉及指导。

2012年，是国家教育纲要正式颁布实施的关键年，是教育大提升、文化大发展的跨越年，同样是一个充满机遇和挑战的年份。在基本解决"有学上"的问题之后，习近平总书记响亮地向世界亮出了对教育的"中国信心"——完成人民对更好教育的期盼。

在新的时代背景下，我校本着"为每一位学生全面终身发展奠基"的核心理念，循着"科学高效"的教改目标，聚焦"课堂"这一课改"破局"的关键点，深化"主动教育"教学模式的探索，"变法"课堂，构建了富有学校特色的高效课堂建设体系，促进了教学质量的全面提升。

开放的课程

仅2012年，我校就先后接待了来自我国吉林、云南、海南、陕西、河北、江苏、湖北恩施以及新加坡等地的校长、教研员、骨干教师等访学代表近2000人，校三级教学工作室各科教师勇挑重担，28位老师积极承担了"主动教育"模式课的接待展示任务，听课人员达 1200 余人次，受到访学代表的高度评价。

在我的亲自带领下，主动模式从"顶层设计"到"专家论证"到"建模固化"到"群模优化"，一步步走来，凝聚着每一位教师的心血。

我校主动模式被评为武汉市首届"十佳模式"之首，在国家教育部首届"基础教育成果奖"评选中，我校以高分通过武汉市初选，参加湖北省评选获一等奖！我被推选为全国关工委中小学课程改革副理事长！

2014 年，课改的步伐仍在坚实地向前迈进，学校鲜明地提出结合初中学生特点和培养目标，自下而上构建"自能发展"的高效课堂教学模式。

学校构建了由名师工作室、学科教研组构成的教研共同体，创新教研工作机制，改进教研工作方式，增强教研工作实效。在以我的名字命名的名师工作室中，以及语数科大组长牵头的各个学科团队，借每学期学校模式课赛课的平台，经过多轮课型实践，多次教研研讨，推出了各个年级、学科不同课型的模式研究课。

为了将此研究推向纵深，学校还专门成立了"课程改革研究部"，各研究室在上学期进行了课堂教学模式的第二轮研究，并成功地开展了两次研讨沙龙活动。学校成功举办了课程改革部的成立及各组、各学科的模式汇报大会，模式研究有效地发挥了教师的主体作用，激发了教师的创造潜能，为学校进一步研究和建构初中"自能发展"模式，寻求了新的支点，开启了研究的新航程！

当各个学科团队纷纷走上学校论坛的讲台，将自己学科的模式研究成果隆重向全校推介时，引起了巨大反响。同期，学校有 14 位老师赴全国各地展示送教，26 人次分获省市区各类课赛等多项奖励！

我校"自能发展"在价值引领上做到了两个"特别关注"——特别关注学科本质、特别关注教学模式的高效课堂特征；在实施策略上注重两个"并行共进"——一是注重整个学习过程中教师和学生双边的活动，师生并行共进；二是站在九年一贯的高度看待学科，注重纵向知识结构上挂下联和整合其他学科的横向拓展，课内课外并行共进；在效能追求上做到"三情"——适合学科情、适合年段情和适合课型情。

我校作为全国课程改革骨干教师培训基地，承担了全国课程改革骨干教师培训工作，陆续接待了来自江西省宁都县、重庆丰都、云南昭通、广东佛山及海南省等访学团来我校进行课改访学交流。

每次活动，我都亲自策划和指导，制订详细的研修计划，共呈现了近百节真实的主动教育模式课，组织了多场小型和大型的研讨活动，全面介绍学校的办学理念、课改模式、德育模式、读书工程、班主任工作及科技生态环保工作，充分展现了不同学科、不同年段教师在模式研究和应用中严谨、科学的态度和取得的成效，得到了与会代表的充分认可和高度评价。

"关爱生命、钟爱课改、勤思善研、坚守磨砺、幸福分享"的教改核心价值观在教师身上得到了充分体现！

"自能发展模式"不仅获得了各级专家领导的认可，也引起了各界的强烈反响和广泛关注。学校教育教学质量全面增值，连年被评为"江汉区教育教学立功单位""武汉市质量监测优秀学校""武汉市减负增效先进校"。我个人被教育部评为"全国课改杰出校长"。

从"主动教育"到"自能发展"课堂教学模式，都是我校教学智慧的结晶和硕果，它立足于对学生生命发展负责，对中华民族教育事业负责的深厚情怀，扎根课堂，不断在实践中研究完善。

正是由于始终坚持"教育的宗旨终究在于人格的陶冶"，始终坚持"把孩子的能动发展作为教学改革的核心目标"，始终坚持"学生是学习的主人"这一核心理念，学校的教改走出了一条创新、高效之路。

如今，站在全国教改的层面上，我校的高效课堂课改工作已经成为各地向往学习的引领校和标杆校，但是我们前进的步伐并未停止。

现在，我们正在做的是"p＋s自能发展课堂"，即"preview"（预习）＋"show"（展示）自能发展课堂。意指让学生先在"学习准备课"中对所学的新知识进行自主预习，小组自主选择学习任务分工及汇报准备；在"汇报研讨课"上进行"小组展示——质疑碰撞——深度研讨——总结汇报"等教学流程，真正把课堂交还给学生，从而在学生自主学习的过程中提升学习力和学习兴趣，形成自觉学习的品质，进而提高学习效率，整体建立知识体系。

任何一项改革都不是一蹴而就的，特别是课程改革，执行者与受益者均是鲜活的生命体，因此，课改永远是在不断探索、不断完善、不断提升的过程中发展，课改的真谛和魅力也正在于此。

（二）"主动教育"模式的基本操作

课堂教学模式是集教师群体的教学智慧，将先进的教学思想和行为模式具化在课堂操作过程中的有规则、有流程，便于教师们快速进入角色实施的一套完整的教改举措。

最初，我们将模式叫"主动教育"教学模式，是因为它具有人性化的育人特色。"主动教育"是学校深入贯彻落实科学发展观，以人本教育思想为基础，以学生生命发展为核心，落实我校"新生态生命发展教育"理念引领下的"三做主"活动之一——"我的课堂我做主"的创新教学方式。我们让学生真正做学习的主人，以增强学生学习主动性，挖掘学生无限潜能和培养学生综合素质全面发展为宗旨，积极探索"主动求知、合作学习、释放潜能、多元发展"的高效课堂，最终实现学校、教师、学生"三位一体"的和谐发展！

"主动教育"的基本操作包括：

教学环节"三环"：课前、课中、课后。

教学内容"三类"：A 类基础类、B 类综合类、C 类拓展类。

教学程序"五板块"："主动感知""主动发现""主动参与""主动建构""主动拓展"。

操作程序"五板块"具体如下。

1. 主动感知

学生：课前根据教师提供的《问题生成单》来初步感知学习材料，完成预习任务，并尝试独立解决问题、发现问题、提出问题，并为课堂合作学习做好准备。

教师：课前进行教材解读，根据不同年段学生特点，精心设计《问题生成单》，引导学生完成学习内容，并鼓励学生感悟发现，并从中了解学生的学习需求。

如在三年级数学《搭配》一课的教学中，课前，教师下发给学生《问题生成单》，既告知学生预习内容，又鼓励学生尝试搭配多种不同的衣服穿法，同时还激励学生发现不重复、不遗漏的搭配方法，并让学生提出自己的困惑。也许学生不一定能获得正确答案，但对学生发现知识和掌握知识却有很大帮助。

2. 主动发现

学生：在课前完成《问题生成单》主动感知的基础上，再次通过小组学习自主发现自己感兴趣的地方，学习内容的重点及不懂的问题，并尽可能用文字和语言表达出来，做好参与合作学习的准备。

教师：积极创设条件，鼓励、启发、引导学生在小组交流中学会主动发现的方法。如我们的课堂上，教师会组织各小组长带领组员交流《问题生成单》，并着重讨论、比对每位组员在《问题生成单》中提出的困惑，并筛选出一个本组最有代表性的问题（每位孩子提出的困惑都有可能被选中），目的就是鼓励孩子学会主动质疑、主动提问题。在此基础上，小组集中反馈汇报，教师归纳并板书有价值的问题，对展示了问题的小组或个人进行奖励。

3. 主动参与

学生：在合作学习中首先要自觉地做好参与合作学习的发言准备，并通过合作—探究—交流—展示—质疑—答疑活动积极参与小组合作学习和班级发言。同时在合作学习中做到分工合作，为小组学习做出贡献，从中提高合作学习的能力，并学会倾听、尊重别人的发言。对别人不同的意见，可以善意质疑和提出改进意见，并在合作中建立同学之间的友谊。

教师：要精心设计、组织主体活动，让学生清晰地知道在一定的单位时间内，小组合作学习的流程、任务、解决的问题、采取的方法，注意到不同层次的学生参与合作学习的情况，并对学困生提供指导学习帮助。让更多的学生参与合作学习。

我们的特色做法，就是教师为学生提供的《学路建议》，目的就是让学生能够清晰地知道在一定时间内小组合作学习的流程及采取的方法，帮助学生有效地参与合作学习。

4. 主动建构

学生：主动收集整理本节课所学的新知识、新方法，并能运用和解决实际问题；学会自我检测学习的效果，反思分析自己存在的问题，提出进一步改进的措施，并与大家分享、交流学习的经验成果，从而达到知识和能力的主动建构。

教师：引导学生整理、归纳所学方法，帮助学生运用所学知识解决问题，鼓励学生表达，并关注不同学生的学习情况，及时发现，重难点适时点拨，进行检测。

对有学习困难的学生进行个别辅导，帮助学生进行知识和能力的主动建构。

　　我们的特色是，开展了组间互访活动，帮助孩子借鉴别人的经验成果来进行知识的建构，其次，教师每节课都会根据学习内容精心设计《课末检测单》。

5. 主动拓展

　　学生：在掌握知识的基础上，要积极阅读、了解与本课知识相关的信息资料，扩大视野或继续探讨更深层次的问题，尝试解决。

　　教师：遵循因材施教的原则，提供给学生更多资源，为学有余力的学生创造发展空间，或为后续学习内容进行提示和指导。

　　基于以上五个流程，我们对传统的教案进行了改变，设计了《"主动教育"教学模式课案框架》，共包含了7个方面的内容。其中教材解读既强调对学生学习需求的思考，又强调分层学习，因材施教。在五大板块的教学流程设计中，着重强调学生的主体性和教师的服务作用，充分体现了"主动教育"教学模式的理念。

（三）"自能发展教育"课堂教学模式的思考与实践

　　随着学校课改工作的深入和学校自身的发展，生态化生命发展教育理念下的"主动教育"模式经进一步研究和实践，发展成为"自能发展教育"，更有着自身独特的内涵。

　　"自"是学习自主性、自觉性和个性化。学习自主性"就是主导性，就是主体关系中处于主导地位的人所具有的本质属性"，它包括主体做自己的主导，做主体间关系的主导和做对象世界的主导；自觉性表现为自求自为，努力进取，主动地寻找发展空间、探索发展的路子、选择发展的方式；个性化表现为从个体生命价值、个体成长需要、个体发展特色和本身潜质出发求发展。

　　"能"由学习对象内构层面的要素作用于客观实践所形成的功能、动力和智能等组成。功能是指本体内部各要素及其各要素组合形成的机制具有自能发展的性能；动力指本体在需要和动机的驱动下产生的力量；智能指主体在实践中能够明确自己的差异、找到发展方向、预测未来状态、选择发展方式的智慧。

　　"自能"即自主、能动。自主就是指自己认识自己，自己把握自己；能动就是在自主的基础上去主动实现自我的可能。可能就是指自我的镜像，自己的未来要成为理想中的自我。由此可见，"自能"是人生自我价值实现的最佳途径。

"发展"即初中阶段的学生从自身的特征来讲处于"转型期"，发展是生命成长、素质发展的根本点。

自能发展教育，即以本体属性为依据，以内部价值为内驱力，以自能发展能力为效能，以差异个性化为特征，以面向整个人的发展为策略的教育。

"自能发展教育"的核心理念概括起来，就是"五自三能"："五自"即自由、自主、自信、自为、自省；"三能"即潜能开发、能量释放、能力提升。基于"自能发展教育"理念下的课堂教学模式，就是探讨在课堂教学中实现"自能发展教育"目标的有效策略、操作流程和评价标准，从而形成以学生为中心的生态课堂。

1. "自能发展教育"模式的理论依据

（1）自能发展教育理论的哲学性

人为万物之灵，是世界的中心。学生是学校教育活动的中心（杜威的"儿童中心论"）。从古希腊的"实体主体"到近代的"认知主体"，再到现代的"生命主体"，构成了自能理论发展的历史过程，体现了哲学从本体论到认识论，再到人本学的转向。

研究中，我们也查阅和借鉴了国内外关于此项研究的成果经验。如杜威的"学生中心"理论、布鲁纳的"发现学习理论"、皮亚杰的"建构主义学习"理论、罗杰斯的"资源学习"理论等。苏格拉底则认为，教师的任务并不是要臆造和传播真理，而是要做一个新思想的"产婆"，通过"精神助产术"激发学生的思维，使之主动寻求问题的答案，既获得新知识，又学到如何获得知识的本领。柏拉图和亚里士多德也在不同程度上看到了个人在学习中的能动性和自主性，主张发展人的能动性和自主性。

（2）我国古代、现代教育的自能发展教育思想的丰富性

孔子提出了"因材施教""启发诱导"和"学思结合"的教学思想，他主张："不愤不启，不悱不发，举一隅不以三隅反，则不复也"；"学而不思则罔，思而不学则殆"。学思结合、学思并重是孔子启发式教学的一条重要原则。陶行知的"行知结合"思想以及1994年以来，国内很多学校围绕学生的自能发展做的大量探索，也为我们的办学带来了很大的启发。

由此，我们抽象出"自能发展教育"的哲学意涵：自由性、主体性、充分性，

并实践着马克思关于人的全面、自由、充分发展的哲学理念。

2."自能发展教育"模式遵循的教学原则

（1）自主性原则

自主，是指学生个体在学习过程中一种主动而积极自觉的学习行为，是学生个体非智力因素作用于智力活动的一种状态显示，它表现为学生在教育活动过程中强烈的求知欲、主动参与精神和积极思考的行为，其重要特征是将学习的需要转化为自觉的行为，实现自主性发展。学习目标由学生自主确定，问题自主解决，知识自主感悟，方法自主探究。由学生自己主宰的课堂，必将激发学生的学习动机，并使学生从学习中获得积极的情感体验，形成自信的品质，从而促进其可持续性学习。

（2）合作性原则

能合作、会合作是人生存和发展的必备品质，在合作中学习和培养的是一种终身受益的学习能力。生生之间、师生之间互解互评，相互提问、指导、检测、启发、评点、鼓励，既能激发学生的潜能，又能培养学生的合作品质，实现学生的可持续发展。

（3）以学习者为中心的原则

"以学习者为中心"主张从教学思想、教学设计、教学方法等方面均以学习者为中心。美国人本主义心理学的主要代表人罗格斯（rogers）认为："传统的教学所采用的灌输的方式使学生处于被动接受的状态，成为无主见、缺乏适应性的个体。而学习者都具有自我实现的潜能，有自我意识、自我指导和自我批判的能力。""以学习者为中心"理论要求教学活动以学生为中心而展开，充分重视学生在学习过程中的积极作用，充分调动学生学习的积极性和自信心，要尽量让学生自己控制学习内容和方法，鼓励学生参与到教学活动的各个环节中来，鼓励学生更多地负责自己的学习。教育过程中，教师的主要任务不是"传授"，而是"促进"学习者自我实现其潜能。

（4）因材施教原则

因材施教要求教师从学生的实际出发，使教学的深度、广度、进度适合学生的知识水平和接受能力，同时考虑学生的个性特点和个性差异，使每个人的才能品行获得最佳的发展。实行因材施教，对培养适应时代需要的创新型人才，具有非常重要的意义。

（5）生态性原则

传统课堂教学是一种单向传输，容易造成学生学习上的依赖性，长此以往，会泯灭学生的创造性，"自能发展教育"课堂教学模式给了学生充分的自由度，可谓"顺天致性"。心理学研究表明，人在宽松、自由、和谐的氛围中，容易产生灵感，从而迸发出创造的火花。

3. "自能发展教育"模式的操作流程和策略

（1）模式的操作流程和策略

"自能发展教育"课堂教学模式可概括为"三环节"（课前、课中、课后）、"三板块"（自疑互议、自解互评、自构互拓）、"五步骤"（疑、议、解、评、拓），简称"三三五"模式。

第一步：自学启疑，即自疑。先学然后知不足，先学然后知疑。

教师：给学生提供丰富的背景材料，按基础、综合、拓展三类教学内容的课堂教学目标形成《课堂学习指南》，确定学习目标，明确学习方向，让学生清楚地知道学什么和怎么学，指导学生梳理出疑难问题，上传到教育云学校年级学科学习平台，通过班级微博和学习群指导学生。

学生：通过学校搭建的云学习平台，和教师提供的背景材料，根据《课堂学习指南》完成自学，并记录好自己的疑难问题，通过班级微博和学习群交流讨论。

第二步：探究合作，即互议。探究合作是贯穿于每一个教学环节的学习方式，加强小组合作学习，让学生争对疑惑，相互讨论，尽可能在小组内、同伴间解决问题。

教师：组织学生在学习小组内相互解难答疑；对小组内不能解决的疑难问题，通过组织小组互访进一步寻求互助互解。终极疑难教师启发，师生共同探讨解答。

学生：组内疑难交流及互解；参加小组互访，深入交流互解；积极参加终极疑难问题解答探究。

第三步：展示交流，即自解与互解。展示以问题为起点，以独立思考、合作交流、自解互解为基础，以释疑解难和提升为目的。精选具有思维价值、创造价值和发散价值的问题，通过"缤纷课堂"的形式进行展示，在展示的同时，尽可能让学生自己解决问题，自主建构知识体系。

数学、物理、化学、生物学科：

教师：组织学生进行自检补遗，自解竞赛，互解竞技。以不同问题组的形式呈现。各阶晋级后对学生进行鼓励，激发学生在有限时间里突破更高阶，让学生在进阶中完成知识的体系建构，享受学习的快乐。

自检补遗——落实基标，以入门问题组的形式呈现；问题组体现基础问题的不同点及各个方位；问题简明，问题组展现全面，问题解答便捷易行。

自解竞赛——落实普标，以进阶问题组的形式呈现，一般以两阶为宜；以基础性问题的适当提高、衍生、变化为主，体现知识点的宽度及厚度。

互解竞技——解决易混易错的疑难点。学生现场生成（共性疑难问题）、教师提前预设（教师根据第一步中梳理学生疑难问题而产生）。现场相互命题，相互解答。

学生：积极参与自检补遗，自解竞赛，互解竞技。

语文、外语、思品、历史、地理学科：

教师：精心设计、组织学生活动，让学生清晰地知道在一定的单位时间内，小组合作学习的流程、任务、解决的问题、采取的方法，注意到不同层次的学生参与合作学习的情况，并对学困生提供指导学习帮助。让更多的学生参与合作学习。

教师为学生提供《学路建议》，进行学习流程指导，让学生能够清晰地知道在一定时间内小组合作学习的流程及采取的方法，帮助学生有效地参与合作学习。

学路建议

1. 各小组选取一至二个问题。（建议 2 分钟）

2. 开展组内探究，并将探究过程和结果，写在记录板上。（建议 5 分钟）

3. 组长组织组员轮流说说各自的想法。（建议 2 分钟）

4. 组间交流。将自己组的记录板放在指定的地方，和其他组的同学交流意见。（建议 2 分钟）

方法建议：

通过直接呈现小组学习成果和代表陈述报告本组学习成果。

学生：在合作学习中首先要自觉地做好参与合作学习的发言准备，并通过合作—探究—交流—展示—质疑—答疑活动积极参与小组合作学习和班级发言。同时在合作学习中做到分工合作，为小组学习做出贡献，从中提高合作学习的能力，并学会倾听、尊重别人的发言。对别人不同的意见，可以善意质疑和提出改进意见，并在合作中建立同学之间的友谊。

第四步：矫正巩固，即评价与自构。矫正巩固既是一个独立的环节，又必须贯穿于教学过程的始终。矫正巩固的方式包括提问、观察、点评、自检测试等。

教师：引导学生整理、归纳所学方法，帮助学生运用所学知识解决问题，鼓励学生表达，并关注不同学生的学习情况，及时发现，重难点适时点拨，进行检测。对有学习困难的学生进行个别辅导，帮助学生进行知识和能力的自能建构。

学生：主动收集整理本节课所学的新知识、新方法，并能运用和解决问题；学会自我检测学习的效果，反思分析自己存在的问题，提出进一步改进的措施，并与大家分享、交流学习的经验成果，从而达到知识和能力的自能建构。

第五步：深化拓展，即互拓。这一环节，给学生、老师留出一定的反思空间，让学生、教师进一步回味感悟。拓展要以追寻知识产生的文化背景、知识产生和发展的过程、知识发展的方向为主线。同时，要注意知识的迁移，为学生探究新知识做好思维上的铺垫，促进知识链条的形成。

教师：给学生提供更多资源，设计适当的变式训练让学生进行深化和拓展，为学有余力的学生创造发展空间，或为后续学习内容进行提示和指导。

学生：在掌握知识的基础上，积极了解与本课知识相关的信息资料，扩大视野或继续探讨更深层次的问题，尝试解决。

（2）模式运转所需辅助条件

第一，为保证模式的高效运转，需搭建"二库二平台"。

"二库"，即教师工作资源库和学生学习资源库。教师工作资源库主要为教师备课、制作课件与微课件、检测与巩固、提高与拓展等提供丰富资源。学生学习资源库则由教师上传精心准备的学习材料，学科《课堂学习指南》，学生收集并上传的学习资料、学习体会等。

"二平台"，即教师工作平台和师生交流平台。教师工作平台为学科教师、学校教师集体教研与远程教研、教师自主完成教学任务提供实时工作支持。师生交流平台既方便师生之间学习信息的交换与交流指导，也为师生之间随时交流提供支持，同时为家校之间交流提供很好的途径，甚至更加方便学校整合家校有利教育资源，为教学提供帮助。

第二，开通班级微博，建好班级微信群。为学生与教师之间随时交流搭建直接通道。扩大教学阵地，有限增强学习灵活性（随时可以学）。

"自能发展教育"教学模式课案框架

学科：		年级：		备课人：	
课题：					课时数：
教材解读		说明：教学内容要点。			
教学目标					
教学重难点					
教学辅助工具		说明：根据本节教学内容需要的教学工具、媒体、场所。			

教学流程		学生活动	教师活动	体现"自能"的关键点设计意图
课前	疑：自学启疑			
		说明：设计预设的问题和学习任务（《课堂学习指南》），学生自主感知本科所学的内容，独立完成。		
课中	议：探究合作			
		说明：设计交流《课堂学习指南》中汇集的疑难问题，让孩子们在各小组长组织下自主交流预习情况，分享预习成果；组织小组交流与互访，进一步让学生间答疑解惑。		
	解：展示交流			
		说明：精心设计、组织合作学习主体活动，通过"缤纷课堂"问题组进阶的形式展现，让学生清晰地知道在一定的单位时间内，独立学习与合作学习的流程、任务、解决的问题、采取的方法，并关注不同层次的学生参与合作学习的情况，并对学困生提供指导学习帮助。		
	评：矫正巩固			
		说明：1. 创设分享交流的情境，利用有效的资源，引导学生整理、归纳所学方法，帮助学生运用所学知识解决问题，鼓励学生表达；2. 精心组织实施分层目标检测作业；3. 可预设高一层次的探究学习活动和关注学困生的辅导活动，帮助学生进行知识和能力的主动建构。		

续表1

教学流程		学生活动	教师活动	体现"自能"的关键点设计意图
课后	拓：深化拓展	说明：提供教学资源，为后续学习内容进行提示和指导；并提供课外学习的资源，让学生追溯知识产生、发展的本源，开阔学生视野；设计创造学生发展空间的活动。		
综合说明：以上这几个流程教师可以根据学科、课型特点在教学中自行调整，并积极探究，能派生、创造、衍生出更多的"自能发展教育"教学模式变式。				
信息技术使用		（可依据学科特点自行设计，语、数学科要精心设计，帮助学生获取和建构知识）		
教学反思		（依据"自能发展教育"教学核心理念和本节课设计意图，反思自己教学中"教"与"学"的亮点，不足和困惑，并适时在备课组、教研活动中交流、解决，作为自己的实践成果。）		

我曾经和老师们一起探讨过"自能发展教育"教学模式的实践意义和相关问题的反思。

p＋s 自能课堂

一是通过对实施素质教育的主渠道——课堂教学的改革，打造学生生命成长最需要的教育。

课堂上更加关注学生自主的程度、合作的效度、探究的深度、互动的温度、生成的高度及拓展的宽度。由追求知识的完整性、全面性到更加关注学生的人格、能力的主动构建；由注重知识的培养到更加关注学生的心理需求和精神愉悦成长。通过追求课堂的高效性，来减轻学生的课业负担，给予学生更多的时空去思考、去实践、去创造，真正兑现我们的"新生态生命发展教育"理念所倡导的——把欢乐的童年还给孩子，学习的主人就是孩子，生命的创造发展孩子……

二是"自能发展教育"高效课堂教学模式在学校整体办学体系中的价值和地位。

"自能发展教育"课堂教学模式是我校"新生态生命发展教育"办学体系框架下的重要内容之一，直接服务于我校"新生态生命发展教育"课程体系。"新生态生命发展教育"有两层含义：①用生命发展的教育，是指教师的职责；②实现生命发展的教育，是指学生所得到的发展。

三是该模式呈现出四大亮点，并力求实现了四个突破。

四大亮点：

①时空上，把学习的主动权最大限度地还给了学生。

②学习方式上，学生真正成为学习的主人，以自主、合作、探究、分享活动贯穿始终。

③学习氛围上，组内、组际、班级间、课内与课外间，形成开放、多元，共通互融的大时空学习交互区。

④学习过程中，体现了正确处理好学生主动地学和教师及时有效地导的关系。

四个突破：

①学生《自主学习单》的使用，让教师真正找到了学习的需求和教学突破口，同时还培养了学生的问题意识和创造思维品质。

②合作学习氛围浓厚，课堂上已不是过去常见的那种孤独主体的独白式教学，而是诉诸班集体相互交流与对话，营造了一种生机勃勃的教学生态。

③多维即时评价，确保了高效学习质量和评价机制的创新。

④备课组建设，形成了具有学习意识、研究气质、变革能力的教师群体。

现在，不同层面对该模式实施成效都有良好反馈，"自能发展教育"教学模式实施以来最明显的成效就是，学生的学科成绩和学习素养与日俱增：连续几年里，学校在武汉市江汉区调研考试中成绩优异、名列前茅，被多次评为"教育教学立功单位"，73％的学生在区级学力测查中处于优秀区间。学生在全国、省、市级以上的学科知识、实践能力、艺术审美类竞赛中获奖逾千人次。

　　在市、区教研员联合下校视导中，我校46节"自能发展教育"模式课以44节优、2节良，得到了专家们的高度肯定："'自能发展教育'教学模式是实施素质教育的高效课堂，是教师投身课改、提升专业发展水平的丰厚土壤！这样的课堂孩子们很喜欢，我们也很振奋。"

p＋s 自能课堂

我对该模式的进一步深入实施有以下几点思考。

第一，要正确处理好四个关系。

一是预设与生成的关系，注重基础性课程资源与生成性课程资源的统一。

二是自主与合作的关系，强调个体的言语实践和群体的互动式的言语实践的统一。

三是质疑和探究的关系，注重在质疑中自主探究，（疑了要探，探了又有疑）在探究中发展思维。

四是发展与创造的关系，强调教学应着眼于学生的发展，在发展中培养创新意识。

第二，要更加强调教师队伍的专业化建设。

一是要进行理论培训和模式操作培训，丰厚教师专业知识，提升学习力。

二是要借助备课组、教研组及三级教师工作室的建设，分层培养，逐步提升教师课堂教学实践能力。

三是要依托课堂教学研究、小课题研究，通过丰富多彩的研修活动，提升教师的研究能力。

四是要关注教师的感受和需求，制订一系列体现人性关怀的学习、研究、考核、培训、奖励制度，同时，也通过制订配套的评价体系，提升"自能发展教育"教学模式课堂的实效性，提升教师向心力。

第三，要进一步研究解决好两个问题。

一是我校的"自能发展教育"教学模式为教师们提供了可以借鉴的教学范式，但在"自能发展教育"教学实践中，模式又不是僵化和单一的，是在一个动态、生成、不断完善的过程中发展和创造的。"一模"的引领应该带来"百模"应用的效益，对于促进学生主动发展的多种"自能发展教育"模式的研究，我们已经有了一定的系统，但随着教师教学实践的发展，该教学模式将发散产生出来能够体现各学科特点、不同年龄段学生需求以及教师教学个性特点的多样化教学模式，还待进一步做深入探讨。

二是该模式在大量的实践探索中，由于体现了课模的开放性、自主性、能动性和创造性，所以，老师们普遍反映单位教学时间不够，孩子们要探讨的问题随着能力的不断锻炼与提高，思考的问题越来越有深度、有广度，同时，学生动手操作实践的时间也显得不够等。

面对这些实践中出现的困惑，我们利用备课组集体智慧的力量，也在思考如何利用国家课程设置、教材内容的调整、班额控制、课时的长短分配等系列工作上，继续深入地探索与研究。

第四，未来发展的"p＋s 自能发展课堂"

现在，我们正在进一步研究"p＋s 自能发展课堂"，即"preview"（预习）＋

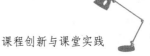

"show"（展示）自能发展课堂，意指让学生先在"学习准备课"中对所学的新知识进行自主预习，小组自主选择学习任务分工及汇报准备；在"汇报研讨课"上进行小组展示—质疑碰撞—深度研讨—总结汇报等教学流程，真正把课堂交还给学生，从而在学生自主学习的过程中提升学习力和学习兴趣，形成自觉学习的品质，进而提高学习效率，整体建立知识体系。

"p＋s自能发展课堂"以生为本，回归学习本真，一是满足学生自身发展需求，引发学生身心发展（自主学习）；二是主动建构知识，能动发展自身（探究学习）；三是学习成为社会性交往活动（合作学习）。这些正对应了新课程的三个层面的需求。基于"自能发展教育"下的课堂教学，就是探讨在课堂教学中实现"自能发展教育"目标的有效策略、操作流程和评价标准，从而形成以学生为中心的生态课堂。

p＋s自能课堂

（四）常青树课程的管理与评价

课程体系的有效实施，管理起到了至关重要的保障作用。课程改革和"生命发展教育理念"对教学管理提出了新的要求。学校管理的根本目的是调动师生积极性，激活师生内在动力，激发师生的创造激情，提高教与学的双重质量。因此，生态化的教学管理创新的关键是"人本化"和"生本化"。学校首先建立了务实有效的课程管理领导机构和课程实施网络，并创新了"四合"管理模式和课程评价策略。

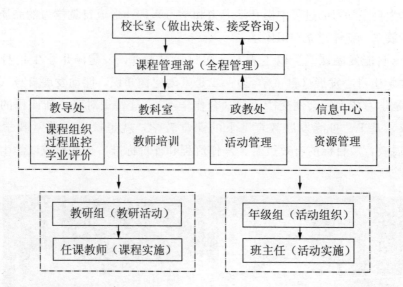

1. 构建了学校课程管理五级网络

课程管理部：

统筹学校课程实施工作；做好规划，组织实施；明确分工，落实责任；整合资源，协调管理；改善条件，提供保障；健全制度，制定政策；推广经验，做好咨询。

教导处：

提出课程实施监控的具体的实施方案；组织实施校本培训，校本教研；实施教学常规管理；调控、反馈课程计划的执行情况。

教科室：

为课程实施搞好课题研究和提供科研资讯服务；总结经验、推广成果。

学科教研组年级备课组

根据学科特点，制订本学科、本年级的课程实施方案，教师制订个人实施计划，并实施。

2."四合"的实践路径

（1）学科整合

学科体系是学校育人体系的核心，学科体系是否作为一个整体规划与建构，决定着学生核心素养的有效提升。我校探索实施了"学科打通，重心下移"的策略，根据九年一贯制的教育教学资源及学生的认知规律，整合相近学科及同科异段的教材资源，重新构建知识体系。确保在开足开齐国家课程基础上有效提升学生的发展质量。

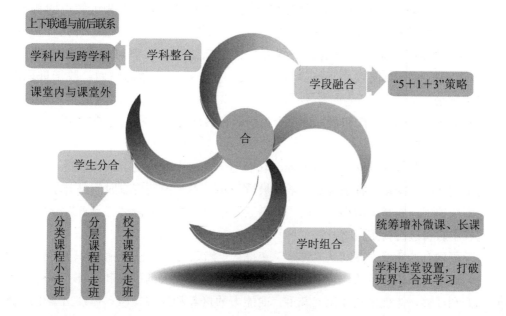

学科整合：关注学科内上下联通与前后联系的整合，学科内与跨学科整合，课堂内与课堂外整合。

课程的整合在于看重课程、看重学生；在于研究和把握学科上下贯通的知识、技能的迁移和横向联系，研究和把握知识的局部和整体之间的关系；在于注重学科内的综合和学科间的整合，切实增强教学的整体性。

如数学：研发出本土《湿地教材》，体现九年一贯制学习的层次性、趣味性与激励性。

语文：从大语文、大阅读的视角出发，以主题聚集，一篇带多篇的阅读的学习方式。

体育、美术、音乐、科学均开展了学科主题性学习。

学生在学习中提升了学习效率、减轻了学习负担、学习主动性加强，有更多的闲暇时间去关注生活、接近他们自己感兴趣的世界。

学生选修的校本课程已然成为提升学生素养的亮点课程。

从小学学段到初中学段，学校共开设了 9 大类近百门选修拓展型课程。例如，传承中国优秀传统文化的《经典诵读》《拓展赏读》《软笔书法》《茶艺茶道》；植根社会责任的《博古通今历史社》；还有《少年国防》，我校和大型央企三江航天集团联合，专设相关课程对学生进行航天器、导弹等相关知识的普及，树立科技国防的意识；探究环保节能、关注自然生态的《植物生态研究所》《观鸟》《神奇地理》；培养科学意识，提升科技创新能力的《童样科学》《机器人》《科技模型》……共同致力于培养身心健康、胸怀世界、意志坚韧、敢于进取的现代中国公民。

校本课程形成了广阔格局，让每个孩子都有感兴趣的领域，实现个性发展。

（2）学段融合

我们利用九年一贯制的学制优势，取消小学升初中的选优、淘汰制度，对小学和初中进行统筹安排，特别是在小学的最后一年，不必浪费许多时间搞升学竞争的各类专项训练。而是采用小学学段"五点五"学年，中学学段"三点五"学年的学科与校本教材过渡衔接策略。

学段融合，让课堂逐渐从"骨感"变得"丰满"。不仅仅是显性知识点的衔接和融合，更重要的是隐性的、看不见的思维方式和思想方法的借鉴和互补。学科能力的提升和迁移，体现出从知识点着手，向能力的培养和迁移过渡；体现出学生综合分析问题、解决问题的能力和可持续发展能力不断提升；体现出学习效果的高效与学习负担的减轻。

（3）学时组合

探索长短课时和班界学时的时空重组，提高学习效率。统筹增补微课、长课。（晨读午写夕练）增设上午 10～15 分钟微课时间以诵读类课程为主；中午 10～15 分钟微课时间以技能提升型课程，如习字、运算、单词、理化周练等为主。

整合周一、周二、周四下午 40～50 分钟为"自主时空"，用于当天的学生自主作业、教师面对面辅导，切实减轻学生的学业负担。周三下午则是学校传统的"无作业日"时间，给予学生参与综合社团、校本课程的个性发展时空。

学科连堂设置，打破班界，合班学习。

将部分学科进行连堂排课表，如美术、音乐、书法、劳技、信息技术、实验等实践学科，安排连堂教学，设置科任教师和助理教师进行教学指导。

我们还专门为此进行了教室的改装，打通相邻两间教室，中间用梭门阻隔，便于合班上课。

（4）学生分合

探索分层走班，尊重学生个性差异。我校走班制呈现了一种开放、自主、动态的学习方式，符合孩子们的心理需求，让孩子可以更多地、更大范围地接触到不同的学习伙伴。这样开放、民主的学习氛围会让孩子感受轻松、自主。

我校的走班主要有以下三种模式。

分类课程小走班。我们将国家规定教学内容和课时进行科学优化和重新整合，形成（基础＋拓展）分类课程。

分层课程中走班。我们在初中数学、英语和物理这三门课程中推行分层教学。即根据学生学情将相邻的三个教学班分为"兴趣激励""巩固拔高""综合提升"三层学力标准，提供并指导学生自主选择适合自己的学习团队。

校本课程大走班。每周三下午，学校的校本超市全面开放，让全年级每一个学生根据自己的兴趣爱好自选，进到不同的特长空间活动。

走班学习充分尊重着学生人生长远发展的诉求，以培养学生选择意识、选择能力为宗旨，让学生能把握自己的主动发展，并做出适宜的选择。

3. 新生态生命发展课程体系的评价

所有的课程改革，都是为了学生的更好发展。学校带领教师做了大量实验探索，围绕核心素养活化学习内容，围绕核心素养改革学习方法，提升教师核心素养培育技能，最后聚焦推进核心素养的评价改革。因为只有从根本上改革评价方式，才能达到全面育人的效益。

学校结合课程体系为每一位学生设计了"核心素养树"特色发展评价手册，手册命名为《我的成长树》，寓意学生精彩人生从这里奠基。

整个手册封面是一棵大树，分为五部分，即"仁爱之根、强健之干、聪慧之枝、美雅之叶、创造之果"，分别对应这五个评价维度。用"树娃娃"和"树少年"分别代表小学部和初中部，翻开后即是个人简介，除了学生个人基本信息外，还包括"我的梦想"、老师和家长期盼、每学期班主任和家长评价与寄语，以及学生最喜欢的学习生活照片，

内页采取活页装帧，每棵树对应相应的颜色，可按照学期的递增和评价的多寡添加相关评价页。与此同时，学生在各类课程学习中所获得的表彰、获奖、证明，还包括最满意的优秀作业、小发明、小创造、所撰写的小论文、小研究报告、实践活动小调查等过程性作品等。

它不仅仅是一个评价本，更是孩子成长的珍贵记录本。

总目标	目标分类	目标要素	具体评价内容	自评	互评
生命之树常青	仁爱之根	中国人格	德性责任	1. 认识自我，珍爱生命；注重安全，健康成长。 2. 孝敬父母，尊敬师长，诚实守信，乐于助人。 3. 热爱集体，热爱家乡，热爱中华优秀传统文化。 4. 感恩立志，放飞梦想，回馈社会，报效家国。		
	强健之干	身心健康	身体心理	1. 注意卫生，增强体质，坚持锻炼，爱好体育。 2. 自信乐观，友好相处，互帮互助，真诚待人。 3. 正确认识困难、挫折，敢于面对，勇于克服。 4. 学习调控情绪，增强自制能力，能自我疏导。		
	聪慧之叶	智慧生活	学习进取	1. 主动求知，树立正确学习目的。 2. 勤奋学习，培养良好学习习惯。 3. 讲求方法，善于合作探究学习。 4. 精益求精，基础扎实追求卓越。		
	美雅之花	楚汉气度	雅致包容	1. 言语有礼有节，行为举止得体。 2. 公德意识良好，自觉保护环境。 3. 遵规守纪学法，抵制不良诱惑。 4. 善于吸纳包容，珍惜他人成果。		
	创造之果	国际视野	实践创新	1. 勤于观察思考，兴趣爱好广泛。 2. 勤于动手操作，提升探究能力。 3. 积极参加劳动，亲历社会实践体验。 4. 接触多元文化，积极参与对外交流。		

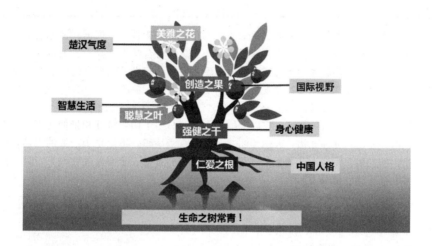

　　我校课程实践，是以关注生命本体为依据，以差异个性化为特征，以面向整个人的核心素养发展为目标的改革实践。我们坚持做了一件事：在九年的教育中培养孩子的核心素养，最终让九年教育来影响他的一生。

三、回归学生立场的学堂

——各学科优秀教学设计集锦

（一）小学篇

1. 山和海的书信

（此课参加全国教改课堂模式展示）

学科：语文	年级：四年级	备课人：沈莹
课题：18. 山和海的书信		课时数：1

教材解读		《山和海的书信》是鄂教版第七册第六单元的一篇课文。根据新课标要求，文章具有典范性，文质兼美，富有文化内涵和时代气息，符合学生的身心发展特点，适应学生的认知水平，密切联系学生的经验世界和想象世界，有助于激发学生的学习兴趣和创新精神。第六单元围绕"良师益友"这个话题，安排了三篇课文：《伯牙断琴》《爱因斯坦与小女孩》与《山和海的书信》；希望通过它们，给学生树立正确的交友观。《山和海的书信》是一篇"知音"童话，它以书信的形式，写出了山和海互相景仰的事实，山仰慕海，海仰慕山，惺惺相惜，表达了朋友之间的真挚情感。不论是山给海的来信，还是海写给山的回信，写法上非常相似，都透露出这样的思想：全方位关注对方，真心地喜欢对方，真心地欣赏对方。
	教学内容	A类： 1. 学会10个生字，认识2个生字。 2. 有感情地朗读课文，背诵自己喜欢的部分。
		B类： 1. 朗读感悟，从语言文字中想象画面。 2. 从语言文字中体会蕴含的情感，明白朋友的第三个含义：互相景仰，惺惺相惜。
		C类： 1. 指导学生发现作者在写作上的特点，感受排比、拟人手法的作用。 2. 积累描写山和海的四字词语或诗句，积累表现朋友情谊的词语。看谁写得多。
教学目标		1. 学会10个生字，认识2个生字。 2. 有感情地朗读课文，背诵自己喜欢的部分。 3. 明白朋友的第三个含义：互相景仰，惺惺相惜。
教学重难点		有感情地朗读课文，背诵自己喜欢的部分。明白朋友的第三个含义：互相景仰，惺惺相惜。
教学辅助工具		课件、小白板、图片

续表2

教学流程	学生活动	教师活动	体现"主动"的关键点设计意图	教学调整
课前三分钟：诵读				
主动发现	1. 组长带领组员拿出预习生成单交流。 组长带领组员词语，轮读课文。 身影　文雅　变化多端 模样　拜访　活泼　不屈 不挠　夸奖　勇敢　晶莹 巍然屹立　青春翠绿 身影 2. 组长带领组员交流想探究的问题，并梳理组员提出的问题，选择一个共同想探究的问题。 3. 各小组在组长的带领下交流预习单中明白的地方，并整体梳理课文内容。 通过预习，我知道课文由两封（书信）组成。在信中，他们都介绍了（对方在自己心目中的样子），也都表达了（想和对方交朋友的愿望）。 全班一同梳理质疑的问题 A. 组长：山为什么要给海写信呢？ B. 组长：在山的眼里，海是什么样的呢？	1. 请同学们打开书自由读一读这一课，然后在拿出预习生成，在小组里交流一下预习情况。 2. 小组交流。 3. 全班交流。 （1）分小组读文。 （2）交流预习生成单。 读词语：身影　文雅　模样　拜访　活泼　夸奖　晶莹　勇敢　变化多端　不屈不挠。 （PPT） 我知道： 1. 书信格式。（PPT） 2. 写作方法。 3. 整体感知课文。（PPT） 质疑空间：梳理问题。 1. 山为什么要给海写信？ 2. 山和海在彼此的眼中是怎样的？	以问题生成单为抓手，在小组学习中由读生疑，由疑促读。质疑把学生引入课文。（较为浅显单一的问题在组内当即解决。）发现共性的问题全班一起交流提高效率，同时整体感知课文，从整体入手让阅读学习从整体到部分的阅读方法更加鲜活。梳理最有价值的问题，快准狠的抓住文章学习的重点，避免走弯路。	

教学流程	学生活动	教师活动	体现"主动"的关键点设计意图	教学调整
	学路建议： 个人学习： 　　自由读一读山给海的来信，山给海写信的原因用"〰〰〰〰"画出来，在山的眼中海的样子用"＿＿＿＿"画出来。 小组学习： 　　在小组长的带领下，整理出最能展现出山给海写信的原因和在山的眼中海的样子的句子，在小组里读一读，并能说明原因。			
主动参与	各小组汇报交流 以议促理解。 问题一：山给海写信的原因。 1. 小组汇报： 第一自然段（找关键词法）：从这一段"天天""喜欢"这些词表达出山对海的喜爱、关注。"文雅安静""平易亲切""变化多端"感受到山对海非常在意，关注海的每一种变化，对海感到亲近和喜爱。所以想写信给她。 2. 小组补充（以读代讲法）：朗读课文第三自然段，从"虽然我没有机会拜访你，但我十分喜欢你，希望能和你做朋友。"中我知道山是想和海交朋友。但无法拜访她，所以写信给她。 问题二：在山的眼里，海是什么样的呢？ 小组交流（列举分类法）：正文第二自然段写了大海在四种情况下的景色：	1. 这节课我们就带着大家质疑的这两个问题一起来学习。请看学路建议。 2. 分小组交流。 3. 小组汇报。 教师适时点拨： 问题一： 指导朗读正文第一自然段和第三自然段，整体感受山对海的情谊。（喜爱、关注） 相机指导理解"变化多端"。 问题二： 指导朗读正文第二自然段，精读品味山对海的情谊。教师相机指导点拨，引导学生想象画面，体会文中表达的情感。 4. 师总结。 师总结1：配乐诵读第二段在任何时候，大海给山的印象都是美好的，大海的美真是变化多端令人陶醉呀！难怪山会被它吸引。让我们把这段话连起来读，再次感受大海的魅力！	根据学路建议，各小组在小组长的带领下选择本组研究的问题，用上平时总结的学习方法，如图文列表法、找关键词法、列举法、读中悟情法等开展本组的学习。可以利用小白板呈现并放置到班级的交流展示区，汇报解决问题的思路和方法，全班分享并可提出各自的怀疑。教师应根据各小组的汇报进行有效指导和重难点知识的点拨。教师对交流展示成果的小组或个人进行奖励。	

续表 4

教学流程	学生活动	教师活动	体现"主动"的关键点设计意图	教学调整
主动参与	晴空万里时： 朵朵白云倒映在蓝色的海面，相互映衬，给人一种宁静温柔的感觉。 大风吹来时： A. 我能用一个词来描述此时的大海。（惊涛骇浪、波浪滔天、波涛汹涌、波澜壮阔） B. 朗读，评读。（在老师的指导下读出大海的得意、神气，有个性） 太阳西下时： 太阳西下时，海面的颜色也很美，夕阳把她的金色染在海面上，海面波光粼粼，就像金粉在闪动。 月亮升起时： 出示图片，月亮升起以后，淡淡的月光笼罩着海面，就像给大海披上一件纱衣，看上去朦朦胧胧的，我们齐读这一句话，让大家感受大海的神秘吧！（PPT 解释神秘）	师总结 2：诵读山写给海的信 在读中我们感受到山对海的喜爱和向往，在山的眼里，大海既温柔又神气，既美丽又神秘。这种美是丰富，是无法忽视，让我们一起为山把这封信有感情地读给海听吧！		
主动建构	1. 配乐诵读这封信。 2. 学习阅读方法，能用在实际的写作中。（想景—悟情—美读） 3. 带着疑问下节课再学习山与海最后成为朋友了吗？在海的眼中，山又会是怎样的呢？	1. 建构全文，总结阅读方法。（PPT） 今天我们在山的眼中看到了一个温柔、神气、美丽、神秘（配上板书）的大海，全文同学们在小组内研究讨论的非常到位，最后也能通过朗读表达出这种山对海的向往、欣赏	总结全文，提升学习能力。	

教学流程	学生活动	教师活动	体现"主动"的关键点设计意图	教学调整
主动参与		的情感。那是因为同学们掌握了这样一种阅读方法：想景—悟情—美读，希望大家以后还可以总结出更多好的阅读方法。 2. 结束语：山寄出了这封信并送上了一颗珍贵的绿宝石，然后开始了焦急的等待，山与海最后成为朋友了吗？在海的眼中，山又会是怎样的呢？让我们下节课继续学习。		
主动拓展	大海在其他时候是什么样的呢？让我们也来联系生活，发挥想象，试着说一说吧！ 细雨蒙蒙时，你＿＿＿＿，这时的你，看起来真＿＿＿＿；＿＿＿＿时，你＿＿＿＿，这时的你，看起来真＿＿＿＿。 1. 交流文中表达生动的句子。 2. 欣赏图片，思考问题。 3. 全班交流。	1. 指导学生发现作者在写作上的特点，感受排比、拟人手法的作用。渗透写法指导。 句式训练：大海在其他时候是什么样的呢？让我们也来联系生活，发挥想象，试着说一说吧！	读写结合，提升能力。	
板书设计		18. 山和海的书信 　　温柔 神气　　　　向往 美丽　　　　欣赏 神秘		

续表6

教学流程	学生活动	教师活动	体现"主动"的关键点设计意图	教学调整
教学反思	《山和海的书信》教学反思 　　"书读百遍，其义自见。"这篇文本情浓辞美，因此，在指导学生理解的基础上，更要加强感情朗读训练。在想象的世界里尽情地感受着大海的平静湛蓝，领略着大海的气势磅礴，欣赏着大海的金光亮霞，品味着大海的神秘莫测……新课标提出："阅读是学生的个性化行为，不应以教师的分析来代替学生的阅读实践。"本节课，我充分相信学生，给足学生自主阅读的时间，同学们在小组和组间合作时自由读、男女生比赛读、轮读、齐读，教师范读、师生合作读也适时穿插其间，学生广泛参与读书，从读中悟，从悟中读，感受读书的快意，享受文字的美妙。因此整节课孩子们如同在天地中畅游山川的精灵，用稚嫩的声音，纯朴的情感演绎着山与海的对话。 　　主动教育模式课堂的课堂基本组织形式为小组合作。在语文课堂教学中，应该让小组合作能有效有序地与文本对话结合起来，使课堂上呈现的对话思路能体现文本的完整与层次，这就需要教师在平时的教学中长期指导。在本节课中，孩子们在组间交流时能依据两个问题分别探讨。在理解"山眼中的海是怎样的"这个问题时，首先发言的小组能抓关键词从整体上概括出海的四个特点，表现出较强的阅读能力。接着发言的小组能根据这几个特点分别交流想象到的画面，大家很默契地互为补充，教师也能适时点拨提升，整个课堂话语流畅，体现了主动教育模式的阅读效益。			

问 题 生 成 单

课题：山和海的书信　　　　　　班级：　　　　　　姓名：

词句宝库	我会认读抄写这些词语：	身影	文雅	模样	拜访	活泼	夸奖	晶莹	勇敢
		变化多端	不屈不挠						
	我觉得在认读书写和理解上最有难度的词语：			让我感受最深的句子：					
	通过预习我知道了：								
课文天地	通过预习，我知道课文由两封（　　　）组成。在信中，他们都介绍了（　　　），也都表达了（　　　）。								
质疑空间									

2.《如梦令》教学设计

（此课获全国"传统文化传承"优质课赛一等奖，赴邯郸、佛山交流展示）

李文燕

课末基标类检测单（A类）

1. 邀请你的小伙伴以大家共同喜欢的方式背诵山写给海的信。
2. 仿写。

大海在其他时候是什么样的呢？让我们也来联系生活，发挥想象，试着写一写吧！

细雨蒙蒙时，你_____，这时的你，看起来真_____；_____时，你_____，这时的你，看起来真_____。

课末拓展类检测单（B类）

快乐二选一：
1. 积累描写山和海的四字词语或诗句，看谁写得多。
2. 积累表现朋友情谊的词语。

_____

_____

_____

学路建议：

个人学习：

　　自由读一读山给海的来信，山给海写信的原因用"～～～～"画出来，在山的眼中海的样子用"_____"画出来。

小组学习：

　　在小组长的带领下，整理出最能展现出山给海写信的原因和在山的眼中海的样子的句子，在小组里读一读，并能说明原因。

《如梦令》教学设计

（此课获全国"传统文化传承"优质课赛一等奖，赴邯郸交流展示）

李文燕

如梦令

常记溪亭日暮，沉醉不知归路。

兴尽晚回舟，误入藕花深处。

争渡，争渡，惊起一滩鸥鹭。

教材分析：

《如梦令》大意是讲述诗人曾经饮酒溪亭，被自然界景致和美好生活气氛所熏染，以致陶醉，找不到回家之路，撑船到处转，没想到闯入了荷花丛中，惊醒了一群同样"沉醉"的鸥鹭。作者用语生动流畅，风格清新自然。词作侧重在写景，融情于景。通过景物的描画来抒发和表达作者对自然的赞美和对生活的热爱，故而意境创造含蓄深沉。通篇见景不见人，而事实上作者的行踪早就融入景物中去，成为意境的重要组成部分。

教学目标：

知识与技能：

1. 正确认读"藕"，掌握"藕"这个生字。

2. 有感情地朗读这首词，读出词的节奏和韵味。背诵课文。

3. 帮助学生理解词句的意思，想象词句所描绘的画面，体会作者的思想感情。

过程与方法：

1. 结合词句掌握生字新词。

2. 通过对词的理解，感悟词所描绘的意境。

3. 通过词的学习、意境的感悟，对学生进行美的教育与熏陶。

4. 通过图书馆、网络等信息渠道，尝试进行资料的收集整理和探究阅读。

情感、态度与价值观：

体会词的意境，借助语言文字，充分展开想象，感悟词中景、心中情，激发学生对大自然、对中国古诗词的热爱与赞美之情。

重难点分析：

本文的重点是通过反复阅读，理解词句的含义。通过留给学生充裕的时间进行诵读，并为他们创设情境，营造宽松、平等、民主的氛围，让他们在读中想象，在想象中感悟，在感悟中美读，在美读中编创，从而使阅读、理解、积累、运用这一学习流程循序渐进，在阅读中淋漓尽致地表现出来，进而激发学生热爱自然、热爱中国古诗词的美好情趣。

想象词句所描绘的画面，体会词人的思想感情是本文的难点。五年级的学生通过反复诵读、对照注释，已能大致理解词的意思，但由于年龄、阅历的限制，使其不能深刻理解词人所表达的真实情感，必须结合词人的生平背景，教师适当地指导品悟，才能体会词中所表达的情感。

揭示新课，了解作者

课前准备：谁是中国古代最有名的女性？

1987 年，国际天文学会用 15 个世界名人的名字命名了水星上的 15 座环形山，李清照星上有名，这是外太空唯一一个用中国人的名字命名的天体，因此，李清照是公认的"中国古代最有名的女性"。

今天我们就走进词人李清照，走近她那充满少女情怀的《如梦令》。

1. 读课题：《如梦令》——李清照。

2. （出示问题生成单），李清照何许人也？用一句话介绍一下你所知道的李清照。

3. 师总结，简单介绍李清照：是呀，书香才女李清照，一位将婉约词风推向极致的杰出作家，一位人生经历千回百转、跌宕起伏的传奇女性。她留下来的作品只有七十余篇，却拥有"一代词宗"的美誉。在这首《如梦令》中，李清照回忆了她此生最难忘的一次郊游情景。

筛选问题

1. 各小组筛选问题：拿出问题生成单，每个小组迅速地筛选出一个最有价值的问题写在小白板上。

2. 各小组汇报提出的问题。

梳理问题：（1）词有什么特点，我们该怎样读好词？（词牌名；长短句）

（2）这首词写的是什么意思？

（3）这首词表达了作者怎样的心境？

探究问题

词是一种非常精巧美好的文学，能带给我们丰富的想象和回味。词与诗有何不同，如何读好？请同学们在初读《如梦令》中，去探究。

请看学路建议：（点生读）

学路建议1：初读

1.反复读《如梦令》，画下你觉得要给大家提醒的字的读音。

2.认真读好每一行，在读通顺的基础上，在小组和同学间探讨一下如何把握好《如梦令》的节奏和韵律，在词中做上记号。

解疑分享。

词有什么特点，我们该怎样读好词？

1.词有词牌名，《如梦令》就是词牌名。

2.词有长短句，诗歌都是整齐的句子。

指导学生通顺地读词：读得好，字音准确，通顺流利。

兴：四声，兴致。

藕花：是什么花？

读得不错，字正腔圆，声音洪亮。

兴尽晚回舟，误入藕花深处。——指导读顺。

全班齐读。

方法指导学生读好词的节奏和停顿。

同学们，读古代的词，注意好词句的节奏和停顿，就能读出它的韵味。

3.评价：读得有词的韵味了。有点古香古色了。

比刚才好多了，有节奏，注意停顿了。

小组齐读，小组轮读。

学路建议2：再读

反复诵读，再次整理你的预习感受，与同学交流。

1.反复朗读这首词，借助注释逐句理解词的意思。

2.组内交流，推荐中心发言人，用简洁的语言概括整首词的意思。

指导反馈

沉醉：陶醉。

误入：一不小心进入。

回舟：乘船而归。

争渡：这里指奋力划船渡过。

3. 哪个小组推荐一名中心发言人说说词的大致意思。

说完后，小组朗读，读出自己的理解。

其他小组有没有补充的，有没有自己的理解的。

说完后，请全体小组读词，读出自己的理解。

4. 教师小结：常常记起在溪水边的亭子游玩直到太阳落山，陶醉在那种快乐中而忘记了回家的路。游兴满足了，天黑往回划船，一不小心却划进了荷花塘的深处。眼看夜色越来越浓，心里着急啊！于是奋力划啊，抢着划呀，却惊得这满滩的白鸥和白鹭，惊飞四散。

5. 你们真会读词！你们看，一首好词，每一个字，都有它的妙处。李清照留下来的词并不多，但"无一首不精，无一字不妙。"你能把这首词读成几个关键的字吗？

板书总结："醉""误""惊"因陶醉而误入，因误入而惊起。

思维拓展

同学们，我们仅仅把词的意思读懂是远远不够的，我们还得把词读宽、读深、读美，有人评价这首词是"以寻常语绘精美图"，今天老师就有一个问题请大家帮忙：谁能够把这首词读成画面？

轻轻地闭上眼睛听老师来读，咱们用眼睛看，用耳朵听，用嘴吟诵，用脑想象，用心灵感受，打开你身体的所有感官进入词的画面。

学路建议3：口述

1. 请选择学习任务，将你感受到的画面尽情地描写。

2. 交流互动。

（1）组内交流。由组长负责，依次默读。

（2）组际交流。将学习单平放桌上，同学们离开座位学习其他同学的学习单，保持安静，看时尽量不要交谈，准备推荐同学交流。

（交流所看到的画面，指导朗读。）

画面一：溪亭日暮

美啊，日暮溪亭的景色让人回味无穷、流连忘返啊！

画面二：藕花深处

藕花深处，词人看到了"接天莲叶无穷碧，映日荷花别样红"；又看到了"小荷才露尖尖角，早有蜻蜓立上头"，"莲叶何田田"，"鱼戏莲叶东"的景色，真美啊！

你的积累真不错，用诗歌的语言解读了词的内容。

画面三：一滩鸥鹭

感情朗读：一起读，读出那份热闹、那份惊喜。

3. 教师小结：刚才我们边读边想象了一幅幅美丽的画面，有人有景，有声有色，有静有动，充满了无限的生机与魅力。你们看，因为观赏"溪亭日暮"陶醉了，所以才会误入"藕花深处"，才会惊起"一滩鸥鹭"。整首词就是一幅流动的画。

4. 看画面，配乐，入情入境地读整首词。酒不醉人，人自醉，让我们也深深地陶醉一次……

你走进了画面中；

读得真投入，我感觉到了这幅画卷在你的眼前尽情地蔓延。

你们和李清照一样，陶醉在溪亭日暮的景色中，陶醉在藕花深处的清香里，陶醉在一滩鸥鹭的惊飞中。

5. 走进画面后，词人的心境跃然纸上：热爱大自然，热爱生活，放飞自由。

6. 揭示主题：是啊！美丽的景色、美丽的意外、美好的生活都带给词人深深的醉意，她将这种真切的感受融进了细腻的笔端，如梦般的富有情致和风味，凝聚成生命的卷章。

全班一起背诵。

完成课堂检测

附板书设计：

如梦令
（宋）李清照
醉、误、惊

生命活力
如梦随行　如梦初醒
——李文燕邯郸《如梦令》说课

刚刚上完课，如释重负，回想起这场同课异构的过程，似乎是匆忙中的一个梦。10 月 4 日接受任务准备了一节鄂教版的《鹿柴》，10 月 5 日调整为冀教版的《如梦令》，于是又重新解读教材，重新备课，6 日在家制作课件，7 日就启程来到了古城邯郸。美丽的邯郸如同李清照的《如梦令》一般，散发着古香古色的气息。首先，非常感谢邯郸市教育局给予了我们一个交流学习的平台！

今天我重点就《如梦令》这节课说说我校研究的"主动教育"模式，它的具体操作为"三三五式"教学模式。

教学环节"三环"：课前、课中、课后。

（课前每个孩子都要完成一张问题生成单，这是贯穿整个课堂的一个重要内容；课中各个小组在小组长的带领下进行有序的学习，碰撞智慧的火花；课后对课堂实效进行检测。）

教学内容"三级"：A 级基标类、B 级导学类（学路建议）、C 级拓展类。

教学流程"五板块"：问题质疑；问题探究；解疑分享；思维拓展；课末检测。

遵循原则：平等的原则；自主的原则；合作的原则；开放的原则；高效的原则；激励的原则。

这所有的环节、内容、措施、原则都是为了体现一种感觉：以生为本，重心下移。

本文的重点是通过反复阅读，理解词句的含义。通过留给学生充裕的时间进行诵读，并为他们创设情境，营造宽松、平等、民主的氛围，让他们在读中想象，在想象中感悟，在感悟中美读，在美读中编创，从而使阅读、理解、积累、运用这一学习流程循序渐进，在阅读中淋漓尽致地表现出来，进而激发学生热爱自然、热爱中国古诗词的美好情趣。想象词句所描绘的画面，体会词人的思想感情是本文的难点。我是这样理解的，词中的画面学生描绘出来了，作者的心境也就水到渠成、跃然纸上。在这方面我也想了一些办法来突破，比如把画面分解，让学生动用身体的全部感官，还让学生动笔写，来帮助学生走进词的画面，同时也努力地落实语文教学中的听说读写的训练。

"主动教育"教学模式倡导的师生关系是"合作学习、教学相长、共同发展"。教师和学生都积极参与到学习活动中，教育过程呈现出师生双向的交流、动态的生成、成长的愉悦，课堂成为师生这对生命主体共同拥有的精神家园。最后，匆忙之中课还不是那么的细腻与成熟，还望大家多多批评指正！谢谢！

在探究中生成　　在成长中发展

——对李文燕老师教学《如梦令》一课的点评

杨再隋（华中师大教授）

这是一堂充分体现课程改革新理念的语文课，是一堂在转变学生学习方式上很给力、很有成效的语文课。

李文燕老师运用"主动教育"模式，渗透万玉霞校长提出的"生命发展教育"理念，引领学生在诵读古诗词中，在自主探究、合作交流中，展现儿童本有的诗性的潜质，演绎儿童本真生命的精彩。

李老师先让学生了解作者李清照是何许人也。同学们通过预习、查找资料大致了解了词人的生平，然后李老师出示"问题生成单"，分6个小组合作学习，每个小组筛选出一个比较有价值的问题。李老师以商量的语气和同学们一起将这些问题归纳梳理，分清主次，调整顺序，依次让学生释疑。由于同学们预习比较认真，无论是提出的问题或是互相解答问题都不离文本，并试图靠近作者。此时，词义的整体轮廓已朦胧地浮现在孩子们的脑海里了。

李老师在"探究问题"的环节中，提出了两个学路建议。学路即学习的路线或过程，既是学生获取知识、习得能力的过程，也是学生认知、情感发生发展的过程。"建议"说明师生之间是平等的对话和民主的交流，教师通过提出"建议"，发挥教师引导、组织作用。这个作用不是越俎代庖，是唤醒沉睡的心灵、激活疲惫的思维、点悟潜在的天赋。

李老师从基础抓起，要求学生读准字音，尤其是读准多音字，理解词意，特别是引导学生在整个句子中理解词语的意思；还要求读顺词句，大致了解整首词的含义，还通过读在小组中交流，如何初步把握读这首词的节奏，并做上记号。看来，读贯穿了教学的全过程。在阅读教学中，读是师生和文本最直接的对话，是最常用、最有效的言语实践，学习古诗词更应该如此，学生在自由自在的诵读中，读出意，读出形，读出情，读出味，读出韵，感受古诗词的无穷魅力。

也许同学们还未完理解这首词的含义，也未曾领悟古人评价这首词"无一字不精，无一字不妙"的含义。教师并不着急，而是待其从容，耐心引领。让学生在合作学习、小组交流后用自己的话说说整首词的意思，这是学生从靠近文本到走进文本的演练，是教学从部分到整体的提升。在此基础上，即在全词整体的背景上，教师让学生找出"醉""误""惊"三个关键字，联系全词，学生很快领悟到，因陶醉而误入，因误入而惊起的关系和联系，诗情画意、人生意趣跃然纸上。由于每个学生的经验背景不同，兴趣、爱好、性格不一样，学生头脑里浮现的"溪亭日暮""藕花深处"和"一滩鸥鹭"图有可能大不一样，这是学生借助词的语言在头脑中唤起的形象，是掺和着不同的主观体验的审美意向。

直到此时，李老师才在屏幕上出示了词中描绘的美丽画面。显然，教师不是先入为主地用固定的画面去束缚儿童的思维和想象。伴随着悠扬、悦耳的乐曲，学生头脑中原有的画面和屏幕上出现的画面比较、叠合、重组，一个更加美丽的画面浮现在同学们的脑海里，使大家受到了一次难忘的审美教育。

学生对整首词的意思逐步理解了，这首词的形象也渐渐清晰起来，教师不失时机地让学生选择自己最喜欢的场景，动笔写下来。托物兴辞，情动辞发，同学们很快完成了课堂小练笔。从练笔之后的交流中，我们看到，不少学生取景独特、描绘生动、文笔流畅，还能恰当引用过去的古诗词，体现新旧知识的联系。"小练笔"既是课堂学习的巩固，也是课堂学习的延伸，是高效率的"读写结合"，学生诵读诗词，将文字变成画面，又用自己的语言将画面变成文字，这样的两重转化，反映了儿童学习古诗词的特点和规律。

最后，还要说明关于"生成"的问题，"生成"是"生命发展理念"中的一个重要概念，由"生命发展理念"衍生出的"主动教育模式"滋养"生成"，"生成"体现更深层次的主动。学生在预习中生成，在教学过程中生成，在课后拓展中生成，教师善于发现学生的智慧生长点，因势利导，适时转化成有用的生成性课程资源，使学生的智慧不断"自我生成"，形成生成和繁衍的连锁链，这是一个多么美妙的教学景象啊！

生成是一种生命活动，生成是根，是生命之根，生成有果，是生命之树下结出的智慧之果，生成之根深扎于生命的沃土中，师生用血和汗在培育浇灌它。因为有了生成，才会有生命的发展，才会有儿童快乐、幸福的成长！

　　总之，李文燕老师的课是一堂充分体现儿童学习古诗词的特点和规律的语文课，她运用"主动教育"模式，调动了学生学习的主动性和积极性，激发了学生学习古诗词的热情。她的课堂中求活，活中求新，在优化教学过程，活化教学方法，美化教学情境等方面取得了一定的成效。学生通过学习古诗词，逐渐走进了李清照的精神世界，和词人一起，陶醉在溪亭日暮的景色中，陶醉在藕花深处的清香里，陶醉在一滩鸥鹭的惊飞中，余味绵绵，余音袅袅，都写在了孩子们稚气的脸庞上，留在了孩子们纯真的心灵里。

　　在教学中，如何将学生的即兴生成及时地转化成生成性的课程资源，仍有不足之处，如何有效指导学生品读、美读，培养诵读能力也有待于改进。教学永远有遗憾，需要我们永不懈怠地探索、创新，也许，这正是语文教学的魅力之所在。

3. 《网上购书学问大》教学设计

（此课参加全国信息技术与学科整合课比赛一等奖，赴日本交流）

方　勇

教学准备：

学习主页、Internet 网络资源、BBS 留言板、"我的购书方案"记录表

教学设计：

创设情境，激发学生参与的愿望

开场：大话西游之网上购书……

唐僧：哦，昔日取经十万八千里，历经九九八十一难，今天网上购书轻点鼠标得来全不费工夫……八戒，快来教教师傅怎么网上购书吧！

自主学习，了解网上购书的一般流程

师：谁在网上买过书，快来教教师父吧！

（学生代表介绍网上购书的经历）

师：大家都很羡慕他的经历吧，让我们看看八戒是怎么教师傅网上购书的。（画面显示：八戒说"新手上路，请点击购物指南"）

师：八戒是怎么说的？

（屏幕切换，学生浏览学习主页）

师：接下来，请大家自主浏览购物指南，有不理解的地方请举手示意。（教师巡视，对有困难的同学给予帮助）

师：谁来说说网上购书都有哪些步骤？

（学生代表说三个步骤，教师相机板书）

师：看来大家对网上购书有了一定的了解，想亲身体验一下网上购书的乐趣吗？你们打算订购什么书呢？这样吧，既然大家都很喜欢哈利波特，我们就订购一本最近的新作《哈利波特与混血王子》！

亲身体验，点击网上书店，查找相关商品信息

1. 自由选择热门搜索中的网上书店，体验购书流程

（屏幕切换教师机）师：同学们请看学习主页，眼疾手快的同学会发现，学习主页左边"热门搜索"中，已经给大家链接了四个安全诚信的网上书店，同学们可以点击图标登陆其中的一个网上书店，咱们来个 1 分钟比赛，看看哪位同学最快找到《哈利波特与混血王子》！

（教师巡视，给予帮助，切换输入法请按住 Ctrl＋Shift）

师：茫茫书海中，你是怎样找到这本书的？我们请这位同学演示一下。

（转播示范，学生演示搜索技巧）

师：你们是这样做的吗？对，在商品搜索器中输入商品名称就可以找到所需商品。还没找到的同学，可以尝试一下。

2. 指导学生登录网站，注册相关信息

师：大家都找到书了吗？请你点击商品旁边的"购买"按钮，继续体验下面的购书流程吧！［你看到了什么？（购物清单）请大家仔细核对你的购物清单！核对清楚以后我们该去哪儿了？（去结算中心）］

好多同学进入了结算中心，大家可以输入方老师在各大网站已经注册过的 E-mail 地址（fangyong@163.com）及密码（fangyong），以便进入我的账户。

大家看到方老师的账户了吗？在我的账户里以默认的方式显示了收货地址、收货方式以及付款方式等相关信息，当然还有重要的订单金额。

师：大家可要仔细核对订单金额，确认无误后才能提交订单！接下来的事就交给方老师在邮箱中回复确认信就交易成功了！（教师巡视，给予帮助）

3. 汇报购书情况，运用百分数和折扣的有关知识解决实际问题

师：你们的订单提交成功了吗？谁愿意介绍一下你是在哪个网上书店订购的？花了多少钱呢？

（屏幕切换至学生成功提交的画面）学生汇报购书情况。

生：在×××网上书店订购的，花了20元。

师：看来这位同学还有不同意见，你花了多少钱？（学生汇报当当网上的6.8折优惠价格）

师：你的怎么便宜些呢？（6.8折）能给大家解释一下什么是"6.8折"？（按原价的百分之六十八出售。）你是怎么算的？（20×0.68＝13.6元）

（教师板书：6.8折——68%——0.68）

师：听了他的见解，你们会选择到哪个书店去订购呢？（当当网）看来网上购书的学问还真大啊！（板书课题：网上购书学问大）

拓展学习，分工合作，优化选择合适的购书方案

师：不过，大家先别忙着更改自己的购书订单，难道只有"当当网"有优惠活动吗？你来说说！

（学生汇报三种优惠活动）

师：哦，优惠活动还真多，那为什么你们刚才订购的时候没有享受呢？（只买一本，不能享受）

师：但是在座的30位同学都想订购这本书，你们有办法享受优惠活动吗？（学生汇报：可以团购或集体购买）

1. 现场选网，自由分组

师：大家一点就通，真是让方老师刮目相看，你们愿意选择哪种优惠方式团购？请选择××优惠方式的同学坐到一起，组成一个智囊团，待会儿派个代表汇报一下你们的购书方案！

预设：师：为什么大家都不选择"当当网"全场6.8折的优惠活动呢？

（因为"光谷书城"推出了武汉地区客户购特价图书满10本6.7折的优惠活动，显然更便宜一些）

师：看来大家不再是八戒所说的"新手上路"，你们已经逐步成长为网上购书的高手了。

2. 分工合作，设计购书方案

师：好的，现在选择相同优惠方式的同学坐到了一起，方老师将给每组下发"购书方案"记录表，请各组同学分工合作，设计出本组的购书方案。（屏幕切换至学生机后，教师下发"购书方案记录表"）

3. 各组代表汇报购书方案，筛选出更优惠的购书方式（投影教学，教师相机板书）

师：大家都有了计算结果，哪一组先来汇报你们的购书方案？（分组进行汇报）

预设方案一：因为卓越网是购特价图书满 100 元返现金 30 元，需付：$600-30×6=420$（元）。

方案二：因为光谷书城是购特价图书满 10 本 6.7 折，满 40 本 6 折，在光谷书城购买《哈利波特与混血王子》时，买 30 本只能享受 6.7 折的优惠，需付：$20×30×0.67=402$ 元；只要再多买 10 本，即凑满 40 本，就可享受 6 折优惠，最多需付：$20×40×0.6=480$（元）。实际上只多花 78 元就可以多买 10 本《哈利波特与混血王子》。

方案三：因为中国图书网购特价图书满 100 元送 50 元代金券，买 100 元获得 50 元代金券，实际支付 400 元可以获得 200 元代金券，200 元代金券立即用来购买 10 本《哈利波特与混血王子》，总计需付现金 400 元。

师：感谢大家提供的几种购物选择，比较以上的计算结果，你最终会选择怎样的优惠方式呢？

在线交流，发表自己的购物见解

师：看来同学们意犹未尽，还有很多话要说，这样吧，大家赶快回到自己的位置上，（屏幕切换，教师演示）点击学习主页标签栏中的"在线交流"进入"BBS 留言板"，大家可以点击"我要留言"，发布你的购物感言或购物高见，也可以点击"查看留言"，互动一下！

（教师在留言板中小结购物提示：A. 货比三家。B. 按需购买。C. 量力而行。）

畅想未来的网络购物

同学们，网上购物让人们的生活变得更加方便、快捷。大家更可以试想一下当你置身于一个虚拟的商场——试穿衣服、试开新车，你会有什么样的感受呢？

今天这节课后，大家可以登录互联网再次感受网上购物带给我们的乐趣，购买一本喜爱的图书，带到学校跟大家分享一下吧！

整合，让我们的"小"课堂变成了"大"课堂

——由一节整合课《网上购书学问大》带来的思考

方　勇

【一段背景与导读】

在课程整合这样一个概念逐渐被我们付之于教学实践行为的同时，我们不得不去思考，为什么要整合？课程之间如何整合？整合的效果又该怎样评价？等一系列的问题迫切地摆在了我们的面前，也许要客观、科学地阐述这些问题，还需要足够的时间从实践中获得依据。这里，笔者仅从一节信息技术与数学学科整合课《网上购书学问大》做一些尝试和探索。

笔者认为，对于教师而言，整合不等于混合，它强调在利用信息技术之前，教师要清楚信息技术的优势和不足，以及学科教学的需求，设法找出信息技术在哪些地方能提高学习效果，使学生完成那些用其他方法做不到或效果不好的事。

对于学生来说，信息技术则是一种终身受用的学习知识和提高技能的认知工具，同时更是学生用以自主建构、获得自我发展的有效途径。

基于以上认识，根据新课程标准中提出的"让学生在现实情境中体验和理解数学"的教学建议，我们在课程中寻找、选择合适的切入点，以游戏性的教学方式开放地设计了《网上购书学问大》这节整合课。大量的实践证明，购物中的数学问题引起了许多同学的关注和兴趣，而随着互联网在我国的普及，网上购物正在深刻地影响着人们的生活。因此，在这节课的教学设计和网络学习主页的制作过程中，我们注重以下两点。

第一，信息技术与数学学科的融合，用网络架起了现实生活与数学学习之间的桥梁，课中创设大量的情境让学生去理解并体验网上购书的一般流程，自主获取相关优惠信息。

第二，在游戏性的活动中根据自己的需要优化选择合适的购书方案，不仅在学习网上购物的过程中巩固和深化了有关百分数、折扣等方面的知识，而且将数学与信息技术有机的整合起来。

这样设计旨在为学生提供自主建构的空间，创造实践发展的平台，培养学生的信息素养及相关技能，在知识巩固、技能产生、形成与发展的过程中，师生双主体

得到了和谐的发展，共同获得积极的情感体验，感受数学的魅力。

【两个真实的片段】

片段一：

师：大家先别忙着更改自己的购书订单，难道只有"当当网"有优惠活动吗？

（学生自主打开网页，查看图书的优惠信息）

生1：我发现"卓越网"也有优惠活动，购特价图书满100元返现金30元。

生2：光谷书城是购特价图书满10本6.7折，满40本6折。

生3：还有中国图书网是购特价图书满100元送50元代金券。

师：哦，优惠活动还真多，那为什么你们刚才订购的时候没有享受呢？

生：我只买一本，达不到要求不能享受。

师：说得有道理，但是在座的30位同学都想订购这本书，你们有办法享受这些优惠活动吗？

生：我们可以30个人一起买。

师：那也就是我们生活中常说的"团购、批发"。大家一点就通，真是让老师刮目相看！

片段二：

师：有选择"卓越网"购特价图书满100元返现金30元优惠活动的吗？

生：如果是我，我就不会选择满100元返现金30元的优惠活动，因为返了现金30元，就只用付70元，实际上就是打了7折，因此我不会选。

师：你们认为呢？

（部分同学恍然大悟，大家纷纷表示认同）

师：方老师为大家感到骄傲，大家不再是八戒所说的"新手上路"，你们已经逐步成长为网上购书的高手了。

师：现在只剩下了"满10本6.7折，满40本6折"和"满100元送50元代金券"两种优惠活动需要我们做出选择了。大家可以自由组合，拿出你们的购书方案。

生：我们这一组选择了在"光谷书城"购买这30本书，只能享受6.7折的优惠，需付：$20 \times 30 \times 0.67 = 402$（元）。

生：我选择在"中国图书网"上订购，买30本书，一共花去600元，但是我们可以得到300元代金券。

生：我们这一组认为，要那么多代金券干什么？我们也选择了"中国图书网"满100元送50元代金券的优惠活动，但是我们经过计算发现，支付400元现金就可以买20本书，同时还可以获得200元代金券，200元代金券我们又可以用来再购买10本《哈利波特与混血王子》，正好买了30本。这样我们一共只用花400元！

（学生听了不由自主地鼓起掌来）

师：哇，他们的方案只用花多少钱？（兴奋地）了不起，你们怎么想到这个方案的？

生：代金券可以马上用来买书，这样就可以省钱。

生：代金券只能在"中国图书网"上用，最好赶快把它用掉。

生：我个人认为如果买少量图书，到当当网去是最便宜的；如果是买大量的图书，去中国图书网是最便宜的。

（一个一向善于表现的学生还在举手，嘴里有话要说）

生1说：老师我可以问个问题吗，买回来的书能不能卖出去？我到光谷书城去先订购40本，可以享受6折的优惠。

（他的想法一经提出，又引来了一片议论声）

生2说：咱们30个人只需要订购30本书。

生1说：我然后再把多买的10本以6.7折的价格卖回给光谷书城或者其他顾客

师：哈哈，我看出了他这里面的学问，他是低价买进来……

生齐：高价卖出去。

师：你长大了可以做个很有头脑的商人，不过老师可要提醒你了，咱们的任何一个商业活动都要讲诚信守法规，既不损害别人的利益，又要……

生：保护自己的利益。

师：做一个真正的智者！

师：看来同学们意犹未尽，还有很多话要说，这样吧，大家赶快回到自己的位置上，（屏幕切换，教师演示）点击学习主页标签栏中的"在线交流"进入"BBS留言板"，大家可以点击"我要留言"，发布你的购物感言或购物高见，也可以点击"查看留言"，互动一下！

【三点思考与启示】

第一，意义理解性原则与教师教学观念的转变。

人类理解和吸收知识的能力是有限的，你不可能要求学生学习所有的知识。因此，让学生知道自己需要什么信息比拥有大量的资源更重要。同时建构主义学习观强调：学习不是老师向学生传递知识、信息，学习者被动接受的过程，而是学习者自己主动建构知识意义的过程。每个学习者都是在其现有知识经验的基础上对新信息主动进行选择和加工，从而建构起自己的理解。因此，学生作为学习的主体，要想真正意义上建构自主学习，自主理解知识的内涵，那么掌握信息时代的学习方式显得尤为必要，这节课中笔者从以下几个方面做了尝试。

①学会利用信息资源进行学习。

②学会在数字化情境中进行自主发现的学习。

③学会利用网络通信工具进行协商交流、合作讨论式的学习。

④学会利用信息加工工具和创作平台，进行实践创造的学习。

同时，笔者认为技术与教学真正的整合，就是一旦把技术剥离出来，课的质量会受到损害。这就是说教师要提供那些没有信息技术就不能出现的机会。在这节课中以下几个方面有所体现。

①用电脑解决相邻学科的问题，将相邻学科的思想方法渗透到电脑教育中。如利用网上遨游解决语文课中自主阅读大量信息，把数学课中严谨认真，求异思维的品质运用到信息技术中。

②与日常生活及简单的商业活动相整合，如第三板块的"购书活动"。

③课程内有关内容的整合，如学会不同的搜索技巧以及由网上购书一点到面掌握网上购物的一般方法。

④与思想教育整合，如学生在异口同声地说"低价买进来，高价卖出去"的时候，教师抓住时机，晓之以理，动之以情。

第二，游戏创造性原则与教师教学行为的变革。

"寓教于乐"是对教学游戏性的最好诠释，教学的游戏性也从来没有受到排斥，教学的游戏性并不仅仅表现在幼儿教育中，在教育教学的各个阶段，它都是存在的。只不过由于种种原因，它经常处于教育教学的边缘罢了。当我们的教师真正开放自己的教学理念，转变自己的教学行为时，教学的游戏性就可以由边缘走向中心了。

游戏的玩家是平等的、诚信的，不平等、无诚信，就没有玩伴。教学的游戏性要求师生平等的参与，而且保持着对教与学的真诚。游戏是参与者充分参与的，它允许参与者充分发挥自己的聪明才智。游戏更是充分互动的，没有互动就没有游戏。

同样，没有互动就没有师生双主体和谐发展的统一。

（1）创设游戏情境，培养学生应用信息技术的意识。

我们的课在欣赏动画片《大话西游》中开始了，学生由多媒体化静为动，化抽象为具体的视听合一，很快地将思维聚焦到预设的情境，从整体上感知了学习活动的内容"网上购书"，并感受到网上购书能够给我们带来方便和快捷，由此产生了心理内驱力，动画的结尾诙谐的借唐僧的口说出"快来教教师傅怎么网上购书吧？"，这里，老师打破常规的教学方式，没有去直接"灌"，而是通过猪八戒的巧妙提示"新手上路，请点击购物指南"，来让学生感受到当我们接触未知事物的时候可以寻求一些帮助，如不知道如何网上购书就可以点击查看"购物指南"的办法，既培养了学生网络环境下的生存能力，又为实实在在的教学铺平了道路。学生会不由自主地去浏览学习主页，点击"购物指南"以了解网上购书的流程，可以说真正意义上让学生根据自己的需要，自己选择认知的工具，为下面实践体验的环节做好了铺垫。

"教"是为了"不教"，教师要做的是努力创造条件，真正意义上让学生根据自己的需要，自己选择认知的工具。

（2）运用信息，开展比赛，培养学生对信息内容的获取与理解能力。

知识是为运用服务的，我们的课堂也应该是有张有弛的，学生需要时间真正地静下心来去体验，去尝试。

接下来，以一分钟比赛的形式推动学生思考并实际查找商品的信息。这里学生从自己喜欢的方式出发，很快就有同学在热门搜索中看到了"哈利波特"，直接点击就可以找到。不过话音未落，有的同学就发现在别的网上书店没有提供这个栏目，"别的网上书店没有热门搜索怎么办呢？"一个善于表现的孩子抢着说："可以在'商品搜索器'中输入关键词进行查找"。在这里，由生生之间的互动，由学生自己的口，达到了使用"搜索器"输入关键词来查找所需商品更为快捷的教学目的。第二个层面让不会的学生再次尝试，提供反复学习不断跟进的机会，让所有的学生都能得到发展。这一环节，学生在实践体验的过程中感知与其他学习个体的差异，由生生之间的互动，产生了一个点带动整个面的效果。

这里老师给予大量时间让学生来操作体验网上购书的三个流程。整个活动中，教师只是扮演了引导者、参与者、辅助者的角色。

（3）提供信息交流的平台，给予学生充分实践与展示的空间，在互动中发展。

在课的最后，更是利用信息技术的优势，通过 BBS 留言板，实现人机交流，学生不受任何限制地、完全自主地融入学习的快乐中，争先恐后地发表着自己的见解和感受，哪怕想法还不成熟，也给了学生一次评价自我、表达自我的机会。在"查看"和"发布"的过程中他们学会了倾听、学会了宽容、学会了尊重，取得共享和共识的欣慰，为学生的终生发展积累了学习的能力和经验。

第三，主动建构性原则与学生学习方式的变化。

孩子们的探究性学习凭借的是什么？当然是兴趣。兴趣源自问题，探究性学习活动的载体就是解决问题。因此，基于主题轴问题的探究性学习，成为这节课将信息技术与数学课程整合的核心手段，学生在仿照科学研究的学习过程中，通过探究学习及参与、体验、实践，实现学习的多样化，促使学习方式的优化和思维方式的转变，逐步由原来的单一的"被动接受学习"转变为"主动发现学习"。

本节课第三板块的拓展环节，针对同学们自己搜索到的各大书店的优惠信息教师追问："你们愿意选择哪种优惠方式来团购？"，学生在此没有急于去得出"到哪个书店去购买"的结论，而是先进行了一个对信息的初步分析。为了阐述得更加清楚，我把学生的这一段思维活动分为三个层次：

第一个层次：学生认为 6.7 折的优惠活动，显然比 6.8 折的优惠活动更便宜一些。所以首先就排除了"当当网"。

第二个层次：针对另两种优惠方式，一位思考较成熟的学生发言："光谷书城满 100 元送 30 元现金，实际只用支付 70 元，也就是打了 7 折"，其他学生纷纷赞同。这里教师充分让学生自主利用网络搜集相关数据信息，并利用数学中的折扣知识对信息进行分析，在交流中生生互动，有效培养了学生对获取的原始信息进行筛选、鉴别的习惯。

第三个层次：面对最后一种"满 100 送 50 元代金券的优惠活动"时，一位独立思考的同学："我们要订购这 30 本书，就要花掉 600 元，可以获得 300 元的代金券。"话音未落，立即招来了很多同学的反对意见："要那么多代金券干什么，又不是钱，还不能在别的地方使用。"大家都意识到这里面的问题，让学生增强了对现实生活的认识，以及思考问题的方式。在一片争论声中，很多学生表达了自己的观点："我可以先买 20 本，用去 400 元，可以得到 200 元的代金券，然后用这 200 元代金券刚好可以再买 10 本，这样买 30 本书就只用花 400 元钱。"学生到此，已经能熟练将获取的原始信息进行整理、分析和筛选，拟订出自己最满意的购书方案。我们看到，学生在活动中体验、感悟、发展，这种活动正是出于学生自身的需要，是积极主动的，而不是被动无奈的，活动因此才显得生动、鲜活，为学生所喜爱。

说到这，我们大概会以为到此结束，但是惊喜不止于此，一位不以为然的学生叫喊着："老师，我先问你一个问题，买回来的书能不能卖出去……我到光谷书城去先订购 40 本，可以享受 6 折的优惠"，这种奇思妙想的提出一下子激发了全场的气氛，很多同学提出质疑："咱们只订购 30 本书"，再来看看这位同学怎么想的："我然后再把多买的 10 本以 6.7 折的价格卖回给光谷书城或者其他顾客"，这时教师引导学生说出了计算的算式，并板书到了黑板上，大家看着黑板异口同声地说"低价买进来，高价卖出去"，这两种方案对比中，我们欣喜地看到学生不仅能熟练地运用折扣进行计算，而且萌生了"多买单价更低"的超常规的思维方式，和"按需要购买，不浪费"的多元观点。

纵观整个教学实践让我们深刻感受到了信息技术对于学生的魅力，以及带给我们的教学效果。信息技术打破时空的局限，在有限的 40 分钟课堂里，优化教学环境，提高学习效率，在多元化的发展中增加课堂交流的机会，实现实时互通，产生一种图文并茂且丰富多彩的人机交互、师生交互、生生交互的学习方式，使我们的"小"课堂变成了真正意义上的"大"课堂。

4. Numbers in Our life

（此课赴河南展示）

Numbers in Our life	备课人：欧阳菁婷	年级：	课时数：1
教材解读： 　　我们在这个单元里面要接触他们很熟悉的数字名词：one two three four five six seven eight nine ten 这十个数字单词是学生很熟悉的内容，我们就可以结合韵律诗和数学口算还有数字可以联想到的其他内容来丰富这个主题的学习。教室里面随处可见的物品都可以用来和数字结合起来。eleven twelve thirteen fourteen fifteen sixteen seventeen eight-teen nineteen twenty 这些都是学生可以用来实际操练的单词，将它们带到韵律诗的句子之中顺其自然，一气呵成，非常生活化。我们的这个主题非常具有实用性，可以根据双语的加减法来练习数字的运用。			

教学目标	A 级学生能够看懂数字单词，可以看单词拼读单词，并尝试去背单词。
	B 级学生能够用英语来表达简单的假发和减法的英语算式。并在小组活动中进行操练，培养学生的合作意识。
	C 级学生能熟练完用数字表达自己的年龄、电话号码、身份证号码、外出旅游时候的酒店号码、火警号码、报警号码、急救号码，让学生了解身边和生活中随处可见的数字，能用英语表达出来。

问题生成单	预习内容： 1. "0 到 20" 的单词都认识吗，会读吗？都会拼读吗？试一试吧！ Can you read and spell these numbers? zero one two three four five six seven eight nine ten eleven twelve thirteen fourteen fifteen sixteen seventeen eighteen nineteen twenty 2. 如果将 0～9 的数字绘画成图形（人物、动物或其他图形），你会吗？ Can you draw pictures of numbers from zero to nine? _____ _____

教学板块 （注明各板块时间及解决目标序号）	学生/小组活动	设计意图
第一板块：【10 分钟】Warming-up 1. Warming-up A chant and a song. 2. Show the question list，and try to choose one or two usefully questions and then discussing in the class. 3. Review the words. How to review the words?（学生小组展示如何学习单词的方法） （1）Review the words in groups, use different ways. 让学生自主复习数字单词，并分成六组用各自不同的方法复习学过的单词。	小组 1. The leader ask them say the chant together. one two three Let's sit. four five six Let's read. seven eight nine ten Let's play a game. 2. Play the cartoon TV show. 3. What can you see in the picture? Ask the pupils to review the words in groups. A：one o-n-e one	1. 用熟练的韵律诗作为开课活跃课堂气氛，为学生营造一个英语学习的环境。出示问题生成单，分小组讨论之后有小组内推荐一名学生提出最有价值的问题，供大家讨论，然后进入本节课的学习过程。 2. 用动画推出数字组合成的生动形象的数字动物，直接激发学生对数字的学习热情，同时刺激学生的

续表 2

（2）let's show the ways that. An action practise. A. Let's look at the board. What's the number? The leaders ask their owns' members say the numbers in the picture. 整合数字，用英语描述绘画的图中出现的数字，然后组长组织组员相互说然后将图片在全班之前展示提问。 B. Say the numbers of the picture. The leader ask "What's the number?" 整合句型，教授如何描述数字，让特好学生试着说。让后让学生进行小组练习。	B：Read it one by one.（多种评价语言 Wonderful! Very done! Good job! Very very good. You are the best. Excellent. Bingo.） C：Guess. Bingo. D：No. 1 o-n-e one E：Together. One o-n-e one F：One bye one. o-n-e one 1. Put the picture on TV and ask someone to say the numbers in the pictures. 2. Give each group a numbers picture. Say the numbers in their groups. And then leaders ask pupils say the numbers. 3. The leader asks the question "What's the number?".	视觉，让他们在学习英语数字的同时迁移扩展思维，进行动物单词的联系，让学生在学科内有效地建立联系。
第二板块：【5 分钟】 New teaching（dialogue） 1. Ask Ss to look at the book and answer the questions. Read the new sentence "How many _____ can you see?" 2. Practise sentences of the testbook. 3. Ask a student as a little teacher and ask other Ss to answer qustions.	小组 1. Ss look at the book and answer the questions. Read the new sentence "How many _____ can you see?" 2. Ask and answer in the groups and fill in the blanks in the testbook. 3. Say the sentences of the picture.	参照教材，学生先按照老师的要求回答问题做小老师，让其他孩子操练 How many... Can you see? I can see... 组内练习然后相互交流将题目补充完整达到掌握知识并运用的目的。
第三板块：【15 分钟】Practise. New words. 1. A task. Show PPT. 2. Learn the new words from 11-20.	小组 1. The leader asks："What's the number?" The member answers："It's number eleven."	用加法算式来练习 10 以内的数字的运算，同时用一道加法算式来引出 10～20 的英语数字。 同时将英语教学提升一个

续表3

3. Ask students look the PPT and say the sentences. Take out the card and ask them read or say by themselves after the leader. （小组长带领自己的组员进行新的单词的学习并用不同的形式表现出来。）	2. Can you say the whole sentence of additional sentences? （Every member can make out two kind of sentence of additions sentences or subtraction sentences.） 3. Practice in groups by leaders with additional sentences or subtraction sentences.	新的教学板块 11～20 的教学。 将小组操练提升一个档次，让学生自己用图片组成新的加法或者减法算式，并尝试用英语表达出来。学生较感兴趣，同时在游戏中学生担任小老师，体验自主学习，课堂气氛融洽。
第四板块：【10分钟】Expansion Expansion Ask pupils to choose a number and then answer the questions. 1. What's your telephone number? 2. What's your lucky number? 3. What number do you like ? 4. How old are you ? 5. What day is it today ? 6. When is your birthday ? 7. What's the weather like today ? 8. What's the fire number? 9. What's the police number? 10. What's the emergency number ?	小组 Every groups have two parts of quizzes. Quiz A and quiz B. Each member should fill in quiz A. Some good Ss can choose quiz B.	学生根据新学习的数字来选择一个数字，每一个数字对应一个问题。这是一个新句型拓展练习，利用不同的问题来回答有关数字在生活中的应用。有些学生平时经常看到但是不常用英语表达的就用图片来提醒学生。贴近生活，回归生活。

课后检测：

课末检测单 A

Let's count and circle. 数出下面物体的数量，圈出正确的单词。姓名：_____

1.    A. three   B. eight

2.    A. two   B. five

3.    A. nine   B. ten

续表4

课末检测单 B　　　　　　　　　　　　　　　　　　姓名：_____

Fill in the blank with the right word in each sentence. 完成下面的句子，填入正确的数字单词。

1. 🧤🧤 ＋ 🧤🧤🧤🧤🧤 ＝_____

Two and five is _____.

2. 🗝🗝🗝🗝🗝🗝🗝🗝🗝 － 🗝🗝 ＝_____

Nine minus two is _____.

反思：

　　在这一节课中我充分运用了小组合作式的学习模式，充分发挥了小组长的积极性、组织性和协调性。我们的每一位小组长都相当于一个小老师，在整节课中都是主角而不是老师的配角。在这之中，我们也应该考虑到，组长带读单词时候发音的正确性和流畅性。整节课中都贯穿了学生们的小组活动，组长的自主学习能力非常强。在每一个环节之中用不同的形式来学习单词和练习拼图游戏，这些环节都体现了组长的组织和协调能力，也充分调动了学生的学习积极性。

　　通过教学我也深深地体会到：教学中所运用的多样化方式是一节课的精华和重点。同时还要关注的是要在以学生为主体的前提下从学生的实际出发，寻找他们的兴趣点，了解他们的接受能力。帮助不同阶段的孩子在学习中不断找到自信和向前进取的决心。从而在不断的学习和研发中、在多样化的教学手段中创造快乐的课堂。让学生们有一个快乐的英语课堂，让他们在快乐中寻找学习的乐趣，感悟学习的真谛！

　　这一节课中的点点滴滴，其中的细节和教学设计中的环节和层次的调整我都会在今天的总结中多思考、多动脑筋，将更加细致的教学带到今后的教育教学实践之中！

《Numbers in Our Life》说课

欧阳菁婷

各位领导，各位老师，大家好！

　　非常高兴有这样一个学习交流的机会。在我们学校主动教育模式下我准备了《生活中的数字》这节课。

　　这节校本课的设计目的是体现"数"来源于生活，运用于生活。用生活中的数字这一活动，内容灵活地由简单的数字出发，将孩子们所学的数字单词，由易到难，以旧带新，由不知到知，由浅入深，由在生活中一知半解到能举一反三、灵活运用于生活。

在我校主动教育的英语课堂，有一个显著的特征，就是兴趣第一，寓学于玩。"知之者不如好之者，好之者不如乐之者。"这里的"乐"指的正是"兴趣"。英语学习更需要兴趣的参与，因为英语学习是一个英语知识积累、技能培养和能力发展的复杂过程，主要是靠有意识学习去完成。下面就简要谈谈这节课的"兴趣"要素。

热身

热身作为上课的第一个活动，目的就是为了引起学生的兴趣和注意，让学生们在心理上做好英语学习的准备，虽然本节课热身活动时间很短，但是迅速地让学生进入英语情景之中，激发了学生情感，能够引发学生对这节课要学习的生活中的数的主题的关注，同时能够有助于后面教学活动的进行。

导入

英语课上的导入，主要是将学生从中文思维调整到英文思维，进行角色转换，我力争从铃响一开始就为学生展示一个宽松、扎实、精彩的英语世界，营造一个适合教学开展、适合学生发展的良好课堂教学氛围。

开课时，我运用生活中常见的一些跟数字有关系的实物，例如篮球运动员的球衣号码、餐馆的桌牌号码、飞机电子票上的序列号、飞机型号和时间、电影票上的序列号时间和座排号、手机上面的数字时钟，用简单的英语短语告诉孩子们这些有关数字信息的运用，真正达到了以旧带新，将数字带入我们的生活，巧妙过渡到我们的主题的目的。

小组活动

英国教育家斯宾塞说过：教育中应该尽量鼓励个人发展的过程。应该引导儿童自己进行探讨，自己去推论。给他们讲的应该尽量少些，而引导他们去发现的应该尽量多些。在活动过程中，我以小组为单位，让学生自己在模拟真实情景下朗读和表演，让他们在相关情景的日常对话中感受和体验英语运用的技巧。如类比巩固法、对比发现法、归纳法、演绎法、游戏法、多种感官并用法等，让学生自己去发现，自己去推断、去归纳……这样既能激发学生的强烈学习兴趣，又能培养学生的观察、想象、推理和创造等多种能力。

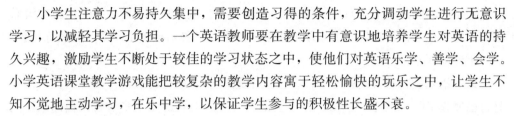

　　小学生注意力不易持久集中，需要创造习得的条件，充分调动学生进行无意识学习，以减轻其学习负担。一个英语教师要在教学中有意识地培养学生对英语的持久兴趣，激励学生不断处于较佳的学习状态之中，使他们对英语乐学、善学、会学。小学英语课堂教学游戏能把较复杂的教学内容寓于轻松愉快的玩乐之中，让学生不知不觉地主动学习，在乐中学，以保证学生参与的积极性长盛不衰。

　　操练与巩固

　　体验也是人类的一种心理感受，与个体经历有着密切的关系，学生体验的快感激励着他们在以后的学习中投入。在教学过程中，我知道，学生只有通过操练活动，才能够使信息内化为学生认知结构的一部分，才算学会了这些知识。在操练巩固的过程中我给他们提供了几个场景，例如送邮件、去公园和出车祸现场，让学生在语境中活动，发展语言，巩固所学知识。让数字与生活实际相结合，单词与句型相结合，使数字单词的教学生活化、交际化、故事化。教学活动的设计体现了服务目标，突出了趣味性；体现了贴近生活，注重了交际性。活动设计面向全体，体现了灵活性。活动设计循序渐进，体现了可操控性。

　　整节课活动前后关联，由易到难，呈阶梯式层层推进，重点和难点迎刃而解。

　　学生生活中的数字有很多，只要有一双善于发现的眼睛，就能发现生活中的数字无处不在，下课时我分层布置了学生搜集生活中的数字，把它们写下来并表述出来及尝试编一个有趣的数字故事。让学生走向生活，走进多彩的世界，去感受数字，认识数字，欣赏数字和运用数字。

　　在平时我的教学课堂之中，每个单元里面我会将教学内容分为重点难点突破板块、学生自主学习板块和练习拓展操练板块。在这里我想主要介绍一下学生自主学习板块！

　　领养单词

　　我们在开学伊始就将三年级的单词表打印出来发给每个孩子，然后安排每个孩子这一个学期我们在英语背单词上面增加了一个记忆单词的环节。我给孩子制作了一张三年级一整年两个学期的英语单词表共有 156 个单词。我按照班级的人数，每一个孩子"领养"回家了三个单词。每一个"单词爸爸"或者"单词妈妈"要给这3 个单词制作身份证——在字典中查出这三个单词的页数，所有的中文意思；要给他们制作"登记照"，打印相对应的彩色图片（有能力的家长也可以绘画或者在杂志上找到相应的图片贴上去）；还要制作"名牌"——制作单词卡片，孩子们就轮流教单词，每个孩子都有在课堂上展示的机会。这也是一种对孩子主动学习的锻炼机会。

小老师课堂

请英语基础比较好的孩子可以自己选主题，教学一句英语名言或者一类单词并且自己制作 PPT，然后准备好一两个英语学习的游戏在课堂上来讲解。我们采取的是自愿报名和小组派选代表的方式。这样既可以增强学习能力强的孩子的学习积极性和自主性，也可以促进学习能力比较弱的孩子有一个很好的学习榜样，试图通过同学的自信展示来激发他们的英语学习热情，体现了英语教学的分层原则。

小组主动学习

每个小组轮流做小老师开展教材中比较简单可以设计活动和游戏的环节。相信孩子，相信他们的能力，他们会给你带来更多的收获。这一个单元的教学内容是《At School》，为了试验一下小组长的协调和组织能力。同时，给他们充分的空间发挥自己的创造力和自主学习以及自主设计小组活动形式的能力。我在上个单元结束的时候就想到了，将第七单元要上课的内容分为六个板块，让每个班的小组长们自己主动请缨，自己报名选择一个部分来给全班上课。课堂实录我就不在此一一赘述了！

英语学习 DIY

在英语学习中，我们会经常让孩子自己动手制作一些与英语学习相关的手工制作，让他们自己制作英语卡片、英语活动书、单词学习猜猜卡……不但可以开发孩子们自己动手学习的实践能力，还可以扩展孩子们的英语学习思维，从课内延伸到生活之中，学以致用更加能够让英语学习融入孩子们的真实生活之中。

总而言之，在设计英语课堂时，尽可能地采用听、说、游戏的方式，通过各个有趣、实用、轻松、活泼的活动，使每个学生都参与进来，充分调动小组学生的积极性和主动性。当然，由于自己水平有限，各个环节之间还不够连贯，还存在着很多很多的缺点和不足，愿各位领导、各位专家、教师提出宝贵的意见和建议。

谢谢大家！

5. 课题：言而有信

（此课获武汉市优质课一等奖）

詹 蓓

教材简析

《言而有信》是鄂教版四年级上册第一单元第三课《诚信是金》的第二课时。言而有信是中华民族的传统美德，是现代社会人际交往中人们应该自觉遵守的道德行为规范，是每个人应该具备的基本道德品质。但是，我们经常看到孩子们对自己的承诺不负责任的现象，我们还经常听到孩子们随便许下的诺言。因此，让孩子正确认识并践行言而有信十分重要！

教学目标

1. 知道言而有信在待人处世中的重要性，言而无信不仅会给对方带来不悦，而且还会失去别人的信任。

2. 了解言而有信的内涵，知道守信是中华民族的传统美德。

3. 愿意做言而有信的人。

教学重点、难点

1. 了解言而有信的内涵。

2. 愿意做言而有信的人。

教学准备

学生准备：收集言而有信的经典故事。

教师准备：课前调查学情，了解学生言而有信的典型案例，言而无信的故事。

教学过程

活动一　"言而有信"故事会（12分钟）

1. 师：同学们，生活中我们经常玩这个游戏（走到一个学生跟前，"来，伸出你的小拇指。"）："拉钩、上吊，一百年不许变！"（说慢一点，可能会有学生附和。如有学生知道，可说"大家都玩过啊！"）你们在什么时候玩过呢？那为什么要做这个游戏呢？

生：汇报自己玩游戏的缘由。

小结：（说到了遵守诺言的时候）这个游戏就是要提醒我们要信守承诺，这就是言而有信。（板书：言而有信）

2. 今天我们就来聊聊这个话题。首先，让我们一起走进言而有信故事会，一起来看个故事，好吗？[课件播放视频：《曾子杀猪》片段1]

师：接下来会怎么样呢？同学们想一想。我们来个续编故事。

指名汇报：接下来……

生说道"曾子的妻子会和曾子有分歧的时候"

师：是啊，曾子的妻子本想用这句话哄哄孩子，哪知曾子如此认真，她无法理解曾子的举动，于是夫妻二人争执起来……谁能给我们再现一下这个场景？

随机请一个男生扮演曾子，一个女生扮演妻子，起立，演一演。

师：还有谁来给我们演一演？请一组同学上台来演。

师相机渗透问题：

师采访扮演曾子的同学：一头猪在当时还是很贵的，你为了履行一句本来不经意的承诺而杀了一头猪。你是怎么想的呢？

生：答应别人的事情要努力做到！

板书总结：说到做到

那我们一起来看看故事的结果，曾子做到了吗？（播放视频2）

3. 你们知道吗？曾子是孔子的学生，他和他的老师一直都遵循着"言必信，行必果"的处事原则，千百年来一直受到人们的称赞和敬仰。看来，言而有信会受到别人的尊重。（出示板书：得到尊重）

4. 师：同学们，你们还知道哪些言而有信的经典故事呢？

生：季布一诺千金；宋濂按时还书等。

小结：同学们，不管是曾子、季布、宋濂，还是其他讲信用的人，他们诚信的品质体现在每一件具体的小事上。

老师这里给大家准备了几本有关言而有信的经典读本，我想把这些几本书借给刚才讲故事的孩子先看，不过你们看完了记得还给我哦，击掌（说到做到！）

活动二　寻找诚信"实小"人（12分钟）

师：传统美德要发扬，本学期我们开展了一个大型的诚信活动，大声喊出我们的活动口号——"建美丽实小，做诚信实小人"。我们一起来看看：每个班都有诚信平台，我们身边就有不少诚信小明星！

那么我们班有哪些言而有信的人呢？先和同位的互相说一说，你准备推介谁，并说说推荐的理由。

生推荐诚信实小人。1人重点访谈：

（1）具体事例。

（2）你的感受——别人对自己守信时，自己被别人重视的高兴、愉悦、幸福，以及也要对别人讲信用的感受。

（3）师："看来，某某是你信得过的朋友。"来跟好朋友握握手。

师：一个人只有守信用，人们才会依赖他、尊重他，愿意和他交往。

（4）可现场采访受表扬的同学：你现在心情怎么样？你得到信任，今后会怎样做？师：言而有信还能够拥有朋友和快乐。这是多么美妙的一件事啊！

还有哪些同学要介绍？

A. 别人对你守信用，你也能享受到其中的快乐，对吗？

B. 东西虽小，却赢得了你对他的信任！

C. 守时也是言而有信的表现，你有一双会发现的眼睛，能够找到并学习别人的优点。

……

师：同学们，你也可以问问自己，你是不是一位值得信赖的朋友？让我们闭上眼睛，静静地想一想。待会儿告诉老师。（稍后随机走到学生跟前，问：你是吗？如生说是，请他介绍自己的具体事例，并问其他学生：你们愿意和讲信用的某某成为朋友吗？）

师：那我们给这些讲信用的同学和他们的好朋友留个影好吗？让大家共同记住这美好的时光！请刚才发言和被推介的同学上台！（在优美的背景音乐声中，师给这些受到表扬和推介他们的同学现场照相）。

（展示现场照片）师：我们来看看，照片上的同学是不是很开心？

课后，詹老师将会把这张守信小明星的合影发给我们这几位同学，你们想要吗？嗯，好。詹老师会把这件事记在心里，一定说到做到！（师走到照片中一个学生跟前："拉钩、上吊，一百年不许变！"）

同学们，守信不仅给别人带来快乐，而且也给自己也带来快乐。（出示板书：感受快乐）

活动三 智慧生活我能行

师：又进入智慧生活我能行的活动板块了，很多同学都想成为诚实守信的人。

可是，在生活中，有的同学常会遇到一些问题和困难，瞧，他们的困惑就在这个盒子里面，我们帮他们出出主意，想想办法好吗？（学生抽问题）

案例1：（课件出示教材图片配画外音：爸爸，您别生气，我以后一定按时完成作业。

妈妈：孩子，这句话你已经说过好几次了。）

师：为什么有的人常常实现不了自己的诺言？

生答：总是说话不算数，敷衍了事，不约束自己，不认真，不刻苦，别人再也不会相信你了。

师：那我们帮他想想办法吧？

生：可以抄写名言、时间安排表、小闹钟提醒自己……

小结：是啊，一定要对自己的言行负责，说到就要努力做到。还要有克服困难的毅力和勇气，增强守信自制力。

案例2：（课件出示教材图片，六一儿童节快到了，班上需要一些小工艺品布置教室，王老师请会做的同学做好明天带来。乐乐说："我妈妈很会做，我保证明天带来。"可是回家后，妈妈说她不会做，但我已经答应老师。我该怎么办？）

师：谁来帮乐乐出出主意，明天可怎么办呢？

生：（预设）可以让乐乐找会做的同学帮忙做。

生：（预设）我不同意，因为乐乐答应了老师是他的妈妈做的，这样做就等于欺骗了老师，没有守诚信！

师：那明天就要交了，怎么办？乐乐可着急呢！

生：那就打电话跟老师说出实情，请老师原谅他！

师：说得真好。有时，我们答应别人的事，经过努力没有办到，要及时说明原因，并表示歉意。（师相机出示课件：答应了别人的事做不到时，及时说明原因，并表示歉意。）其实生活中我们常常会遇到这种情况，只要我们这样做了，别人是会理解和原谅我们的。

师：如果你是老师，你会在电话里怎么对乐乐说？

生：（肯定乐乐的行为；提醒乐乐考虑问题还可更周全些；以后做出承诺前先想一想自己能不能做到，相机出示课件：不能轻易承诺，特别是不能随便答应别人。）

案例3：

我的困惑：

一个星期六的早晨，我站在院子门口等我的好朋友，因为我们约好了一起去中心花园玩，刚开始我还很兴奋，畅想着我们会玩得很开心，可是一直等到中午，我的朋友都没有来，我有些失望，只好回家吃了午饭。下午骄阳似火，妈妈劝我不要再等了，但我不肯，一定要坚持等她，等了好久她都没有来，只好回去。兴奋的心情也跌倒了谷底，我哭了，因为她的言而无信！这件事深深地烙在了我的脑海里，怎么也忘不了，妈妈说我傻，我傻吗？

师：同学们，你们觉得这位同学傻吗？

妈妈为什么说她傻呢？

生：信守承诺的行为不是傻，有时候言而有信是要付出一些代价的。

生：但是如果中午回家的时候你可以打电话问一下你的好朋友为什么不来，或许你就不用等那么长的时间，如果她有特殊原因的话，可以原谅他，你就不用那么伤心了。

师：是啊，有时候变通地处理问题会让我们的信守承诺的金子闪出夺目的光彩！

案例4：

我有一个非常好的朋友，我们从小一块儿长大，一块儿玩耍，关系情同手足。有一天，英语老师悄悄告诉我星期五要春游，要我准备几个英语游戏，叫我不要告诉别人。我嘴上答应了，但还是忍不住偷偷告诉了我的朋友，朋友很兴奋，感谢我告诉她，并发誓要保守秘密。第二天，全班竟然都知道了要春游，我连忙质问她，她说："对不起啊，我实在是瞒不住嘛，又不是什么大不了的事情，原谅我吧！"我心里顿时翻山倒海地难受，我说："这是小事吗？这样我就等于失信于老师啦！"说完，我就泪如泉涌，我最好的朋友失信于我，我真的很伤心啊！

师：你们听了之后想说些什么？

生：这个同学首先自己就没有守信，所以他的朋友也没有守信于她。

生：我认为她的朋友不守信用，不管事情大小都应该遵守承诺！

师：别人失信于自己的感觉真不好受，它会使人失望、难过、恼怒，甚至痛苦。谁也不愿意和一个不守信用的人打交道。"己所不欲，勿施于人"。所以，无论多么小的事，我们都不能失信。

课后延伸：争当守信星（每个学生发一张，回去填）

师：同学们，老师这里给每个同学准备了一份"争当守信星"的实践表格请同学们回家之后完成。（课件出示此表格）

我的信誉是否良好：完全做到●	有时能做到■	尚未做到▲	
评价项目	自己的评价	朋友的评价	家长的评价
1. 答应别人的事说到做到，不轻率地做出承诺。			
2. 承诺他人的事确实办不到，能恰当地处理。			
3.			
朋友的签名：	家长签名：		
需要提醒自己做得更有信誉的地方：			
一学期以来的进步和收获：			

师：同学们，课上到这里，你们想说些什么？

师：同学们，一个人的信誉是慢慢建立起来的。答应别人的事一定要记在心里，并尽力做到。让我们从每一件小事做起，成为一个守信的人、真诚的人、快乐的人！

6.《圆珠笔芯为什么能伸缩》

鄂教版四年级下册《学习用品》单元第二课

（广州武汉双城交流展示）

夏 清

学习目标

科学知识：

1. 知道使圆珠笔芯伸缩的原因。

2. 理解什么是弹性和弹力及弹性在生产、生活中的应用。

科学探究：

1. 能够通过实验探究圆珠笔芯能伸缩的原因。

2. 进行弹性物体的探究，通过对实验现象的观察和分析发现弹性物体的共同特征，并能感受到弹力的存在。

3. 能用自己喜欢的方式记录和描述实验现象。

情感、态度与价值观：

1. 认识到弹性的应用给生产、生活带来的好处，感受到身边处处有科学。

2. 养成动手动脑的习惯，具有合作和参与的意识、主动交流与分享的品质，体验探究的乐趣。

学习重点、难点

重点：合作探究，理解什么是弹性和弹力，并了解弹性的应用。

难点：正确理解"弹性"与"弹力"。

课前准备

1. 教师引导的准备：课件、活动记录单、弹力球、橡皮泥、竹片等。

2. 学生探究的准备：

活动一的材料：记录单（每人一张）、能伸缩的圆珠笔和不能伸缩的圆珠笔（每人一支，其中，有两个同学的笔不安装弹簧）

活动二的材料：拉簧、压簧、拉力器（每组四个）

活动三的材料：分组准备

（1）海绵、橡胶管、塑料尺（2）橡胶管、塑料尺、气球

（3）塑料尺、气球、健身圈（4）气球、健身圈、海绵

（5）健身圈、气球、橡皮筋（6）橡皮筋、塑料尺、橡皮

（7）海绵、橡皮筋、橡皮　（8）海绵、橡胶管、橡皮

教学流程

主动感知

1. 今天老师给大家带来了一样记录工具。我们来看一看。（出示记录单）

2. 老师为每位同学都准备了一张记录单。为了避免拿错了，我们用自己面前的圆珠笔在"我是小科学家"后面的横线上写好自己的名字。看谁写得最快！写完后就放下笔坐好。（设置几个没有弹簧的笔给几名学生）

3. 你怎么还没写完啊？

4. 预设：笔是坏的。

　　　　没有弹簧。

　　　　笔芯坏了。

5. 请学生上台，拆开看一看。（没有弹簧）

6. 那我们来装一个试试看。同学们，你们看，现在装上弹簧后这个笔芯一按就伸出来了，再一按呢？（缩进去了）

7. 看来这个弹簧很关键！我突然想到了一个问题：装上弹簧的圆珠笔芯为什么

就能这么自如地伸缩呢？你们想不想研究这个问题？

8. 今天我们就一起来研究这个问题。（板书课题：圆珠笔芯为什么能伸缩）

主动发现

研究弹簧

1. 这里有些弹簧，来认识一下：两个压簧、一个拉簧和一个带有拉簧的拉力器。你们以前玩过没有？

2. 我知道你们都很聪明，不仅玩过，而且还很会玩。但是你们可能没有认真观察过，所以啊，我们今天再来玩一玩。玩的时候要认真观察，看有什么发现。待会儿看谁观察得最仔细，发现得最多，好不好？请小组长从桌下取出弹簧，开始吧！（学生活动，教师巡回指导）

3. 请大家把弹簧放回盘子里。谁来说说有什么发现？

预设：发现用力向外拉时，弹簧变长了，螺旋形的空隙变大了。

松开手时，弹簧变得和原来一样。

感觉到有一个什么东西在和我"比力气"似的。

压得越快，用的力越大，它恢复得也越快。

4. 看来啊，刚才你们都在用心地玩，玩得很有趣，发现也挺多的。只是很可惜，刚才我们没把它记下来，那现在能不能把它记一下？（能）

5. 想一想，如果要你们来记，你们认为在玩弹簧这个活动中需要记录些什么？

弹簧开始的变化和后来的变化都应该记录。

手的感觉也要记一下。

玩的是什么物体要记下来。

6. 用什么方式记呢？

用文字进行描述。

用简单的图记录。

7. 好，请你们把玩弹簧的发现按照我们刚才的讨论简要地记录一下。

主动探究

研究其他弹性物体

1. 还想不想玩。

2. 这是第二次玩，希望你们更仔细。在玩之前，先想一想怎么玩，在玩的时候，不仅要认真观察，还要边观察边记录，你们现在会记吗？

3. 小组长迅速分工，然后从桌下取出盒子里的材料，开始吧！

（学生活动，教师巡回指导）

4. 说一说你们组玩了什么？是怎样玩的？有什么发现？

预设：（实物投影出示记录单）

海绵：用力向下压，我们发现海绵变扁了，松开手不压了，它又还原了，而且手被顶回来了。

橡胶管：向外拉，拉的时候橡胶管变长、变细了，上面的字变大了，松开手也变回原来的样子了，跟拉拉力器一样也感觉到手被什么东西向里拉。

塑料尺：双手拿着向里弯的，尺子变弯了，松开手，还原了，与此同时，手被顶了回来。

橡皮筋：用力向外拉时，它变长变细，松开手也还原了。

5. （出示课件）同学们的发现真多！下面仔细观察一下，这些现象有什么共同点呢？

预设：

当我们用手去压、拉、按这些物体时，它们会变短、变长、变扁，我们松开手后，这些物体就变回原来的样子了。

这些物体在玩的时候形状都发生了变化，松开手后又恢复了原状。

物体变形时需要力。

6. 能用一句话来说一说这些物体共同的现象吗？

预设：我们的手对这些物体用力时，这些物体的形状会发生改变，我们松开手不用力了，它们就恢复原状了。

这些物体受到力的作用时，形状会发生改变，去掉力后，能恢复原状。

7. 在科学上我们把这种性质叫弹性。刚才我们玩的这些物体都具有弹性。

弹力研究

1. 我这有一个握力器，谁会玩？同学们请认真观察，你们觉得它有弹性吗？为什么？

（因为用力握的时候，握力器变形了，松开手，它又还原了。）

2. 我这里还有 2 个竹片。（老师演示。竹片 1：用力弯竹片——去掉力；竹片

2：用力弯竹片，竹片断了——去掉力。）你们认为竹片有弹性吗？

（第二次断了，是因为用的力太大了，超过了它的承受限度，它承受不了了。）

3. 看来，物体的弹性是有一定限度的。如果受到的力超过了它的弹性限度，它就不能恢复原状了。

4. 刚才同学们在交流时还说到了这样几个其他现象：在玩拉簧时，感觉到拉簧在用力把手向里拉，在玩压簧时感觉到压簧在用力把手向外顶，在玩其他物体的时候也有类似的感觉。你们觉得这个力有什么作用呢？

预设：

可以让物体从变形后的样子又变回来。

可以让物体恢复原来的样子。

5. 也就是说这种力能让物体恢复原状。在科学上，我们把这种能使物体恢复原状的力叫"弹力"。

主动建构

1. （手举圆珠笔）好啦，现在你们能不能说说这支圆珠笔能伸缩是利用了弹簧的什么性质啊？

2. 圆珠笔正是利用了弹簧有弹性这一性质来控制笔芯的伸缩的。

3. 其实，圆珠笔有很多种，不同的圆珠笔结构不同，应用弹性的方法也可能不一样，你们回去后可以再多找几种不同的圆珠笔研究一下它们是怎样应用弹性的。除了圆珠笔，生活中还有哪些地方也利用了物体的弹性呢？

预设：

遥控器、手机、键盘上面的按键

跳水运动员的跳板

汽车轮胎

主动拓展

1. 其实弹性和弹力在我们的身边很普遍，就连动植物也常常使用到它们，想一想弹性、弹力藏在哪？（短片）

2. 今天的探究活动有趣吗？相信你一定有许多的收获，下节课我们在继续研究，圆珠笔中的其他奥秘。

7. 体验扎染

（全国综合实践活动优质课竞赛一等奖）

授课教师：彭艳

活动年级：六年级

活动目标：

知识目标：了解扎染的基本方法和步骤，尝试运用捆扎法制作扎染作品，感受扎染的艺术魅力。

能力目标：通过活动实践，激发学生的求知欲，初步养成学生的探究精神，培养学生动手实践的能力。

情感目标：通过实践与交流，体验扎染制作过程的快乐与喜悦。培养学生的合作意识，提高学生的审美情趣和对中国民间传统文化的认识及热爱。

活动重点：感受民族传统文化，在探究学习中逐步掌握扎染的基本方法和步骤。

活动难点：捆扎与染色的技巧

活动准备：

教具：自制扎染作品若干，示范用的布料、染料、棉绳、课件。

学具：白布、绳、染液、盆子、抹布、围裙、袖套。

活动过程：

主动欣赏

1. 欣赏、感受民族文化

设问：老师特别想知道你们参观后的感受？

师：猜！是机器织成的还是手工印染的？

师：对，都是手工染织成的，采用一种古老的工艺——扎染。板书：扎染

2. 揭示课题：扎染

主动发现

1. 结合字意分析步骤方法

问：首先我们来看这两个字？扎——染，扎在这儿是什么意思？

师：这两个字就告诉了我们扎染的主要方法和步骤：先捆扎，再染色。

看课件，欣赏制作过程的图片。

2. 教师示范扎染的基本方法

师：先准备一块棉布，把布折叠或者揪起一点，然后用绳子紧紧地捆绑，然后放进这碗用颜料调成的彩色水里中进行浸染。

设问：为什么被捆绑地方形成了一种抽象的花纹？

小结：由于捆绑的部位颜料很难渗透进去，造成染色不均，从而形成一种特殊的自然花纹。

主动参与

1. 学生尝试扎染方法

师：现在我们来玩一玩，动一动，每组的桌上都有小白布和各种材料，两人合作，看哪一组最先染好。

2. 学生作品展示，解决实践中的问题

展示几组学生作品

设问1：为什么有的组失败了？请帮忙总结一下，说说要注意哪些方面？

小结：绳子要系紧，染色的时间要把握好，太长太短都不行。

设问2：有的组染出了条状的花纹，请说说你们是怎么做得？

师：捆扎前对布进行的折叠处理直接关系到花纹的形成，比如将织物揪起一点捆扎出来的是圆形花纹，交替正、反折叠，可得到条形花边状的花纹。相信大家还可以创造出更多折叠的方法进行捆绑。

3. 教师再次示范如何在染锅里染色

师：把燃料放入水中，加上盐，然后加温，再把扎好的成品放进染锅里煮染，翻面再煮一下，捞起后放进清水缥洗掉多余的染料，最后拧干拆线。好了，一件漂亮的作品就做成了。

主动建构

1. 布置活动形式

两个人合作，选择一件你喜欢的棉织品，有目的、有步骤地完成一件作品。

师：请大家用老师发给你们的棉织品，在规定时间内有目的地设计、制作和印染一件作品，做好后把它夹在绳子上展示。

2. 学生动手实践，教师巡视辅导

3. 作品展示

欣赏大家的作品，说说你们的感受。

师：请给自己来点掌声……

主动拓展

师：扎染、蜡染，手绣的各种绣片、服饰等，它们已成为特殊的象征和民族文化的标志。希望你们通过今天的活动开始从心里喜欢、热爱和了解我们的民族文化。

《体验扎染》专家点评

武汉市教科院　徐宜汉

我认识彭艳老师已多年。彭艳老师上的课，曾在武汉市优质课评比、湖北省优质课竞赛中获得过一等奖。她在教学中特有的流畅和清新，给我留下非常深刻的印象。

下面，说说我对彭艳老师执教的《体验扎染》一课的简要评述。

《体验扎染》一课，以我国民间传统的手工艺——扎染为主题，以学生的兴趣为出发点，引导学生学习扎染的基本步骤和方法，亲自体验扎染的捆扎与染色，探索扎染艺术的奇妙，让学生在动手实践中感悟优秀民族文化传统的精髓，学生一个个像小大人似的忙得不亦乐乎，他们似乎瞬间长大了许多，让人颇感欣慰。

这个活动，从设计到实施，从目标到内容，从过程到方法，从老师到学生，有许多值得称道的地方，但我认为最有特色、最值得说的是如下三点。

第一，亲自领悟酸甜苦辣。

为了组织好这个活动，上好这节课，彭艳老师不顾自己在休假的身体，从书籍和网上查阅大量与扎染艺术相关的资料，既了解它的制作生产过程与方法，也了解它在现实生活中的功用与价值，还了解它的历史、发展与变迁，对扎染这朵艺术奇葩做深入细致的研究；更为可贵的是，它直接到市场购回许多扎染衣物、布料，进行实际对比感受；多次亲自尝试将扎染颜料进行配比实验，用白布、衣物进行不同方式的捆扎，再在各色染色颜料中侵染，她还尝试过多种染色方式，如热染、煮染、冷染等。她认为，只有老师亲自实践体验，才能真正领悟其中的酸甜苦辣，才能更好地指导学生开展好综合实践活动。

第二，一切为了学生需求。

在多次的试教中，她不断品味学生的兴趣点与需求，为了学生能够较顺利地制作扎染作品，为了学生在活动中享受实践的快乐，她不断修改教学设计，其出发点和归宿都在考虑学生。如课初就让学生提出1～2个最想探究问题，并将问题写在纸条上，了解学生的对扎染的基础，知道学生对扎染研究有哪些愿望。如教学中开展的"问题质疑，初探扎染""尝试探究，扎染方法"等，就是在不同班级试教后调试而设置的环节。如在引导学生探究捆扎和图案设计时，老师没有"一言堂"似的强加自己的想法，而是在激励学生自己想办法，然后再顺势引导。在整个《体验扎染》活动中，学生的求知欲、好奇心都得到了满足，学生是主动的、快乐的。

第三，密切联系现实生活。

彭艳老师深知综合实践活动与现实生活联系的重要性。在教学《体验扎染》时，她常常将自己在外出时购买的一些扎染艺术饰品和挂件展示给学生，让学生在欣赏的同时受到感染，让学生结合现实生活领悟扎染艺术的魅力，在润物细无声的过程中进行熏陶，引导学生从未知到喜爱，从研究到亲自实践，从被动接受到主动传承和发展优秀传统文化。她所教班级的学生，有许多已成为扎染艺术和其他优秀传统文化的痴迷者。

本节课教学中已然显现的理念新、目标明、思路清、过程实、效果佳等优点，我就不在这里一一赘述。

幸福、快乐的生活与文化体验

彭　艳

扎染实践活动课是基于学生的直接经验、密切联系学生自身生活和社会生活，体现经验和生活对学生发展价值的实践性课程。它以活动为主要形式，强调学生的亲身经历和体验。

本着这一宗旨，在活动设计中，我抓住扎染的操作简单，实践性强、制作者对作品的无法预见与完成后惊喜等特点，从课前的激趣入手，在极大兴趣的驱使下，学生带着问题进入课堂，通过由浅入深的实践探究活动，学生从"未知"到"初探"到"感知"，从"好奇"到"惊喜"到"狂喜"。正如课题《体验扎染》，学生获得了丰富多彩的学习体验和个性化的表现。现将我的个人反思总结如下。

第一，注重激发探究热情。

综合实践活动超越了封闭的学科知识体系和单一课堂教学的时空局限，面向学生的整个生活世界，其课程目标和内容具有开放性，因此，课堂内外都是他们的活动阵地。课前，我给学生展示了一件扎染作品，在一片好奇声中，学生的探究学习热情高涨，他们有无数个疑问想要了解，迫切地希望了解扎染的整个过程。抓住这个时机，我向学生提出了学习活动的建议和要求：全体同学自由组合小组；各组同学上网或者是在书籍里查找相关知识；提出 1～2 个最想了解的问题，并把问题写在教师发的纸条上面。目标是明确的，活动是自主开展的，学生怀着对扎染的极大兴趣和疑惑，开心地展开课前的各项自主活动，为活动的正式开展做好充分准备。

兴趣是实践活动的起点，课前的激趣，为本次活动的开展起到很好的铺垫作用，它激发了学生对扎染的求知欲和活动的热情。

其次，注重学生问题质疑。

综合实践活动尊重学生的兴趣、爱好，注重发挥学生的自主性，教师尊重学生的主观意识，让他们自主选择探究内容，带着问题质疑展开学习是本次活动持续进行并有效开展的基础。在课前我为学生提供了两次质疑的机会，第一次小组提出问题，回家有目的地收集资料，第二次结合了解的知识重新筛选问题，最终各小组在课堂上展示了他们心中最想探究的问题，学习的主动权在学生手中，通过问题的质疑，学生对扎染的活动体验由被动变主动到发出强烈的探究愿望，初步养成学生从事探究活动的态度，发掘探究问题的初步能力，引导学生从生活实际出发，发现问题和提出有意义的问题。

最后，注重学生亲身体验。

从课题就可以感受到，体验学习贯穿课堂活动始末。

我注重学生的全员参与、深度参与和深度体验。在学生的自主实践活动中给予有效的指导，同时也提出一定的实践要求，使学生的实践活动，具有一定的方向性和目标性，有利于活动的实施。

初探环节，我鼓励学生自己动手尝试。没有教师的示范，没有视频录像，在毫无学习拐杖的情况下，学生开始了有趣、大胆的实验。可想而知，实践对于学生是多么宝贵的经历和体验！当把绳子拆开，一块块染着色彩的图案映入眼帘时，学生的疑惑消除了，他们惊喜了。他们发觉其实扎染并没那么难，它很有趣、很好玩。没有教师的"教"，他们也可以做成功。但是怎样做会更好？不理想的作品，问题出在哪里了？图案的制作有规律可循吗？抓住这一时机我及时引导学生对自己的体验进行总结，归纳出扎染制作时的注意要领和不同图案的制作方法，在不知不觉中，学生提出的各种问题都找到答案了。

从制作初的陌生到完成后的自信，从感性的体验到理性的认知，学生通过自己的操作实践，品尝探究和解决问题的愉悦。

亲历实践不但让学生对扎染的认识有了"发言权"，而且在活动中他们发现了自我的潜能，树立起自信心。体验扎染对师生而言，是一次幸福而又快乐的生活体验、文化体验！

8. 拓印树叶真有趣

（此课获得武汉市小学美术优质课比赛一等奖，赴广东展示）

执教教师：徐佳

授课年级：三年级

教学课时：一课时

课程类型：造型表现

教学内容分析：

本课是人美版第 6 册第 11 课内容，属于"造型·表现"领域，在 2011 年版《美术课程标准》中，要求学生能够感受到事物的肌理，体验不同工具和媒材，运用拼贴和组合的方法，印制简易的版画。

树叶在大自然中十分常见，不同的树叶，其形状、颜色和叶脉纹理各不相同，学生也喜欢玩耍和观赏。本课以拓印树叶为活动内容，引导学生观察、触摸、利用树叶的形状和纹理等特点，拼贴、组合成各种形象，用拓印的方法完成一幅版画。发展学生敏锐的观察力，丰富的联想和想象能力，促进学生感受、发现大自然的美，充分体现《美术课程标准》中"关注文化和生活""注重创新精神"的基本理念。

教学目标：

1. 知识技能

观察树叶的形状、颜色和纹理特点。发挥联想，利用不同树叶的外形特点，想象拼摆组合出新的形象。会使用彩色铅笔或油画棒拓印出清晰的痕迹，经过加工添画，创作出一幅有趣的树叶拓印画。

2. 过程方法

在收集、观察和探讨活动中了解树叶的特点。通过探究、体验和实践，学会拓印的方法和步骤，在教师和教材的启发下大胆创新。

3. 情感、态度与价值观

在观察和表现活动中感受大自然的美，感受媒材的形状、色彩、纹理的美；体验拓印版画创作的乐趣。

教学重点：利用树叶的形状和纹理特点进行联想，拼摆组合成一个新形象，然后利用拓印的方法创作出一幅有趣的版画作品。

教学难点：巧妙地利用树叶特点进行组合、联想；拓印力度的控制。

教学准备：

教具——课件、树叶、油画棒、彩色粉笔、白纸

学具——树叶、油画棒、白纸

教学过程：

教学环节	教师活动	学生活动	设计意图
欣赏与导入	一、对比欣赏绘画和拓印的树叶作品，调动已有拓印经验。 二、出示课题——拓印树叶真有趣。 师：对，这是我们二年级接触过的拓印，今天我们来感受拓印树叶的趣味。 三、复习拓印的方法。 师：中间篓子里有很多树叶，举起你最喜欢的一片，说说它是什么形状的？ 师：试试将它拓印下来吧，看谁印得又快又清晰。 1. 学生拓印单片树叶，教师巡视观察，注意学生典型方法和作品。 2. 学生展示作品，两位学生汇报。 师：请介绍一下，你是怎么拓印得这么清晰的？ 生：拿出一片树叶，用一张比它大的薄纸盖住，用手将树叶的形状按压出来，选择油画棒，平放轻涂色。 3. 教师总结 师：看来用树叶的反面拓印纹理更清晰，笔横着涂色颜色更均匀。	一、回忆二年级接触过的拓印知识。 二、重温拓印方法，尝试拓印一片树叶。 三、学生汇报自己的做法，总结拓印方法。	鼓励学生大胆想象，激发学生的学习兴趣。

续表1

教学环节	教师活动	学生活动	设计意图
探索与发现	探索树叶组合方法 1. 欣赏比较 PPT 里的两幅树叶拓印画。 师：说说你更喜欢哪一幅？为什么？ 2. 欣赏 PPT 里的树叶拼图作品。 师：看看这几幅拼图作品，你认为哪些树叶运用得最巧妙？ 师：他们根据树叶的外形进行了大胆想象，根据树叶的大小进行了合理的安排。想试试吗？ 3. 师生互动，想象拼摆树叶造型。 师：好，我想拼一条小金鱼，谁愿意上来与我合作？ (1) 教师和两名同学在黑板上拼金鱼。 (2) 学生在座位上拼摆 师：几片树叶在我们对它的形状进行想象、大小进行合理安排之后，一条可爱的小鱼就诞生了。你们拼出了什么造型？ 生：……	一、比较欣赏拓印的单片树叶作品和组合作品，说说自己喜欢哪一幅？为什么？ 二、欣赏精彩的树叶组合图片，激发灵感。 三、自己尝试探索树叶的组合。发现树叶组合要根据树叶的形状、大小来联想和安排。	探究树叶组合方法，培养学生的创新意识，解决教学难点。
造型与表现	一、探究拓印树叶造型的方法。 师：我也想用刚才的拓印方法将这些有趣的造型保留下来。请大家看看我的步骤是什么？ 1. 教师示范 师：怎样让这个画面变得更有趣呢？ 2. 学生汇报，教师板书。 步骤：造型——涂色——添画 想试试吗？ 二、欣赏作品。 师：创作之前，先来看看其他同学的趣味作品吧。 哪幅作品最有趣？它添加了什么？	一、看书学习，寻找拓印树叶组合的步骤。 　　组合—涂色—添画 二、观看教师示范作品，师生共同总结拓印的方法。 三、欣赏其他优秀的拓印作品。 说说自己最喜欢的作品，好在哪里。 四、学生进行艺术创作。 作业要求： 1. 选择自己喜欢的树叶 (1) 可以运用单片树叶进行拓	探究拓印的方法，发展学生探究的能力，通过看图、体验、研究等方式，掌握拓印树叶版画的方法，培养学生解决问题的能力。 通过实践，巩固拓印技法，引导学生发散

续表 2

教学环节	教师活动	学生活动	设计意图
造型与表现	四、创作：趣味大比拼。 作业要求： 1. 选择自己喜欢的树叶，大胆想象添画完成一幅作品。 可以单片树叶拓印，也可以联想组合后拓印。 2. 可以单独完成，也可以两人合作完成。 3. 时间：15 分钟。	印，大胆想象添画完成一幅作品。 （2）可以根据树叶的形状、大小进行联想组合后拓印，添画成一幅有趣的作品。 2. 可以单独完成，也可以两人合作完成。 3. 时间：15 分钟。	思维，激励学生大胆创新，解决教学难点。
展示与评价	一、展示学生作品。 二、自评与互评。 1. 说一说，你把树叶组合想成什么？哪些地方最有趣？ 2. 说一说，谁的想象最丰富、谁的画面最有趣。 三、评价方式：想象有趣，画面丰富的可以得到 5 颗星。	一、学生展示、欣赏作品。 二、对自己或者他人的作品给予评价。	培养学生的创新意识，提高学生的审美能力。
课后拓展	一、出示更多树叶的艺术造型作品。 二、鼓励学生课下可以继续发现身边物体的花纹，利用拓印的方法美化我们的生活。	感受艺术作品中和生活中的美。	开拓思路和视野。

板书设计：

教师示范作品

拓印树叶真有趣
步骤：拼摆——涂色——添加

学生拓印作品

9. 创设情境　主动探究

—— 《龙咚锵》说课

（获武汉市立体说课一等奖）

韩　露

尊敬的各位专家、评委，亲爱的老师们大家好！

今天我说课的内容是人音版小学音乐第一册第十课《龙咚锵》。我将从"教学指导思想及理念、教学背景分析、教学目标、教学重难点、教学过程、评价与反思"等多个方面一一阐述。

教学指导思想及理念

（1）生命发展教育理念

我校"生命发展教育"理念立足于以下认识：儿童是有丰富内驱力的生命个体，儿童具有主观能动性，生命发展必须是主动发展。

（2）发现学习理论

布鲁纳提出：只有学生自己亲自发现的知识才是真正属于他自己的东西。

（3）资源学习理论

罗杰斯说，大量学习资源的提供，可以产生新的学习方式，学生的需求最能得到满足。

教学背景分析

（1）教学内容分析

本册教材是以人文为主题的单元结构，各单元的确立都是从学生出发，以学生发展为本，密切联系学生的生活学习经验。歌曲《龙咚锵》则是一首运用汉族民间音调创作的儿童歌曲，4/2拍，五声宫调式，由起、承、转、合四乐句构成的一段体结构，教学本课时已是期末，在孩子们都盼着过年的心情下教学本课，应该说教材的安排是因时、因地、因事制宜的。

（2）学生情况分析

我教学的对象是小学一年级的学生，无论在生理还是在心理上，都不同程度地带有幼儿的特征。他们的思维方式以具体形象为主，在行为上表现出好奇、好动、喜欢模仿、容易兴奋、缺乏耐性等特征。另外，值得一提的是我校本届一年级学生中有大约百分之二十加入了校民乐团，百分之五十的学生在校外学习钢琴、小提琴、古筝等各类器乐，剩下的学生中也有不少参加了音乐类兴趣班，因此一年级孩子的整体音乐能力相对较好，同时经过了我校一个学期的"主动教育教学模式"的熏陶，他们也初步形成了主动探究、小组合作的学习习惯。

教学目标

（1）认知目标

学习歌曲《龙咚锵》，能用欢快的声音表现过年热烈情景。

（2）能力目标

通过创编对联，用打击乐为歌曲伴奏，即兴歌舞等形式，培养学生的创新能力、合作能力以及歌曲表现力。

（3）情感目标

通过感受过年的欢快和喜悦，感悟社会主义国家丰富的人文内涵，激发学生强烈的爱国主义热情。

教学重点、难点

（1）重点

引导学生用欢快活泼的声音表现和感悟歌曲过年的热闹情景。

（2）难点

用歌、舞、伴奏等不同表现形式丰富歌曲。

教学过程

（1）激趣导入，揭示课题

连续播放歌曲《龙咚锵》两遍，我带领学生用最欢快的秧歌舞步跳进音乐教室，让学生一进教室就融入新年的氛围中，提前突破难点，同时也给后面的为歌曲伴舞做好铺垫。接下来，我又拿出事先准备好的窗花、对联等道具，请学生简单布置教室，新年的气氛越来越浓！紧接着，学生通过对对联、自编下联两个游戏环节，很好地掌握了前两个乐句的歌词及节奏，这个时候，我将后两句的节奏卡片出示在黑板上，并用过新年常见的鼓声模拟出这条节奏，借机引导学生也用过年常听到的各种不同音效演示节奏，其实，学生的思维非常活跃，许多我们成年人想象不到的音效，在他们的节奏中一一呈现，通过这样的反复练习，后两乐句的歌词及节奏，学生们也轻松掌握！相信大家通过刚才的视频也可以看出，由于我校"主动教育"教学模式的深入开展，学生们在获得掌声或教师表扬的情况下会主动到奖品区自取奖品，由此，课堂上的奖励机制和学生自我评价的形式越来越规范。

（2）视听结合，整体感知

在这一环节中，我请学生随着媒体画面，完整欣赏歌曲，用这样的形式让学生感受欢快、热烈的歌曲情绪，视听兼备，动静结合，声像一体，让学生有身临其境之感，充分调动学生的多种感官。采用听唱法学习歌曲，此时，孩子们完整听录音的次数已达到 3 次，在脑海中有了初步的旋律线条以后，学唱歌曲自然是水到渠成。大家可以看到学生在第一遍练唱时就已经非常完整了。教师在课堂上的每一句话对学生都有导向性，因此，评价语言的规范性至关重要。

（3）小组合作，自学伴奏

我校"主动教育"教学模式所提倡的小组合作的学习形式也在音乐课上广泛运用，每一个小组就是一个学习共同体，在编排小组时除了征求学生意见之外，我还坚持混搭原则，就是将不同性别、个性、特长、学习能力的同学编排在同一组内，通过组内互动、合作学习、组际交流，学生们的合作意识越来越强，学习兴趣越来越浓，自学能力也大大提升。同时每一组的小组长由组员轮流担任，这样在音乐课堂中孩子们的各项能力得到充分的锻炼，他们也更自信了。其实，小组合作学习不等同于教师袖手旁观，相反此刻深入小组中更容易发现问题，也可以更好地相机指导或个别辅导。

（4）体验创新，激发热情

教学至此，学生已经练习了秧歌舞，学会了演唱歌曲、熟悉了伴奏型，丰富的表现形式已经逐步掌握，这时我请学生在演唱、伴舞、伴奏中自选形式，然后我动情地说道：同学们，新年的钟声马上就要敲响，让我们一起倒计时：10、9、8、7、6……（师生齐呼：过年啦……）同学们，我们的节目该上场了，大家唱起来、跳起来、舞起来吧！

建构主义学习理论认为："情境、协作、交流、意义建构"是学习环境中的四大要素，"情境、协作、交流"对于本节课至关重要，所以我充分利用多媒体以及春联、窗花、灯笼、锣鼓等道具，尽可能营造逼真的学习情景，组织学生通过合作来再现歌曲形象，给歌曲加入丰富多元的形式。"情以物迁，辞从情发"，至此，学生的大脑被激活，情绪也自然如清泉奔涌，师生运用各种形式共同表演，将课堂气氛推向高潮，学生的情感体验，声音表现，肢体语言，水乳交融，师生情感相互碰撞，这时是生命与生命的对话，实现了课我合一，气氛非常热烈。

（5）课后延伸，资源共享

新课标指出：教科书已不仅仅是唯一的课程资源，课堂也不是学生获取知识的唯一渠道，作为教师要有强烈的资源意识，创造性地开展各类活动，多方面提高学生的综合实践能力，我在教学本课后，就给学生留下了一个主动探索的方向，收集图片、文字、音像资料，了解各地过新年的风土人情，各民族的新年音乐，拓宽教材中音乐的内涵。在下一节的课堂交流中实现资源共享，从课内向课外延伸，有利于培养学生的创新思维，使音乐教学充满生机和活力，使我们的教育成为可持续发展的教育，这一举措使教学更加开放，也给了学生一个更加广阔的发展空间。

教学评价与课后反思

通过日常我校"主动教育教学"模式的积累和训练，学生会在课堂中用各种形式进行评价，例如：给老师掌声，给同学贴表扬星，在自己得到老师的表扬后主动到台前的奖品区领取小奖品，除此之外，每节课后我还给学生设计了适合一年级孩子操作的"星星伴我成长"音乐自评互评表，在课后进行填写，每学期期末还有学生、家长、教师三方面共同填写的总评表！在本节课中我采取了教师评价、学生评价、小组互评等多元评价相结合的手段，将激励性的评价语言贯穿始终。

总之，本方案设计，力求体现以人为本的思想，着眼于学生的主动发展，致力于运用传统及现代化的各种手段优化课堂教学，通过充分的音乐实践培养学生的能力，提高音乐素养及探究精神，从目标的提出到过程的安排、学习方法的确定，乃至学习成果的呈现都让学生有更大的自主性，更多的实践性，更浓的创造性，当然，想法付诸行动，在课堂上还需要老师更多的爱心和慧心，教学研究永无止境，在此，还请各位专家和同行们提出宝贵意见，谢谢！

10. 轻松游戏　分享快乐

——心理健康课《我喜欢的游戏》说课

（获武汉市立体说课一等奖）

姜佩伶

尊敬的各位专家、评委，亲爱的老师们：

大家上午好！今天我要说课的课题是武汉市出版社 2011 年版小学心理健康教育活动课一年级下册第一单元第一课《我喜欢的游戏》。下面我将从"基于教材，寻找定位""深入教材，创新设计""回顾教材，微格反思"这三个方面来进行今天的说课（PPT出示三大块内容）。

第一，基于教材，寻找定位（PPT）。

我主要从"教学主题的选择、教学对象的分析、教学目标的确定"（PPT）这三个方面来阐述。

（1）教学主题的选择（PPT）

这节课（1～4页教材PPT）隶属于一年级下册第一单元《我喜欢的时空》这一学习领域，属于自我意识之认识自我的心理教育范畴，由《我喜欢的游戏》和《我喜欢的时间》两个教学主题组成。它包含以下两个方面的心理学知识（PPT）：一是认识自己喜欢的游戏和时间，是低年级学生认识自我的重要内容；二是引导低年段学生从个人喜好的游戏和时间入手了解自己，能促进学生对自己的全面认识。"我喜欢的游戏"这一主题，涉及的心理健康常识又包括以下两点（PPT）：①每个人都有自己喜欢的游戏。②我们喜欢游戏因为它能给我们带来快乐。

（2）教学对象的分析（PPT）

我所面对的是小学一年级的学生，无论在生理还是在心理上，都不同程度地带有幼儿的特征。（PPT）他们的思维方式以具体形象为主，在行为上表现出好奇、好动、喜欢模仿、容易兴奋、缺乏耐性等特征。从性别上来看，女同学喜欢安静，多半喜欢手工、活动量小的游戏，而男同学好动，更喜欢像奔跑、跳跃、打斗等活动量更大，能给自己带来成功感的游戏；从个性气质来看，内向的孩子多喜欢独自玩，活泼开朗外向的孩子多喜欢和同伴一起玩，因而从游戏中显出每个学生不同的性格特点。所以，学习本课重在鼓励学生分享和传递游戏中的快乐。

（3）教学目标的确定（PPT）

基于以上分析，我认为本课就是通过引导学生说自己喜欢独自玩和与同伴合作玩的游戏有哪些，分享喜欢这些游戏的理由，再现活动情景，体验活动过程，学会将快乐分享，将快乐传递。同时也培养他们的观察能力和口头表达能力、反映能力等。（PPT）具体表现为认知、情感、行为三个向度。（PPT）

认知目标：说出自己喜欢独自玩的游戏以及与同伴合作开展的游戏。

能力目标：培养学生的观察能力和口头表达能力、反应能力等。

情感目标：分享这些游戏给自己带来的快乐。

第二，深入教材，创新设计（PPT）。

（1）教学形式的安排：（PPT）

结合本节课的"游戏"这一主题，我采取了让学生回顾游戏，自主讨论，自主参与，自主体验（PPT）的形式来感受、分享游戏的快乐。因此我提前让孩子们搜集了喜欢玩的游戏图片（PPT），制作了游戏视频和"游戏王"奖励勋章。并设计了他们熟悉和喜欢的"乐乐"的话外音，（PPT）将"暖心活动""问题宝盒""轻松发现""游戏乐园"四个基本板块贯穿起来。以此激发他们的兴趣，让他们在活动中体验分享游戏中的快乐。

（2）教学内容设计和教学策略的运用（PPT）

①暖心活动"唱反调"，愉悦身心（PPT）

"我说上，你说下，我说黑，你说白，我说起立，你说坐下……"这样的"唱反调"暖心活动游戏，不仅锻炼了他们的反应能力，还一下就拉近了老师与学生之间的距离，让孩子们喜欢上了这个快乐的游戏，顿时情绪高涨。

②问题宝盒，共同分享，重温快乐（PPT）

随着乐乐的话外音，孩子们快速进入"问题宝盒"，（PPT播放话外音——同学们，欢迎你们来到"游戏大转盘"。我是乐乐，和大家一样，我最喜欢玩游戏了。我喜欢独自玩的游戏有捏橡皮泥、搭积木、玩魔方，喜欢和同学们一起玩的游戏有老鹰捉小鸡、丢手绢。你能说说你喜欢的游戏吗？独自玩的有哪些？和同学们一起玩的有哪些?）

这个板块我运用以下教学策略（PPT）：（1）小组分享喜欢的游戏，并进行独自玩、合作玩的游戏分类（出示板书PPT）。（2）老师辅以游戏视频帮助学生梳理、分类（出示板书PPT）。（3）师生一起唱歌谣、读口诀，重温游戏带来的快乐。

③轻松发现、主动参与——分享快乐（PPT）

这时，乐乐的话外音再次出现，进入了"轻松发现"这一板块。（PPT播放乐乐的话外音——欢迎大家走进"我游戏，我快乐!"，告诉你们个小秘密，我最喜欢玩"老鹰捉小鸡"的游戏了，和同学们一起扮演小鸡，团结友爱，不让老鹰给捉住，在游戏中我快乐极了! 同学们，你喜欢玩的游戏又给你带来了那些快乐，能说说吗？赶快到小组内和同伴分享一下吧!）

这次的分享，不同于第一个板块，是要（PPT）讲述自己喜欢这个游戏的理由，这也是本课教学中的难点。

　　我运用这样的教学策略来解决这个难点。首先，（PPT图片）我在小组间巡视倾听，提示学生：喜欢的理由，可以是游戏中的小故事，也可以是体会到的游戏带给自己的种种快乐。然后，孩子们汇报时，我随机让孩子们在教室场地允许的情况下，挑选部分学生现场重温了几个熟悉的游戏，（PPT）如"老鹰捉小鸡""我们都是木头人"等，帮他们找到游戏的快乐。接着，善于表达和传递快乐的孩子，我及时授予"游戏王"勋章，充分鼓励他们。最后，我和孩子们一起梳理总结出喜欢这些游戏的诸多理由，帮助他们找到游戏的快乐，随机板书（PPT）：非常有趣、变得聪明、放松心情、自由自在、忘记烦恼、锻炼身体、结识朋友、心灵手巧、成功的喜悦……

　　④游戏空间，体验成功，放大快乐（PPT）

　　这一板块是我在教学中感受最深的。它由"游戏空间"和"非常互动"两部分组成，继续将孩子们的快乐放大。在"游戏空间"这个板块中，我和全班同学一起玩了"我说你做——指五官"的游戏。

　　游戏结束后，在接下来的（PPT）"非常互动"环节中，我随机对学生进行了采访。（PPT出示图片）被淘汰的孩子说："我下次一定会成功的！虽然这次失败了，但我还是玩得很开心。"（PPT出示图片）小冠军的话语让全班同学感动："我从来没有成功过，这次我感觉真的好快乐！"而这个快乐，是来自这节心理活动课中参与游戏给她带来的初尝成功的喜悦。她话音一落，全班不由自主地响起了热烈的掌声。教学过程中的这意外之美，不仅给这个从未体验到成功的小冠军带来了快乐，还让我这个心理课教师感觉到一种成就感和幸福感，我的心里暖暖的。

　　这个板块的升华，融合前面的教学内容，更有效地落实了这节课的教学目标，突出了教学重点，也突破了教学难点，让孩子们真正感受到（PPT）"我游戏，我快乐"。

　　第三，回顾教材，微格反思（PPT）。

　　（1）"活动"和"体验"是心理活动课的"魂"

　　这节课通过游戏、情景模拟、讨论沟通、互动采访（PPT）丰富多样的活动形式，唤醒了学生的心理体验，促进了学生对自己的全面认识。让学生在广泛参与活动的过程中，获得心理品质的陶冶，（PPT）有效地促进学生知，情，意，行的和谐统一。

　　（2）充分尊重是心理活动课的"根"

　　教师既要关注全体学生的心理发展，也要随时关注个体，充分尊重学生的心理发展需求。如这节课中，有的孩子不能代表小组参与到游戏最后的角逐，他们满脸的不高兴，就需要老师及时地做好心理辅导，我及时说"虽然没有参与到全班角逐，但你可以为你的小组代表加油!"，其次，重视学生在心理活动课中的主体地位，让学生多想、多动、多参与、多感悟，教师不做过多的讲述、讲解。如小组交流讨论独自玩和集体玩的游戏有哪些，在小组内说说自己喜欢的游戏的理由等，都是让学生充分地去思考、去总结、去想办法，体现了开放性原则和自主性原则，充分体现师生人格上的平等，心理上的兼容。

心理健康教育活动课，还需要老师转变角色，不断学习，充满爱心和智慧，为孩子的心理健康保驾护航。心理活动课教学研究永无止境，在此，还请各位专家和同行们提出宝贵意见，谢谢!

11. 《我的电脑我做主》

（武汉市优质课赛一等奖）

学科：信息技术		年级：六年级	备课人：余峰
课题：	《我的电脑我做主》		课时数：1
教材解读		说明：本课是根据华中师范大学出版社出版的小学《信息技术》第八册中第九课《电脑配角也精彩》和第十课《主角配角各就各位》的拓展内容。本课的学习对象为小学六年级的学生。本课是通过让学生进行我的电脑我做主的主题实践活动，通过探索尝试，认识电脑的硬件，基本掌握装机的方法和所要注意的问题，从而让学生掌握新的技能，完成电脑配置单。 本节课所教学的内容为《我的电脑我做主》中的第二课时。《我的电脑我做主》系列分两课时：第一课时，通过老师的引导和实际演示，了解电脑的相关硬件。再运用网络、书籍、调查等多种途径收集有关硬件信息，通过交流、资源共享，让学生认识构成电脑的基本硬件，并认识各硬件的功用和特点。第二课时，处理已收集的信息、学生根据自己的需求在电脑硬件超市选择适用自己的电脑硬件，认识配机要注意的问题，最终完成电脑配置单。体验成功的快乐，并能总结出学习经验，并尝试运用到生活中。	
教学内容		A类　基标类 进一步熟悉构成主机的基本硬件。	
		B类　综合类 探究主机相关硬件的基本性能。	
		C类　拓展类 探究主机相关硬件的基本性能，完成攒机，能解决生活类似问题。	

续表1

教学目标	1. 知识与技能目标：了解电脑构成，认识电脑硬件。 2. 过程与方法目标：培养学生自主探索、收集信息的能力。 3. 情感、态度与价值观目标：能熟练使用留言板，进一步培养学生合作学习的能力，体验装机的快乐。			
教学重难点	教学重点：探究主机相关硬件的基本性能。 教学难点：能较合理地完成装机配置单。			
教学辅助工具	多媒体教室和多媒体课件			
教学流程	学生活动	教师活动	体现"主动"的关键点设计意图	教学调整
主动感知	交流预习心得，说出了解的电脑硬件。	师：同学们，随着信息技术的发展，就连三国也开始普及电脑了，但缺少装机能手，那我们看看，到底是怎么一回事呢。（播放动画）（板书课题） 三国里的刘、关、张三兄弟，都希望同学们来帮忙装配电脑，但要先考考大家，你们敢不敢试面对挑战。 1. 大家请看第一关：电脑大拼图 课件演示：主机里的硬件构成。 师小结：硬件要齐备。	本环节通过引导学生对电脑硬件的回顾，让学生认识主机的构成。为后面的教学创设了我的电脑我要研究，要做主的教学情境。	
	学生个人预习本课所学内容，独立完成《问题生成单》。	教师预习本课内容，设计《问题生成单》。		

续表 2

教学流程	学生活动	教师活动	体现"主动"的关键点设计意图	教学调整
主动发现	学生观察讨论，找出配置单存在的问题。 学生汇报（插槽不匹配和主板自带声卡、网卡的问题） 学生小组讨论试装机所遇到的苦恼。	我们胜利闯过第一关，接着看第二关：配置单纠错。 同学们，刘、关、张三兄弟自己做了份配置单，可装配的电脑怎么也运行不了，大家帮忙看看问题出在哪儿。 看来同学们对主机的硬件已经相当熟悉了，现在我们就来挑战：试装机。 列举学生提出的小组共性问题。引导学生分析筛选。	认识电脑配置单，能根据配置单尝试完成攒机。	
	小组交流预习情况；筛选所发现的有价值的问题。	参与筛选、梳理归纳		
主动参与	学生学习学路建议，根据建议展开自主合作学习，尝试完成配置单。 点选特例展示，引导学生分析配置单。	1. 我们看看刘、关、张三兄弟他们到底需要什么样的电脑。 （课件演示） 总结需要电脑类型，教师引导学生根据类型分组。 2. 教师引导学生进入装机网站。学生小组为单位，合作完成配置单。 教师提示：有问题的同学可以通过留言板获取在线支持，及时和老师、同学交流。 学生自主装机，教师参与讨论和论坛交流。	教师引导学生注重硬件兼容性。	
	了解学路建议，小组合作学习。	提供学路建议，服务、引导小组学习。		

续表3

教学流程	学生活动	教师活动	体现"主动"的关键点设计意图	教学调整
主动建构	介绍配置单，师生共评。各组选派代表汇报，其他各组评价、补充。	引导学生解答课前提出问题的解决方法。教师小结，各组完善配置单，提交并投票。	引导学生关注性价比。	
	小组展示、汇报成果。	分享小组成果，及时引导、总结。		
主动拓展	根据得票情况评选"装机能手"。	我们完成了刘、关、张三兄弟的装机任务，个个都是名副其实的装机能手。重要的是，我们熟悉了构成电脑的基本硬件，了解了相关硬件的基本性能，体验到了装机的快乐。希望同学们能将今天所学的知识，运用到生活中去。	能将技能应用到解决生活中的问题。	
	完成课末检测单、交流互评，并能提出新困惑。	及时指导、反馈并提出更开阔的思路增加学习信息量。		
板书设计	我的电脑我做主 感知：电脑硬件　　电脑配置单 发现：学生问题 参与：完成配置单　　硬件兼容性 建构：解决方法　　硬件性价比 拓展：			

学生问题生成单

学科：信息技术　课题：《我的电脑我做主》

班级：_____　　姓名：_____

初步预习	通过多种方法收集资料，了解计算机的硬件构成，认识计算机的硬件及作用。了解并认识电脑配置单。
问题空间	（1）构成主机的硬件有哪些？ （2）说说你想要什么类型的电脑？主要用途？ （3）你想从哪个方面了解电脑硬件？

学路建议

学路建议
1. 通过网络，收集计算机硬件的相关信息。 2. 根据网址 zj.zol.com.cn 尝试完成电脑配置单。 3. 小组多交流，选择合适的电脑硬件。

课末 A 检测单：

通过多途径收集计算机硬件的相关知识。

课末 B 检测单：

小组合作，完成电脑配置单。

（二）中学篇

1. 鄂教版七年级下册《秋天》教学设计

（此课获武汉市优质课一等奖）

万　妮

教学目标

1. 流利、有感情地朗读课文，感知课文内容，把握作者的感情。

2. 揣摩、品味本文优美的语言。体会诗歌优美的意境。

3. 感受诗歌的特点并能尝试写诗。

教学重点难点

1. 体会诗歌优美的意境。

2. 揣摩、品味本文优美的语言，帮助学生理解诗歌的深层意思。

教材分析

《秋天》是何其芳于20世纪30年代初创作的一首优美的抒情诗。诗人用情味深长的语言描写农家生活，每一句诗都是一幅画面，三节诗组合成三幅既流动又整合的秋天意象，抒发了诗人对秋天的喜爱与赞美，对美好生活的向往之情。

教学过程

古诗中的"秋天"

激趣导入：秋是一个充满诗意的季节，多少诗人因它的存在而捕获灵感……
（PPT 呈现与秋有关的诗句）

何其芳笔下的《秋天》

1. 感受《秋天》（反馈课前学生预习情况）

（1）字词正音。

（2）指导朗读。

2. 品味《秋天》

（1）品味整体结构

①秋天在哪里？

抓住每节诗的结尾句，相似的句式，感受整体结构了一唱三叹的韵律美。

②能分别给三个画面起个名字吗？

引导初步把握诗歌各节内容。

（2）品味文辞意境

①教师引导品读第一节。

请同学们快速浏览，勾画出描写"农家秋景"的词语。

引导体会诗人多角度描绘秋天的景物。

请同学们想象具体画面，感受到这节诗中的秋天的特点，并品析词句。

（重点抓住环境和人物引导感受"栖息"中透出的喜悦）

激励读出画面，读出意境。

②小组合作品读第二、三节。

出示学习提示，学生自主合作学习。

全班交流汇报。

（教师随机补充引导，重点抓住空网和满载的矛盾，品味游戏轻松闲适；抓住想象梦寐的内容，品味恬美甜蜜）

③引导小结三节诗之间的联系，理解诗人眼中秋天的特别之处。

（3）品味深层情感

①补充背景资料。

②引导学生感受诗人向往美好生活的情感。

③教师总结这首诗歌的魅力，全班配乐朗诵。

我们心中的"秋天"

心灵絮语

1. 请同学们拿起笔，写一写我们自己心中的秋天。

2. 交流展示。

3. 总结：祝愿学生拥有爱诗之心之情，诗意生活……

出示课后作业

1. 阅读链接：自主阅读《雪花的快乐》，感受并比较两首诗的异同。

2. 以诗会友（自选）：有兴趣的同学可以试着创作一首现代小诗，邀请自己的朋友品读鉴赏。

板书设计：

秋天

何其芳

清幽而有喜悦

清冷而有闲适

清静而有恬美

鄂教版七年级下册第八课《秋天》语文学习单

班级：_____　　　　　　　　姓名：_____

课前—— 感受《秋天》	1. 练习朗读全诗，注意正确、流畅、有感情。请写出你认为需要提醒大家注意读音的字词： _____ 2. 请勾画出每一节诗歌的中心句，并结合自己的理解给每一节诗起个小标题。 第一节_____；第二节_____；第三节_____。 3. 找出文中自己最喜欢的句子，说说理由。（试着从用词、修辞、句式等角度进行赏析） _____ _____ 4. 诗中的哪一节最能引发你的联想与想象，试着用自己的语言描述想象的画面和感受到的意境。 _____ _____ _____ _____
课中—— 品味《秋天》	1. 合作学习，完成《小组任务单》。 A. 品味文辞之美　　　　B. 品味意境之美 2. 对话秋天：请保留诗人表达的情感和营造的氛围，在自己的生活体验中重新选择景物、画面，写一节三行诗。 例：_____　　　_____ 　　_____　　　_____ 　　_____　　　_____
课后—— 读写拓展	1. 课外阅读推介。 2. 以诗会友：自由创作一首现代小诗，邀请自己的朋友品读鉴赏。

2.《三角形的中位数》

（此课接待国培展示）

学科：数学	年级：八年级（下）	备课人：喻明	
课题：18.1.3　三角形的中位线			课时数：1

教材解读	《三角形的中位线》是人教版八年级（下）第18章《平行四边形》的第三节，平行四边形的第3课时的教学内容。教材安排一个学时完成。此节内容是平面几何知识的综合应用，实用性很高，也是近几年中考的难点。八年级在教学过程中，学生对中位线的有关知识有了初步了解。现在主要是以"三角形相似""比例的性质""四边形""解直角三角形"等知识综合应用为主，既复习了前面的重要知识点又提高学生的思维能力。
教学目标	1. 理解并掌握三角形的中位线的概念、性质。 2. 会利用三角形中位线的性质解决有关问题。 3. 经历三角形中位线的性质定理的形成过程，添加辅助线的思想方法。
教学重难点	重点：三角形中位线性质定理。 难点：定理证明、添加辅助线的思想方法。
教学辅助工具	剪纸、多媒体、投影仪

教学流程	学生活动	教师活动	体现"自能"的关键点设计意图
自能感知	1. 预习课本 P47～49 2. 课前引入：给出一个任意的三角形，能否只剪一刀，就能将剪下来的两个图形拼成一个平行四边形呢？ 3. 知识梳理 （1）三角形中位线的定义： 连接三角形两边_____的线段叫作三角形的中位线。 如右图：∵点 D，E 分别是 AB 和 AC 的中点 ∴DE 是△ABC 的中位线	引导学生剪纸，从而引出中位线的定义和性质，并请小组代表汇报预习成果。	这两个概念容易混淆，通过画图比较，巩固学生对中位线概念的理解，培养学生严谨细致的学习习惯。

教学流程	学生活动	教师活动	体现"自能"的关键点设计意图
自能感知	(2) 三角形中位线与中线的概念对比 三角形的中线：在三角形中，连接一个 _____ 和它的 _____ 的线段，叫作三角形的中线。 相同之处：都是和边的中点有关的线段； 不同之处：三角形中位线的两个端点都是边的中点； 三角形中线只有一个端点是边的中点，另一端点是三角形的顶点。 (3) 三角形中位线的性质： 三角形的中位线 _____ 于三角形的第三边，且等于 _____。 用符号语言表示：$\because DE$ 为 $\triangle ABC$ 的中位线， $\therefore DE \parallel$ _____，$DE =$ _____。 你能证明上面的结论吗？ 学生活动： ①汇报预习成果； ②学生剪纸，将两个三角形拼成一个正方形。		
自能发现	例1　如图，在 $\triangle ABC$ 中，D，E，F 分别是 AB，AC，BC 的中点，中线 AF 与中位线 DE 的关系是什么？请说明理由。 【结论】 ①三角形有 _____ 条中位线，围成了一个三角形，其周长为原三角形周长的 _____。	小组合作： 引导学生进行小组合作探究，思考、交流不同的解题方法，师生共同评价，并归纳结论。 关注所有学生是否真正参与小组讨论。	此题难度较大，原因在于条件与结论之间无法建立直接的联系，学生易产生思维障碍，因此，需要把问题慢慢引向三角形中位线的性质上，让学生感受转化思想的重要性。

教学流程	学生活动	教师活动	体现"自能"的关键点设计意图
自能发现	②图中有_____个平行四边形，三角形的中位线围成的三角形的面积是原三角形的面积的_____。 例2 已知：如图（1），在四边形 $ABCD$ 中，E，F，G，H 分别是 AB，BC，CD，DA 的中点。求证：四边形 $EFGH$ 是平行四边形。 （1） 【结论】顺次连接任意四边形四条边的中点，所得的四边形是_____。 学生活动： ①小组合作探究解题思路，分享交流不同的解题方法。 ②小组代表边利用投影仪展示解题过程，边为大家讲解解题思路和方法。 ③师生共同评价，纠正错误，规范解题过程。 ④师生共同归纳总结数学思想方法以及相应的结论。		通过学生的交流、展示，培养学生发散思维能力，提高学生学习积极性；通过师生共同评价，培养学生批判性思维能力；通过合作探究、归纳总结，培养学生团队协作意识以及口头表达能力。
自能参与	1. 如图，A，B 两点被池塘隔开，在 AB 外选一点 C，连接 AC 和 BC，并分别找出 AC 和 BC 的中点 M，N，如果测得 $MN=20$m，那么 A，B 两点的距离是_____m，理由是_____。 2. 已知：△ABC 中，点 D，E，F 分别是 △ABC 三边的中点，如果 △DEF 的周长是 12cm，那么 △ABC 的周长是_____；若 $S_{△ABC}=8$cm²,	请所有学生独立完成，限制时间5分钟，关注学生的正确率。	通过一组简单的练习题，及时反馈学生掌握知识的程度。

续表 3

教学流程	学生活动	教师活动	体现"自能"的关键点设计意图
自能参与	则 $S_{\triangle DEF}=$ _____。 3. 在△ABC 中，∠B＝90°。D，E 分别为 AB，AC 的中点，DE＝4，AC＝10。则 AB＝_____。 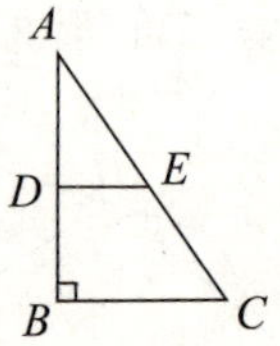 4. 已知等腰三角形两条中位线的长分别为 3 和 5，则此三角形的周长为_____。 学生活动： ①独立完成课堂检测，并利用大白板展示。 ②学生共同学习标准答案，组长批改，并总结出现的问题。		
自能建构	1. 如图，已知 AO 是△ABC 的∠BAC 的角平分线，BD⊥AO 交 AO 的延长线与点 D，点 E 是 BC 中点，求证： $DE=\dfrac{1}{2}(AB-AC)$ 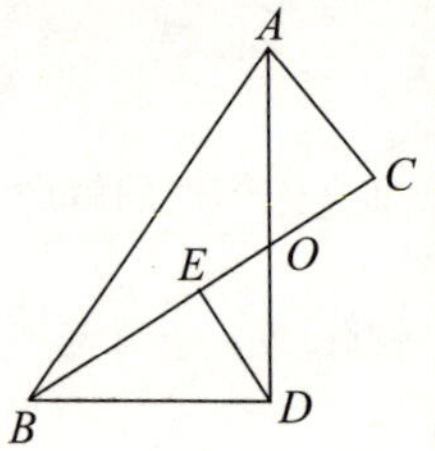 学生活动： ①在教师的引导下，分析题意，思考并交流解题方法。 ②投影仪展示解题过程，师生共同评价。 ③总结此题所用到的思想方法。	引导学生发散思维，师生共同分析解题方法，教师注重数学思想方法的渗透： ①和差化积的转化。 ②中位线提供线段间的一半或倍长关系。 ③辅助线的思想。	加深对三角形中位线定理的理解，把所学知识进行迁移变化。
自能拓展	1. 如图，点 P 是四边形 ABCD 的对角线 BD 的中点，E、F 分别是 AB，CD 的中点，AD＝BC 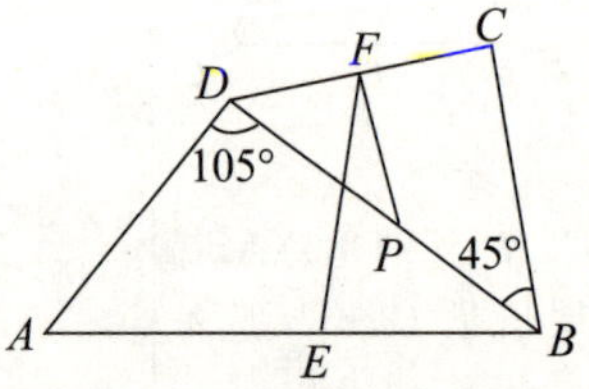 ①若∠CBD＝45°，	小组合作： 教师引导学生合作探究，请小组代表边讲解边板书解题思路，师生共同评价。	本环节为这节课的重难点之一所在，培养学生相互学习，合作的好习惯，在过程中体会逻辑推理

续表 4

教学流程	学生活动	教师活动	体现"自能"的关键点设计意图
自能拓展	$\angle ADB=105°$，求 $\angle PFE$ 的度数。 ②延长 EF，分别与 AD，BC 的延长线相交于 M，N。求证：$\angle AME=\angle BNE$。 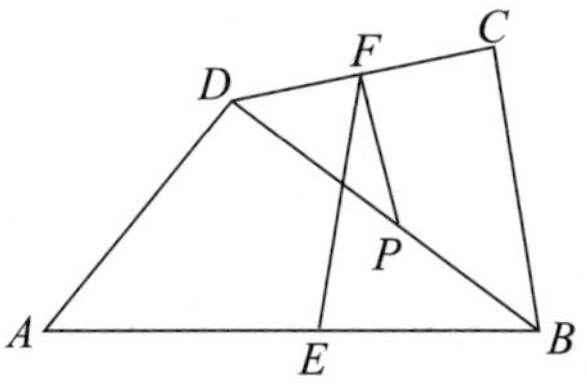 【变式】2. 如图，四边形 $ABCD$ 中，M，N 分别是 AD，BC 的中点，连接 BD，若 $AB=10$，$CD=8$，求 MN 的取值范围。 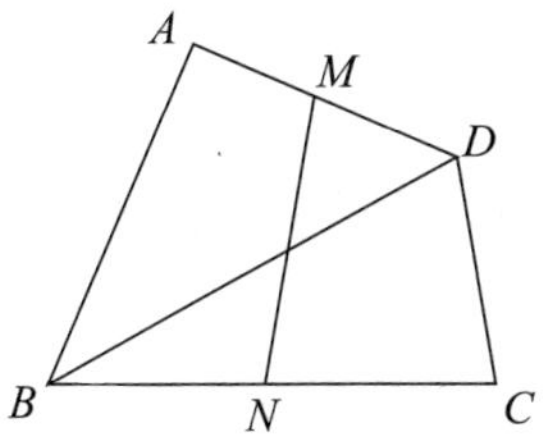 学生活动： ①小组合作讨论解题思路，交流解题方法。 ②小组代表分享解题方法，并简要板书解题思路。 ③师生共同评价，并总结方法：有中点和三角形，无中位线，则需连接中点，得到中位线。		的乐趣，增强了学习数学的自信心。 课堂深化拓展练习，将比较难的问题、中考考题，以变式训练的形式，使学生易于接受，提高思维能力。
板书设计	18.1.3 三角形的中位线 一、定义　　　　　例 1（图形）　　　巩固提高（图形） 二、性质　　　　　例 2（图形）　　　知识延伸（图形） 三、数学思想方法：		

3. Unit 3 Could you please clean your room?

（此课获区导航课评比一等奖）

刘维轩

Teaching Plan of Self-Access		
Subject：English	Grade：Eight	Designer：Eros
Topic：Unit 3 Could you please clean your room?		Total number：1
Content analysis：	This passage is about chores and permission，Based on the passage，Ss are expected to train their scanning strategies and use some words to describe the similarity correctly in the certain situation.	
Teaching aims：	1. To give Ss practice reading for specific information. 2. To help Ss understand we can say the same thing in different ways.	
Teaching key points：	The usages of neither and some related words to express the similarity.	
Teaching difficulties：	How to develop Ss' critical thinking and problem solving abilities.	
Moral objects：	To share the housework with family members to have a clean and comfortable home.	
Teaching aids：	PPT，tape-recorder，poker，small-blackboard	
Teaching procedures：		
Step 1：Three minutes before class	Adapted chant for I'll rock you	
Step 2：Before class　　Self-perception		
Students' activities：	Answer the questions showed on the PPT. Judge true or false and correct the mistakes.	
Teacher's activities：	Listen and give comments. If necessary，to correct while asking for others' advice.	

续表 1

The design purpose of students' self-access:	To check how much they know about the passage.
Step 3: During class　　Self-discovery	
Students' activities:	Listen and follow the tape to read paragraph each in the text.
Teacher's activities:	Play the tape and show the questions on PPT.
The design purpose of students' self-access:	Ss are encouraged to read aloud while listening to catch the specific information.
Step 4: Self-participation	
Students' activities:	Choose a lucky number and choose one from the questionnaire to discuss, then make a presentation for the designated question.
Teacher's activities:	Play the poker game to decide how many sentences you have to say. Observe the process and support if necessary.
The design purpose of students' self-access:	This task is aimed at developing Ss' critical thinking and problem solving abilities.
Step 5: Self-construction	
Students' activities:	Summary what they have learnt in the preview.
Teacher's activities:	Provide the chart for Ss to fill in.
The design purpose of students' self-access:	Make it systematic for Ss to memorize and use it as much as possible.
Step 6: Self-development	
Students' activities:	Invite them to suggest similarities between the people using both and or Neither nor; practice of the so/neither does/do … structure group who finished first come to the front to show and explain.

Teacher's activities:	Walk around the classroom and give help if necessary.
The design purpose of students' self-access:	To set an environment for Ss to practice to help Ss use the structure exactly.
Blackboard design:	Neither /nor＋助动词＋主语；　　So＋助动词＋主语 Neither... nor...　　　　　　　both... and... Either... or...

Unit 3 Could you please clean your room? Section A (3a-3c)

导学案

【自能感知】(注重学习过程，探索阅读策略与方法)

Ⅰ. Read the story and answer the questions.

1. Was the house clean and tidy，or was it a mess ?

2. Why was Nancy's mom angry with her?

3. Did they solve the problem? How?

Ⅱ. Read the statements and judge true or false.

(　　) 1. Last month，when Nancy came home from school，the dog welcomed her.

(　　) 2. As soon as Nancy sat down in front of the TV，her mom came over and asked her to take the dog for a walk.

(　　) 3. Nancy thinks she is more tired than her mother because she works all day at school.

(　　) 4. Nancy and her mother didn't do any housework for a month.

(　　) 5. Finally，Nancy understood that they needed to do the housework together to have a clean and comfortable home.

Learning tips：Go through the questions before reading can contribute to (help a lot) focusing on the information you're finding.

【自能探究】（在主动探究中汲取知识，培养能力）

一、请仔细观察下列句子，并探究以下内容

1. If you don't go shopping tomorrow, I won't, either. ＝If you don't go shopping tomorrow, neither will I.

2. Mark wasn't invited to the party yesterday. ＝Neither was Bruce.

3. Neither of the answers is right.

4. Neither jim nor Tom is good at Music.

✍请观察第一、二句，是肯定做了某事，还是否定做了某事？Neither 引导的句型时态如何确定？

✍请分别观察第三、四句，在第三句中谓语动词是用单数还是复数？在第四句中连接两个并列主语时，谓语动词与谁保持一致？

【自能发现】（学明白，想明白，说明白，才能做明白！）

1. neither 引导的句型为_____，表达的含义是_____。

助动词的时态依据_____而变。

2. neither 常与 of 连用，neither of＋_____，其中谓语动词常用_____。

3. 常用短语 neither... nor 通常连接两个并列成分，表示_____意义；连接并列主语时，谓语动词遵循"_____"。

【自能参与】（学练同步：学中用，用中学，学用结合，学以致用！）

①昨天他没看足球赛，我也没看。

He didn't watch the soccer game yesterday and _____ _____ I.

②玛丽和露西都不在纽约工作。_____ Mary _____ Lucy _____ in New York.

【自能发展】（理论联系实践：培养运用知识解决实际问题的能力！）

"so，neither"开头的倒装句的基本含义上句话提到的情况同样适合下文的人或物，为了避免和上文的内容重复，英语习惯用 so，neither/nor 引导的倒装句。so 引导的倒装句表示肯定，neither/nor 引导的倒装句表示否定，其时态与前一句时态保持一致，上下文陈述的不是同一人或事物。

Jane is drinking soybean milk. —So am I.

1. Ellen 明天将去参加彼得的生日派对。我也去。

2. Mary 不擅长唱歌，我也不擅长唱歌。

【自醒升华】（针对新知识，巩固是前提，提高是根本！）

So＋主语＋动词：表示对上句陈述的内容肯定、同意，为了避免重复，用 So＋主语＋动词，意为"确实如此"，上下句用同类系动词/情态动词/助动词且时态必须保持一致，上下句陈述的是同一人或物，即 So＋主语＋动词中的主语代指上文陈述的人或事物。

1. —Mike does well in chemistry.

—So he does. He is the top student in our class.

【特别提示】前句表述的人或物情况复杂，无法使用 so，neither/nor 引导的倒装句型表达另一人或物情况相同，英语则用 It is/was the same with sb. 或 So it is / was with sb.

—Tom likes playing basketball but he can't play well.

—So it is with me. （＝I like playing basketball，too，but I can't play well, either. ）

（　　）1. —A fish needs water and without water it will die.

　　—_____ a human being.

　　A. So does　　　B. So will　　　C. So it is with　　　D. It was the same with

（　　）2. —Marx was born in Germany and German was his native language.

　　—_____ Engels.

　　A. So it was with　　　　　B. So it was

　　C. So was　　　　　D. So did

重温短语的字面意义与主谓一致原则。

Both... and... 含义：_____　谓语动词：_____

neither... nor... 含义：_____　谓语动词：_____

either... or... 含义：_____　谓语动词：_____

用所给单词的正确形式填空。

①Neither　nor　Sam　_____（have）the ticket　for the film.

②Both　your father　and your mother _____（play）　the piano well.

③Either　he or we _____ (be) right.

④Neither　the students　nor the teacher _____ (be) wrong.

【自主反思】(吾日三省吾身，见贤思齐焉，见不贤而内自省也)

今日一得：

今日不足：

Unit 3 Could you please clean your room?　Section A (3a-3c)

自能学习评价与反馈

【步步为营】根据汉语意思，用 either/neither 与 either... or/neither... nor 填空。

①他们两人都不喝咖啡。 _____ of them drinks coffee.

②他不在家就在学校。He is _____ at home _____ in the school.

③不是 Lucy 就是 Lily 会游泳。 _____ Lucy _____ Lily can swim.

④我爸爸和我妈妈都不在家。 _____ my dad _____ my mum is at home.

⑤Tom 既不高也不矮。Tom is _____ tall _____ short.

⑥他不是学生。我也不是。He isn't a student. I'm not, _____ .

⑦这两 张书桌都不是新的。 _____ of the two books is new.

⑧他既不会打篮球，也不会踢足球。

He can _____ play basketball _____ play football.

用所给单词的正确形式填空。

①Neither nor Sam _____ (have) the ticket for the film.

②Both your father and your mother _____ (play) the piano well.

③Either he or we _____ (be) right.

④Neither the students nor the teacher _____ (be) wrong.

【螺旋上升】合并句子。方法指导：准确理解原句的意思——选好连接词——考虑主谓一致——保持时态一致。

1. The students read this storybook. Their English teacher reads this story-book, too.

_____ the students _____ their English teacher _____ this storybook.

2. Jack doesn't know Mrs. White, and Helen doesn't know, either.

_____ Jack _____ Helen _____ Mrs. White.

= _____ Jack _____ Helen _____ Mrs. White.

3. You may lend him the computer. You may buy him a new computer.

You may _____ the computer _____ a new one.

4. I don't go to the market in such a cold weather. Neither does Alice.

_____ Alice _____ I _____ to the market in such a cold weather.

5. Tom is pleased with the painting. Kate is very pleased with the painting, too.

_____ Tom _____ Kate are very pleased with the painting.

【例题探究】

1. —Did you enjoy that trip?

—I'm afraid not. And _____.

A. so did my classmates　　　　　B. my classmates don't too

C. neither do my classmates　　　　D. neither did my classmates

简析：本题中的第一个答句是省略句，完整句为 I am afraid that I didn't enjoy it. 用过去时。第二个答句表示前句提到的否定情况也适合下句的人，完整句为 my classmates didn't enjoy it, either. 表示上文提到的否定情况同样适合下文的人，为了避免和前一句话的内容重复，英语习惯用 neither 引导的倒装句，故选 D。

2. You say Henry works harder and practice more. _____, and _____.

A. So he does; so you do　　　　B. So he does; so do you

C. So does he; so do you　　　　D. So does he; so you do

简析：本题中的第一空表示对第一句话的认同，完整句为 He works really harder and practice really more. 表示对上句陈述的内容肯定、同意，为了避免重复，用 So＋主语＋动词。第二空表示第一句话提到的肯定情况同样适合下文的人，完整句为 you work harder and practice more, too. 表示上文提到的肯定情况同样适合下文的人，为了避免和前一句话的内容重复，英语习惯用 so 引导的倒装句，故选 B。

3. —I will never come to this restaurant again. The food is terrible!

—_____.

A. Nor am I　　　　　　　　B. Neither will I

C. Same with me　　　　　　　　D. So will I

简析：前句既陈述不会再来这家饭馆又陈述不会再来的原因。表述的人或物情况复杂，无法使用 so，neither/nor 引导的倒装句型表达另一人或物情况相同，英语用 It is/was the same with sb. 或 So it is /was with sb.，故选 C。

【连线中考】方法指导：在做这类试题时，不要单从字面上去答题，应依据它所连接的单词，短语及句子之间的逻辑关系来答题。

(　　) 1. —Father，you promised!

　　　　—Well，_____. But it was you who did not keep your words first.

　　　　A. so was I　　　　B. so did I　　　　C. so I was　　　　D. so I did

(　　) 2. —I wonder if your wife will go to the ball this evening.

　　　　—If your wife _____，so _____ mine.

　　　　A. will，does　　　　B. will，does　　　　C. will，will　　　　D. does，does

(　　) 3. —I thought you women were present at the meeting.

　　　　—_____.

　　　　A. So we were　　　　B. So we did　　　　C. So were we　　　　D. So did we

(　　) 4. —Do you think we'll need a coffee pot?

　　　　—I don't drink coffee，and _____. It's not necessary. Why not a tea service?

　　　　A. so do you　　　　　　　　B. neither do you

　　　　C. so you do　　　　　　　　D. neither did you

(　　) 5. —How well Juliet sings! I can't believe my ears.

　　　　—_____.

　　　　A. So she does　　　　　　　B. Neither can she

　　　　C. So can I　　　　　　　　D. So does I

(　　) 6. —Frank can't control the ball. He controls it badly，but he is good at catching the ball. He can be a good goalkeeper.

　　　　—Well，_____ Eric.

　　　　A. So it is　　　　　　　　B. So is it

　　　　C. So it does　　　　　　　D. it is the same with

(   ) 7. _____ human beings _____ animals can live without air.

       A. Both…and   B. Either…or

       C. So…That   D. Neither…nor

(   ) 8. _____ Lily _____ may go with you because one of them must stay at home.

       A. Both…and   B. Either…or

       C. Neither…Nor   D. Not only…but also

(   ) 9. "You can't have them both. You can choose _____ the bike _____ the toy car," said Mother.

       A. either; or   B. both; and   C. not only; but also

(   ) 10. We asked John and Henry some easy questions, but (   ) of them could answer them.

       A. none   B. both   C. all   D. Neither

4. 《光的直线传播》

（接待访学展示课）

学科：物理	年级：八年级（上）	备课人：王树红	
课题：光的直线传播			课时数：1
教材考纲解读	1. 能举例说明光在同一种均匀介质中沿直线传播，并能运用这一知识对有关的自然现象进行解释。（考试要求：A） 2. 知道光在真空中的传播速度为 3.0×10^8 m/s。（考试要求：A）		
教学目标	1. 了解光源，知道光源概念。 2. 知道光在同种均匀介质中是沿直线传播的。 3. 能够利用光的直线传播来解释简单的光现象。 4. 了解光在不同介质中的传播速度不同，知道光在真空中的传播速度值。		
教学重难点	重点：知道光在同种均匀介质中是沿直线传播的。 难点：能够利用光的直线传播来解释简单的光现象。		
教学辅助工具	PPT、果冻、溶液、激光笔、手电筒、小孔成像实验装置		

续表1

教学流程	学生活动	教师活动	体现"自能"的关键点设计意图
自能感知	(1) 光源是指的_____物体。 (2) 光在_____是沿直线传播的，我们常用一条带箭头的直线表示光的_____这条直线叫作_____。 (3) 列举生活中光的直线传播的几个现象：_____ (4) 真空中的光速是宇宙间最_____的速度，在物理学中用字母_____表示。在计算中，真空中的光速取为_____ m/s。光在其他介质中的速度比在真空中的速度_____。	引导学生完成导学案预习部分，答疑并做好评价。	自主认真研读教材，在最短的时间内试完成"预习导学"中的问题。 小组内互批后组长反馈释疑。
自能发现	活动一：光从哪里来？生活中你知道哪些物体可以发光吗？（2 min） 总结：能够发光的物体叫_____。 问1：太阳和蜡烛都是光源他们有何不同？光源分类： 问2：同学们知道的哪些是自然光源、哪些是人造光源？ 问3：月亮是光源吗？ 结论：光源是指的物体。	小组合作：光从哪里来？生活中你知道哪些物体可以发光吗？引导学生认识光源，并对光源进行分类。	组内探讨，交流。培养学生自学、合作、表达能力。
自能参与	活动二：光是如何传播的？ 播放图片，图片有什么共同的特点吗？在生活中，你们见过光是沿直线传播的吗？举例说明： 光可以在哪些物质中传播？ 实验1：激光照在透明果冻上 实验2：激光照在透明溶液上 实验3：观察手电筒发出的光的传播路径 结论：_____ 通过以上实验：光在这些物质中是沿什么路径传播的？	活动二：通过小组动手实验，总结出光在同种均匀介质中沿直线传播。 通过实验，学生加深对知识的理解，对物理学习的兴趣。	合作探究时要全员参与。仔细观察思考，根据实验现象可以得出什么结论，叙述结论时应加上什么条件，同学们还想到了用什么器材来进行探究。 培养学生观察、概括能力。

教学流程	学生活动	教师活动	体现"自能"的关键点设计意图
自能参与	答：_____ 实验4：用激光照在空气和溶液的分界面上；用激光照在空气和玻璃分界面上你看到了什么现象： 通过以上实验你得出了什么结论：_____ 实验5：蓝色溶液中缓缓加入盐溶液，观察光的传播路径现象及结论： 结论：光在_____介质中是沿_____传播。 活动三：光的理想模型——光线（1 min） 光线： 生活中我们常用线条来勾勒事物，同样我们用带箭头的直线来表示光的传播路径——叫光线，箭头表示光的方向。		
自能建构	活动四：用光的直线传播解释简单的光现象 1. 小组内讨论下列现象的形成原因，并派小组代表讲解： 影子形成的原因。（3 min） 日食和月食［图（1）和图（2）］：根据下图所示阐述日食和月食成因。（3 min） 日食的成因 **图（1）** 月食的成因 **图（2）**	通过对以上知识的学习，教师引导学生对用光的直线传播解释简单的光现象，活动方式组内讨论，班级展示。	自主作答，分级、分层达标，小组汇报。使学生充分展示、自由大胆表达。

续表 3

教学流程	学生活动	教师活动	体现"自能"的关键点设计意图
自能建构	 小孔成像：解释小孔成像的原因及特点。（5 min） 对小孔成像的认识： 1. 原理：＿＿＿＿＿＿＿＿＿。 2. 小孔成像的形状与＿＿＿＿＿＿＿＿相似，与＿＿＿＿＿＿＿＿无关。 ③在日常生活中，光线及光沿直线传播还有哪些应用，请举例。（2 min） ＿＿＿＿＿＿＿＿＿＿＿＿＿＿＿		
自能拓展	活动五：光速：阅读课本 71 页光的速度、"科学世界"部分回答下列问题： 同学们回忆一下，雷雨天我们是先看见闪电还是先听见打雷？怎样解释这种自然现象？ 1. 在我们计算中，真空或空气中的光速取为＿＿＿＿＿＿。 2. 光在水中的传播速度约为真空中的＿＿＿＿＿；光在玻璃中的速度约为真空中的＿＿＿＿＿。可见光在＿＿＿＿中的速度大于光在其他介质中的传播速度。 1."光年"是时间单位还是路程的单位？ 2."光年"就是＿＿＿＿＿＿＿。	引导学生阅读"科学世界"中的材料。	阅读课本 71 页光的速度、"科学世界"开阔眼界
课后练习	1：本节课的收获有哪些？（整理知识结构） 作业： 1. 测量：用本节知识来测学校旗杆的高度。 2. 小制作：根据小孔成像制作针孔照相机。 3. 巩固练习：完成《重难点手册》光的直线传播。		

续表 4

教学流程	学生活动	教师活动	体现"自能"的关键点设计意图
板书设计	1. 光源：能够自行发光的物体。 分类：天然光源、人造光源 2. 光传播的规律：光在同种均匀介质中沿直线传播。 3. 光线：————————➤ 4. 解释现象 ⎰ 影子形成 ⎱ 日食月食小孔成像（像的性质）⎰ 倒立实像 ⎱ 与孔的形状无关 5. 真空中的光速 $3×10^8\,\text{m/s}$。		

《光的直线传播》导学案

《光的直线传播》 八年级物理导学案　　　课型新课　　　备课 王树红

课标要求：

考纲要求：

1. 能举例说明光在同一种均匀介质中沿直线传播，并能运用这一知识对有关的自然现象进行解释。（考试要求：A）

2. 知道光在真空中的传播速度为 $3.0×10^8\,\text{m/s}$。（考试要求：A）

学习目标

1. 了解光源，知道光源概念。

2. 知道光在同种均匀介质中是沿直线传播的（重点）。

3. 能够利用光的直线传播来解释简单的光现象（难点）。

4. 了解光在不同介质中的传播速度不同，知道光在真空中的传播速度值。

导学过程	学法指导
情境导入（1 min） 一、课前预习，自能感知 1. 光源是指_____的物体。 2. 光是沿直线传播的，我们常用一条带箭头的直线表示光的_____，这条直线叫作_____。	自主认真研读教材，在最短的时间内试完成"预习导学"中的问题。

续表1

导学过程	学法指导
3. 列举生活中光的直线传播的几个现象。 4. 真空中的光速是宇宙间最_____的速度，在物理学中用字母_____表示。在计算中，真空中的光速取为_____ m/s。光在其他介质中的速度比在真空中的速度_____。 二、课中探究，自能发现 活动一：光从哪里来？生活中你知道哪些物体可以发光？ 总结：能够发光的物体叫_____。 问1：太阳和蜡烛都是光源他们有何不同？ 光源分类：_____。 问2：同学们知道的哪些是自然光源、哪些是人造光源？ 问3：月亮是光源吗？ 结论：光源是指_____的物体。 三、课堂检测，自能参与 活动二：光是如何传播的？ 播放图片，图片有什么共同的特点吗？在生活中，你们见过光是沿直线传播的吗？举例说明。 1. 光可以在哪些物质中传播？ 实验1：激光照在透明果冻上 实验2：激光照在透明溶液上 实验3：观察手电筒发出的光的传播路径 结论：_____。 通过以上实验：光在这些物质中是沿什么路径传播的？ 答：_____。 实验4：用激光照在空气和溶液的分界面上；用激光照在空气和玻璃分界面上 你看到了什么现象：_____。 通过以上实验你得出了什么结论：_____ 实验5：蓝色溶液中缓缓加入盐溶液，观察光的传播路径 现象及结论：_____。 结论：光在介质中是沿_____传播的。 活动三：光的理想模型——光线 光线：_____。	小组内互批后组长反馈释疑 组内探讨，交流。 （合作探究时要全员参与。仔细观察思考，根据实验现象可以得出什么结论，叙述结论时应加上什么条件，你们还想到了用什么器材来进行探究。）

导学过程	学法指导
生活中我们常用线条来勾勒事物，同样我们用带箭头的直线来表示光的传播路径，箭头表示光的方向。 四、巩固提高，自能建构 活动四：用光的直线传播解释简单的光现象 小组内讨论下列现象的形成原因，并派小组代表讲解。 1.（3 min）影子形成。 2.（3 min）日食和月食：根据图（1）和图（2）所示阐述日食和月食成因。 日食的成因　　　　　　　月食的成因 图（1）　　　　　　　图（2） 3.（5 min）小孔成像：解释小孔成像的原因及特点。 对小孔成像的认识：1.原理。 2.小孔成像的形状与相似，与无关。 3.（2 min）在日常生活中，光线及光沿直线传播还有哪些应用，请举例： ＿＿＿＿＿＿＿＿。 活动五：光速 阅读课本71页光的速度、"科学世界"部分回答下列问题： 同学们回忆一下，雷雨天我们是先看见闪电还是先听见打雷？怎样解释这种自然现象？ 1.在我们计算中，真空或空气中的光速取为＿＿＿＿＿。 2.光在水中的传播速度约为真空中的＿＿＿＿；光在玻璃中的速度约为真空中的＿＿＿＿。可见光在＿＿＿中的速度大于光在其他介质中的传播速度。	自主作答，分级、分层达标，小组汇报。

续表 3

导学过程	学法指导
1."光年"是时间单位还是路程单位？ 2."光年"是什么？ 五、知识延伸，自能拓展 声和光的不同点：	
反思升华　教学反思： 本节课的收获有哪些？（整理知识结构） 作业： 1. 测量：用本节知识来测学校旗杆的高度。 2. 小制作：根据小孔成像制作针孔照相机。 3. 巩固练习：完成《重难点手册》光的直线传播。	

5.《男生 女生》

（此课获武汉市初中政治课优质课比赛一等奖）

学科：思想品德	年级：八年级（上）	备课人：张巧利	
课题：《男生 女生》			课时数：1
教材解读	本框题主要围绕学生如何处理好男女生之间的交往问题，对"男女有别，两性各有其优势"形成共识，学习掌握"男女生之间恰当的交往方式"；以及学会正确把握和处理青春期的情感问题。		
教学目标	知识与技能： 1. 了解男女生正常交往的意义；掌握健康的男女生交往的原则。 2. 正确认识青春期情感，理智对待，学会选择。 情感、态度与价值观： 1. 树立正确的交友意识，珍惜男女同学之间的友谊。 2. 树立责任意识，增强理性，理智面对、慎重处理青春期情感问题。		

续表1

教学重难点	1. 异性同学之间交往的原则——重点 2. 正确认识青春期情感和青少年应该怎样正确地处理青春期情感问题——难点		
教学辅助工具	游戏道具：拔河绳、口哨；乒乓球、乒乓球拍、塑料小篓；啦啦队队牌等		
教学流程	学生活动	教师活动	体现"自能"的关键点设计意图
自能感知	自主预习本课，整体感知本框内容： 1. 男女同学正常交往有什么重要意义？ 2. 男女同学如何正常交往？ 3. 如何看待和把握青春期情感？ 4. 与异性交往中，应如何保护自己？	根据学生的实际情况，设计关于《男生 女生》的调查问卷，并提前分析调查问卷数据。 指导学生自主预习，把握预习节奏。	感知是学生课堂学习的第一步，也是吸引学生探讨兴趣的关键，该环节使正确的思想和行为方式先入为主，并引起学生进一步探讨和求知的愿望。
自能发现	通过调查问卷的填写，学生自主发现自己与异性交往的方方面面。通过预习，你还有哪些不懂的问题？或想要继续探究的问题？	教师总结调查问卷的整体情况，收集筛选学生提问，总结出同学们在异性交往方面存在的共性的问题。	进一步了解学情。
自能参与	一、游戏中体验交往 游戏主持人组织两个游戏："气势如虹男女混合拔河赛"和"黄金90秒趣味乒乓接力赛"。 思考：通过游戏和活动，你对男女生正常交往的意义有何感悟和收获？ 二、故事中分享交往 学生小组交流分享发生在本班的	协调学生课堂游戏和探讨活动；展示推进课堂活动内容；组织学生小组内讨论和全班展示交流；适时评价，鼓励引导学生。	活动一设计意图： 在游戏的快乐感受中，体悟男女生各有优势以及男女生交往的意义。 活动二设计意图：在故事分享

续表 2

教学流程	学生活动	教师活动	体现"自能"的关键点设计意图
自能参与	男女生交往正能量故事，全班交流展示。 三、困惑中把握交往 为一个男孩的青春期情感问题支招。 一个男孩在问卷中写道："我收到了一张女生写给我的纸条。她说我长得帅，球打得也好，学习也好，很喜欢我。还问我喜不喜欢她。其实，这个女孩很优秀，我也早就默默关注她了。我的困惑是：怎样看待少男少女对异性的喜欢？这就是爱情吗？我应该怎么办？"		中感受男女生的互帮互助，感受异性友谊的珍贵，学会男女生交往中应注意的一些原则，在分享中让学生受到鼓励和教育。 活动三设计意图： 让学生懂得青春期对异性的好感和爱慕是正常自然又美丽的，明白好感不是爱，青春期的我们应该关注友谊，增强责任意识，理智把握青春期情感。
自能建构	1. 通过学生的交流，小组合作总结出与异性交往的正确方法和原则。 2. 根据小组展示，由各小组对小组的表现进行点评。 3. 个别代表小结本课所学，选择自己感触最深的方面略谈感想。	1. 活动开展过程中，教师用语言表情等鼓励学生大胆表达自己的真实想法。 2. 引导学生互相评价，帮助其分析和解决问题。 3. 通过学生的发言，提炼关键词，并板书。	根据个人的想法和在与异性交往中的实际情况，让学生自由大胆表述从而共同分析、达成共识。

续表3

教学流程	学生活动	教师活动	体现"自能"的关键点设计意图
自能拓展	听唱《同桌的你》，集体创作一段歌词《同班的你》。	播放歌曲，带领大家一起深情歌唱，组织学生集体创作和全班展示创作成果。	在歌声中，在创作中产生情感升华，让学生自然产生珍惜青春年华、珍惜异性友谊的美好情愫。同时锻炼学生的创造能力。
板书设计	男生女生 一、让我们荡起双桨 交往的意义 { 快乐　友谊 / 和谐　了解 如何健康交往 { 尊重　热情 / 大方　分寸 二、把握青春，把握情感 解惑、成长 { 青春　理想　责任 / 正常　好感≠爱 / 自尊自爱　自我保护		

《男生 女生》导学案

张巧利

学习目标

知识与技能：

1. 了解男女生正常交往的意义；掌握健康的男女生交往的原则。

2. 正确认识青春期情感，理智对待，学会选择。

情感、态度与价值观：

1. 树立正确的交友意识，珍惜男女同学之间的友谊。

2. 树立责任意识增强理性，理智面对慎重处理青春期情感问题。

学习重点、难点

1. 异性同学之间交往的原则——重点

2. 正确认识青春期情感和青少年应该怎样正确地处理青春期情感问题——难点

学习过程

自主预习

自主预习 23～27 页的内容，整体感知本框内容。

1. 男女同学正常交往有什么重要意义？通过预习，本框我们要学些什么？

_____

2. 男女同学如何正常交往？通过预习，你自己学会了什么？

_____

3. 如何看待和把握青春期情感？

_____

4. 与异性交往中，应如何保护自己？

_____

通过预习，你还有哪些不懂的问题？或想要继续探究的问题？

_____

合作探究

1. 游戏中体验交往

游戏主持组织两个游戏："气势如虹男女混合拔河赛"和"黄金 90 秒趣味乒乓接力赛"。

通过游戏和活动，你对男女生正常交往的意义有何感悟和收获？

_____

2. 故事中分享交往

小组交流分享发生在本班的男女生交往正能量故事，全班交流展示。

_____

3. 困惑中把握交往

为一个男孩的青春期情感问题支招儿。

一个男孩在问卷中写道："我收到了一张女生写给我的纸条。她说我长得帅，球打得也好，学习也好，很喜欢我。还问我喜不喜欢她。其实，这个女孩很优秀，我也早就默默关注她了。我的困惑是：怎样看待少男少女对异性的喜欢？这就是爱情吗？我应该怎么办？"

---

4. 拓展活动

听唱《同桌的你》，集体创作一段歌词《同班的你》。

达标检测

1. 进入青春期，两性分化明显了，男生更男性化，女生也更像女生了，由此对异性之间有了更多的兴趣。你认为男女生应（　　）

A. 断绝交往，避免恋爱　　　　　　B. 自然快乐地交往，建立纯洁友谊

C. 淡泊交往，保持距离　　　　　　D. 亲密交往，以消除对异性的神秘感

2. 男孩是土地/坚定中充满锐利/女孩是春雨/善感而美丽/男孩爱在绿茵场上驰骋/女孩喜欢在阳光下嬉戏/……/如今的男孩女孩呀/共撑一片蓝天。

这首小诗告诉我们，男女同学生活在一个集体中，必然要交往。男女同学（　　）

①要把主要精力放在与异性交往上　②各有优势，在一起学习交流，可以取长补短　③可以互相影响，促进个性的全面发展　④差别太大，很难找到共同语言，交流非常困难

A. ①④　　　　B. ①②③　　　　C. ②③④　　　　D. ②③

3.《同桌的你》引起了人们对学生时代的美好回忆，作为中学生在男女交往中应该做到（　　）

①既要相互尊重，又要自重自爱　②既要开放自己，又要掌握分寸　③既要主动热情，又要注意交往的方式、场合、时间和频率　④扩大交往的范围，不只和某一位异性交往

A. ①②③④　　　B. ②③④　　　C. ①②④　　　D. ①②③

4. 小林是新来的插班生，为了帮助他学习，班主任安排他与学习委员小娜同桌，小娜很热心地帮助他，没想到班上同学纷纷传起了他俩的"绯闻"。这时小娜应该（　　）

①保持沉默，让"绯闻"不攻自破　②继续帮助小林　③与小林不再往来

④向家长和老师求助

A. ①②③④ B. ②③④

C. ①②④ D. ①③④

5. 随着频繁的接触，小刚开始注意同班的女生小红，包括她的言谈举止、音容笑貌，逐渐对小红产生了爱慕之情。小刚的做法（　　）

①是正常的，自然而美丽的　②这是"早恋行为"　③必须加以正确的疏导，使其健康发展　④必须及时控制，决不允许这种心理现象发生

A. ①②③ B. ①③

C. ②③④ D. ③④

八年级思想品德课《男生　女生》课前问卷调查

姓名：　　　　　　　　班级：　　　　　　　　性别：

1. 在校园交往中，你觉得男女生交往有什么好处？

_____

_____

_____

2. 你们平时最喜欢的男女生互动小游戏是什么？（可多选）

A. 掰手腕（　　） B. 趣味乒乓球（　　） C. 拔河（　　）

D. 贴膏药（　　） E. 接力跑（　　）

3. 说故事。故事不论长短，只求真实感人。你能否以诗歌、快板、小品、相声、歌曲、舞蹈等方式来展示你的故事？

(1) 你曾经接受过异性同学的帮助吗？你有什么感受呢？

_____

_____

_____

(2) 你曾经给予过异性同学哪些帮助？你是怎么想的？

_____

_____

_____

（3）你曾经与异性同学发生过摩擦或者误会吗？你是如何看待的？

_____

_____

_____

4. 你在男女生交往中遇到过情感方面的困惑吗？你愿意悄悄告诉我吗？

_____

_____

_____

_____

6. 《甲午中日战争》

（访学团接待课）

学科：历史	年级：八年级	备课人：熊菊梅
课题：第4课　甲午中日战争		课时数：1
教材解读	甲午中日战争是日本帝国主义为吞并朝鲜、入侵中国而蓄意挑起的侵略战争。由于清政府的腐朽没落、决策集团的妥协退让和军备的松弛落后，甲午中日战争以中国失败而告终。中日《马关条约》的签订，大大加深了中国社会的半殖民地化。	
教学目标	教学目标 1. 甲午战争的概况、《马关条约》的主要内容及其危害。 2. 让学生比较《南京条约》和《马关条约》的内容，提高综合分析问题的能力。 3. 使学生认识甲午中日战争的失败是由于清政府的腐朽没落、妥协退让造成的，培养学生民族责任感。	
教学重难点	教学重点：《马关条约》内容及其危害 教学难点：中国战败的原因、《马关条约》的影响	
教学辅助工具	多媒体（PPT）、视频等	

续表1

教学流程	学生活动	教师活动	体现"自能"的关键点设计意图
自能感知	学生阅读16～18页正文。 展示课前预习所得：本节课的主要知识点（甲午战争爆发原因、名称由来、《马关条约》内容）。 思考对本节课存在的疑问。	导入：以漫画中国与日本变化导入甲午中日战争对于日本和中国的重要。 以问题"你们学到了什么？还有什么不懂的？"作为检验自能感知。	学生自己概括历史重要信息，初步知道甲午中日战争概况。 让学生学会自己阅读。
自能发现	小组提出本组所存在问题：通过课前导学案统计有价值问题主要是1.《马关条约》的危害是什么？2.清政府在这一战中又遭惨败的原因是什么？	统计学生的问题	让学生学会自己思考问题。
自能参与	每个小组讨论分析两组问题，并派代表回答本组结果，然后对其他组进行评价。	1. 进行方法指导： (1) 分析《马关条约》危害，与《南京条约》进行比较 (2) 失败原因，提供视频资料辅助 2. 正确评价学生回答问题并做好衔接	通过学生小组讨论、展示交流让全班同学理解《马关条约》的危害，并形成对甲午战争失败更深层次的理解。 让学生学会自己解决问题，并给予学生主动表述自己观点的机会。
自能建构	1.《马关条约》的签订，中国半殖民地半封建社会性质大大加深。 2. 教训：落后就要挨打。		
自能拓展	让学生学会用历史联系实际分析问题：就钓鱼岛事件谈谈对中日矛盾的看法。		
信息技术使用	PPT、视频		
教学反思			

《甲午中日战争》导学案

【学习目标】

1. 了解甲午中日战争的概况，中日《马关条约》的主要内容其影响。

2. 使学生认识甲午中日战争的失败是由于清政府的腐朽没落、妥协退让造成的

3. 让学生比较《南京条约》和《马关条约》的内容，提高综合分析问题的能力。

【学习重点难点】

重点：《马关条约》签订的情况和内容。

难点：中国失败的原因和《马关条约》的影响。

自能感知

阅读课本 P16～18 并看插图，回答以下问题。

1. 甲午中日战争

（1）时间：＿＿＿＿＿＿＿＿年，交战双方是＿＿＿＿＿＿＿和＿＿＿＿＿＿＿。

（2）原因是：日本为实现征服＿＿＿＿＿＿，侵略＿＿＿＿＿＿、称霸＿＿＿＿＿＿的梦想，因而发动侵华战争，因为这一年是旧历＿＿＿＿＿＿＿年，因此这次战争称为"甲午中日战争"。

（3）甲午战争中的重大战役有＿＿＿＿＿＿、＿＿＿＿＿＿、＿＿＿＿＿＿、＿＿＿＿＿＿。

（4）经过：

①在黄海战役中，致远舰管带＿＿＿＿＿＿＿＿，在弹药将尽的情况下，英勇地向日舰撞去，最后壮烈牺牲，他无愧是我国的民族英雄。

②在威海卫战役里，＿＿＿＿＿＿舰队全军覆灭，＿＿＿＿＿＿太后急忙命李鸿章赴日本议和。

③日本屠杀＿＿＿＿＿＿居民，＿＿＿＿＿＿＿军民在新竹痛击日本侵略军。

2.《马关条约》

（1）时间：＿＿＿＿＿＿。

（2）该丧权辱国的条约是＿＿＿＿＿＿和日本首相＿＿＿＿＿＿签订的。

（3）《南京条约》和《马关条约》的比较。

内容	割地	赔款	通商	其他	半殖民地半封建社会性质
《南京条约》					
《马关条约》					
比较					

自能发现

我的问题：_____

我们的问题：_____

自能参与

1. 《马关条约》与《南京条约》有什么不同？《马关条约》会给中国带来什么危害？

2. 甲午中日战争中国失败的原因有哪些？

材料一：

	火炮（枚）	速射炮（枚）	总排水量（吨）	平均航速（节）
北洋舰队	180	27	34496	15.1
联合舰队	273	192	40889	16.4

材料二：一八八九年后北洋海军未增船，舰炮皆旧，而日舰有九艘购于一八八九年以后，舰炮皆新。——据《李鸿章奏稿》卷七十八

材料三："海军备款三千万，仅购数艘，而西太后即命提款，营构颐和园。问海军衙门所管何职，则颐和园之工程也。"——梁启超《戊戌政变记》

材料四：黄海大战后，北洋舰队实力尚存。由于李鸿章消极避战，言"如违令出战，虽胜亦罪"。致使北洋舰队失去战机。广大爱国官兵虽誓死抵抗，但终难挽回败局。

根据所学知识并结合材料，分析甲午中日战争中国失败的原因有哪些？

自能建构

自能拓展

有人说，中日每100年就会发生一场战争，（19世纪甲午中日战争，20世纪的

抗日战争）而现在我们跟日本又因为钓鱼岛事件存在着矛盾。那么处在 21 世纪的你认为我们应该怎样面对日本，怎样对待中日矛盾呢？请谈一谈你的看法。

难点点拨

半殖民地半封建社会

半殖民地的含义："半殖民地"是相对于完全殖民地而言的，形式上独立（即清政府还在），但在政治、经济、文化各方面受帝国主义控制和压迫的国家。

半封建社会的含义：原有封建经济遭到破坏，资本主义有了一定成分，但仍保持着封建剥削制度。中英《南京条约》签订后，中国虽然是形式上独立的国家，但其独立自主的政治已开始受到外来的干预；以自然经济为特征的封建社会也受到外来资本主义的冲击，已不是完整的封建社会，因此中国开始沦为半殖民地半封建社会。

7.《澳大利亚》

（国培展示课）

学科：地理	年级：七年级	备课人：雷雨萌
课题：8.4澳大利亚		课时数：1
教材解读	本节属于七年级下册地理第八章第四节内容。教材归纳了三个框题进行表述，不求面面俱到，但却抓住了澳大利亚地理的主要特征。教材通过生动的描述和多个"活动"内容，来展现该国充分利用当地自然条件因地制宜发展经济的特点。	
教学目标	1. 培养学生学会运用地图和图片说明澳大利亚特有生物的存在原因。 2. 初步学会运用地图和资料，分析说明澳大利亚自然条件对农牧业发展的影响。 3. 通过判读图文资料了解澳大利亚矿产资源的分布。 4. 通过本课的学习，意在培养学生树立区域人地协调和因地制宜发展的理念。	
教学重难点	1. 澳大利亚的地理位置，有古老独特生物的成因。 2. 澳大利亚的地形、气候特点，它们对农牧业的影响。 3. 澳大利亚的工矿业的分布与自然环境的关系。	
教学辅助工具	小白板、电子白板、地球仪、数字星球仪	

续表1

教学流程		学生活动	教师活动	体现"自能"的关键点设计意图
课前	疑： 自学 启疑	<u>自能感知</u> 你知道吗？ （课前收集有关澳大利亚的资料，初步了解澳大利亚的国家概况）	播放澳大利亚国徽导入。	通过收集自己感兴趣的资料，交流分享，提出自己感兴趣的问题。
课中	议： 探究 合作	一、根据课前资料的收集，组内交流。 <u>自能发现</u> 二、全班交流分享，并启发出新的问题。 <u>自能参与</u> 三、运用课本和所给的图文资料，以小组为单位进行探究。 1.野生动物专家考察组 考察任务：澳大利亚的特有动物 （提示：大陆漂移学说） 2.畜牧业专家考察组 考察任务：澳大利亚的养羊业 （根据地形、气候特点来分析） 3.地质矿产专家考察组 考察任务：澳大利亚的采矿业 4.精品自由行组 考察任务：澳大利亚的自然风情	教师分发任务锦囊，锦囊内有目标任务及少量提示。 提示、点评	学生以小组为单位，通过预习和设问思考来解答重难点问题。
	解： 展示 交流	<u>自能建构</u> 1.野生动物专家考察组 澳大利亚有哪些特有的生物？ 2.畜牧业专家考察组 澳大利亚的养羊业的特点。 3.地质矿产专家考察组 澳大利亚采矿冶金业的特点。 4.精品自由行组 展示澳大利亚的自然人文风光，探索澳大利亚这块古老大陆的美丽与神奇。	总结、点评、表扬	让学生自主探究，发挥主动性。 培养学生分析问题的能力。

续表2

教学流程		学生活动	教师活动	体现"自能"的关键点设计意图
课中	评: 矫正 巩固	小组之间进行评论,补充,互相解答提出的问题。	老师指导、点评	及时纠正知识
课后	拓: 深化 拓展	自能拓展 P72阅读材料中你获取了、明白了什么?	提示,总结	提出自己的看法,言之成理即可。
信息技术使用		PPT 电子白板 小白板 数字星球仪		
教学反思				

《澳大利亚》导学案

【学习目标】

1. 培养学生学会运用地图和图片说明澳大利亚特有生物的存在原因。

2. 初步学会运用地图和资料,分析说明澳大利亚自然条件对农牧业发展的影响。

3. 通过判读图文资料了解澳大利亚矿产资源的分布。

4. 通过本课的学习,意在培养学生树立区域人地协调和因地制宜发展的理念。

【学习重难点】

1. 澳大利亚的地理位置,有古老独特生物的成因。

2. 澳大利亚的地形、气候特点,它们对农牧业的影响。

3. 澳大利亚的工矿业的分布与自然环境的关系。

【学习过程】

[自主学习] 主题一:世界活化石博物馆

1. 看以下图片,回答问题。

（1）澳大利亚特有的动物，被称为活化石的有_____、_____、_____、_____等。

（2）登上澳大利亚国徽的是：_____和_____。

2. 读右图，回答下列问题。

（1）填写图中字母所代表的地理事物名称。

A_____（国家）

B_____（国家）

C_____岛

D_____洲

E_____洋

F_____洋

（2）图中可以看出 A 国位于_____半球。

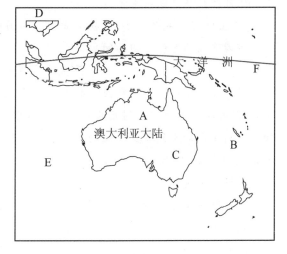

（3）从图中可以看出澳大利亚大陆上有＿＿＿＿＿＿＿＿＿＿个国家，国名是＿＿＿＿＿＿＿。

（4）A国领土包括＿＿＿＿＿＿＿＿大陆、＿＿＿＿＿＿＿＿岛及附近的一些小岛。

3. 阅读下面的资料，回答问题。

据统计，澳大利亚有植物12000种，其中有9000种是其他大洲所没有的，占植物总数的75%；有鸟类650种，450种是特有的，占鸟类总数的69%。全球有袋类动物150种，南美洲只有几种，大部分都分布在澳大利亚。

澳大利亚的特有生物，是在地球演化过程中保留下来的古老生物种类。在今天看来，他们虽然显得有些原始，但是却成为人类研究地球演化历史的活化石。澳大利亚也因此被誉为"世界活化石博物馆"。

（1）这段文字说明，澳大利亚的特有生物数量和种类＿＿＿＿＿＿＿。

（2）澳大利亚被誉为＿＿＿＿＿＿＿＿＿＿＿。

[合作探究]

结合以上学习，分析澳大利亚特有生物众多的原因。

①位置（联系大陆漂移学说）＿＿＿。

②自然条件（联系生物进化）＿＿＿＿＿＿＿＿＿＿＿＿＿＿＿＿＿＿＿＿＿＿＿＿。

[自主学习] 主题二："骑在羊背上"的国家

阅读下面的资料，回答问题。

澳大利亚的养羊业

在200多年前，澳大利亚没有羊。18世纪后期，欧洲的殖民者随船带到澳大利亚29只绵羊。由于澳大利亚的自然条件适于绵羊的生长和繁殖，绵羊的数量迅速增加。欧洲殖民者看到了养羊业的大好前景，随后又从西班牙引进了美利奴羊。经过不断选种改良，培育成产毛量高、毛质细长柔软的美利奴新种细毛羊。现在，澳大利亚的绵羊大部分是这种羊。

（1）这段文字说明，澳大利亚养羊业发达，羊的数量多的原因是＿＿＿＿＿条件优越和人为因素：＿＿＿＿＿＿＿＿＿。

（2）自然条件一般包括＿＿＿＿＿＿＿＿＿＿等因素。

[合作探究]

分析澳大利亚牧羊带分布与自然条件的关系。

（1）对照下图，指出澳大利亚三大牧羊带的主要地形类型。

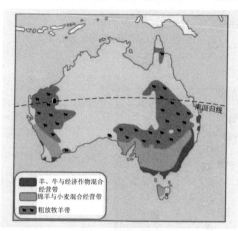

（2）对照下图，说出澳大利亚的牧羊带分布与气候的关系。

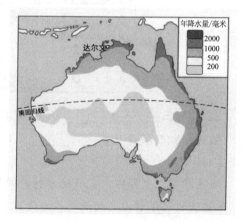

①中、北、西部地区为广大的_____气候区和_____气候区，气候____，适宜牲畜过冬和繁殖，农牧业生产方式为_____式畜牧业。

②东南部为夏季_____，冬季_____的_____气候和_____气候，南部和西南部是冬季_____，夏季_____的_____气候，既适宜发展畜牧业，也适宜耕作业，农业生产方式为____式农牧业。

[自主学习] 主题三："坐在矿车上"的国家

读澳大利亚矿产和城市分布图，说出澳大利亚有哪些重要矿产？找出铁矿石的地区分布回答以下问题。

(1) 城市 A _____；B _____；C _____。

(2) 澳大利亚是世界矿产品的主要 _____ 国之一，因而有"_____"之称。其生产的矿产品主要销往 _____ 等国家。

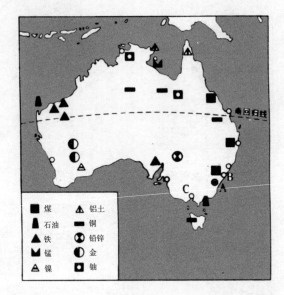

(3) 其铝土矿分布在 _____ 部，煤在 _____ 部，铁矿在 _____ 部。

(4) 20 世纪 70 年代以来，_____ 业已大大超过 _____ 业和 _____ 业，成为经济支柱。

[自主学习] 主题四：富有地方特色的旅游国家

收集资料，了解澳大利亚的旅游资源。

[达标检测]

1. 在学习《澳大利亚》这节内容前，地理老师提了一个问题："谈谈你印象中的澳大利亚"，下面是同学们谈的内容，其中正确的是（　　　）

A. 澳大利亚位于北半球　　　　B. 澳大利亚是一个岛国，位于印度洋上

C. 澳大利亚靠近南极洲，气候寒冷　D. 澳大利亚地广人稀，经济发达

2. 澳大利亚的人口和经济中心主要集中在（　　）

A. 东北部沿海地区　　　　　　　　B. 东南部沿海地区

C. 西南部沿海地区　　　　　　　　D. 塔斯马尼亚岛上

3. 澳大利亚特有的动物有（　　　）

A. 树懒、犰狳　　　　　　　　　　B. 袋鼠、鸸鹋

C. 巨嘴鸟、大食蚁兽　　　　　　　D. 鸭嘴兽、考拉

4. 澳大利亚出口的主要农产品是（　　　）

A. 棉花　　　　　　　　　　　　　B. 羊毛

C. 煤和铁矿砂　　　　　　　　　　D. 小麦

5. 澳大利亚特有物种多的原因是（　　　）

A. 面积大，物种多　　　　　　　　B. 气候条件适合特有动物生长

C. 人类活动干预少　　　　　　　　D. 孤立大陆有利于特有物种进化

6. 澳大利亚的煤和铁矿石主要输往（　　　）

A. 日本　　　　　　　　　　　　　B. 东南亚各国

C. 美国和西欧　　　　　　　　　　D. 非洲

7. 关于澳大利亚的叙述正确的是（　　　）

A. 目前农牧业是经济支柱

B. 首都堪培拉是全国最大城市

C. 是南半球的发达国家

D. 国土辽阔，人口众多

8. 读下面资料，你能谈谈你的看法吗？

背景资料一：作为发达国家，尽管澳大利亚的农牧业和工业都已经发展成熟，但是该国仍在积极寻求更长远的经济发展模式。自20世纪70年代以来，澳大利亚的服务业发展迅速，超过工业和农牧业，成为澳大利亚的经济支柱。

背景资料二：澳大利亚在采矿过程中十分注意保护环境。澳大利亚东北部有一座铝矾土矿山，由于露天开采，工人每年要伐掉几百公顷的桉树林。但是，他们保留了一条足够宽度的原生植被走廊，供原有动植物继续繁衍，而且随毁随植。数年后，新植的桉树拔地而起，生态环境又似从前。

8.《消化和吸收》（探究馒头在口腔中的变化）自能教案

（此课获湖北省中学生物实验教学研讨会一等奖，

武汉市中学生物优质课比赛一等奖）

学校：武汉市常青树实验学校	年级：七年级		备课人：方华
课题：消化和吸收（实验：探究馒头在口腔中的变化）			课时数：1课时
教材解读与设计思路	本节内容在《人体的营养》一章中占有重要地位，共有两个学习任务：1. 食物的消化：包括消化的概念、消化系统的组成、食物消化的过程以及探究馒头在口腔中的变化；2. 营养物质的吸收。内容较多，分为两个课时，本课时主要以消化道第一站"口腔"开始探究馒头在口腔中的变化，让学生通过实验理解消化包括物理性消化和化学性消化两个方面，这样为下一课时认识食物消化和吸收的全过程做了铺垫。但是，在一节课的四十分钟内，很难完整地呈现出探究实验的五个步骤，针对初中生的学情，我将重点放在实践体验过程和交流过程，让学生积极参与实验，在实验过程中获得体验，在体验中将知识内化，因此，把制订计划的大部分内容放在课前让学生自主完成，锻炼学生的自主学习能力和创新思维能力。 　　本节课根据探究实验的一般规律：提出问题——做出假设——制订计划——实施计划——分析结果、得出结论为主线，以消化包括化学性消化和物理性消化这一概念来设计教学过程，环环相扣，通过一系列的活动提升学生兴趣，培养学生科学探究的精神，让学生感受消化的过程。教学过程主要采用问题引导法、实验探究法、小组讨论法和观察分析法相结合的方式。		
学情分析	在七年级上学期学生已经了解了探究实验的一般规律，同时也有了一些基本理论知识，比如淀粉遇碘变蓝色等，但是并未过多接触探究实验，特别是对照实验。七年级学生年幼，思维简单，很难自己把这些理论知识运用到实际实验操作中来，因此，将复杂的对照实验简单化，成了这节课的关键点。对于这个问题，我在导学案中设计了几个问题引导学生去制订计划。除此之外，七年级的学生对实验操作常识和实验器材的用法不熟，需要老师特别说明。		
教学目标	（一）知识与技能 1. 通过制订计划锻炼学生逻辑思维能力、分析问题的能力和创新能力。 2. 通过实验探究的过程提高学生动手能力、实践能力和合作意识，同时了解食物在口腔中被消化的原因。		

教学目标	3. 理解消化的概念，理解消化包括物理性消化和化学性消化两个方面。 （二）过程与方法 运用问题引导法、实验探究法、小组讨论法、观察分析法设计并进行实验探究馒头在口腔中的变化。 （三）情感、态度与价值观 1. 认同消化系统对食物的消化，是保证身体健康的重要条件。 2. 培养科学探究的精神。		
教学重难点	重点：1. 探究馒头在口腔中的变化；2. 理解消化的概念。 难点：探究馒头在口腔中的变化实验的计划制订、实验操作过程和对实验现象的分析。		
教学辅助工具	实验器材（馒头、试管、量筒、烧杯、碘液等）、PPT课件。		
教学流程	学生活动	教师活动	设计意图
情境导入 提出问题	活动一： 学生品尝馒头，谈感受。思考并回答问题，并提出本节要探究的问题。 回忆科学探究的一般规律：提出问题——做出假设——制订计划——实施计划——分析结果，得出结论。	提问并引导学生提出问题： 馒头为什么会变甜？馒头变甜与哪些因素有关？ 由此导入本节课题《消化与吸收》——探究馒头在口腔中的变化。	用吃馒头导入新课，营造联系生活实际的课堂氛围，激发学生学习兴趣。
探究馒头在口腔中的变化（做出假设）	做出不同假设。	鼓励学生拓展思维，大胆假设。	培养学生发现问题，做出假设，进而分析解决问题的能力，同时突破本节课的重点和难点。对学生实验进行评价，激发学生的积极性。学生自己分析实验成败的原因，开拓思维，培养科学探究精神。
探究馒头在口腔中的变化（制订和完善计划）	活动二： （一）讨论交流，展示预习成果，完成下列问题： 1. 如何在体外模拟口腔环境？ 2. 如何检测馒头是否被消化？ 3. 如何验证唾液的作用？ 4. 如何验证牙齿和舌头的作用？ （二）展示实验方案	用提问的方式检测学生预习成果，指导学生制定实验方案。提醒学生对照实验包括对照组和实验组，设计对照实验时需要遵循等量原则和单一变量原则。	

教学流程		学生活动	教师活动	设计意图
探究馒头在口腔中的变化	实施计划	活动三：组内成员分工合作进行实验探究，同时讨论实验中存在的问题。	讲解实验操作细节，提出实验要求，出示实验提示，实验过程中巡视、指导，对学生实验做出评价。	
	得出结论并表达交流	活动四：小组代表在全班展示交流，分析实验结果和预期不同的原因。 活动五：思考并讨论问题： 1. 牙齿和舌与唾液的作用有什么不同？ 2. 使淀粉变成另一种物质是哪种因素起的作用？ 得出实验结论：馒头变甜主要与唾液的分解作用有关，牙齿的咀嚼和舌头的搅拌起促进作用。	找出实验成功和失败的小组代表，请小组代表向全班学生展示实验结果。组织学生分析原因，对学生探究得出的结论做出合理评价。	
小结：消化的概念	归纳消化的概念	根据对实验过程的理解，归纳出消化的概念，理解消化包括化学性消化和物理性消化两个方面。	请学生归纳出消化的概念。 补充讲解：消化包括化学性消化（比如唾液中唾液淀粉酶对淀粉的分解作用）和物理性消化（比如牙齿的咀嚼和舌头的搅拌让馒头由大块变成小块）。 讲述：食物中的淀粉只有一小部分在口腔中被分解成麦芽糖，在进入消化系统中之后会进一步被消化分解成葡萄糖才能被人体吸收。	归纳总结，从实践活动回归理论知识，并为下节课做好铺垫。

续表 3

教学流程	学生活动	教师活动	设计意图
深化拓展	生活小知识	吃东西应该细嚼慢咽还是狼吞虎咽？为什么？	理论联系实际，学有所用。
板书设计	探究馒头在口腔中的变化 提出问题 → 做出假设 → 制订计划 → 实施计划 → 得出结论		
教学反思	见附页		

课后反思和自我评价

首先，对教学设计的反思。

本节课是探究实验课，设计的初衷是按照探究实验的一般规律：提出问题—做出假设—制订计划—实施计划—得出结论这五个步骤，逐步启发学生一步一步亲自完成。每完成一个步骤便标记一个，让学生清晰地明白自己的任务，也使课堂的节奏感更强。

这五个步骤中的"制订计划"和"实施计划"以及对实验结果进行分析最终"得出结论"在这节课中都占有重要地位。特别是制订计划，我很想培养学生的主动性，引导学生通过小组讨论自己设计实验方案，并通过表格、示意图、文字等各种学生自己能想到的不同的方式展示出来，让学生自行分析讨论，确定自己小组的实验方案。

但是，本节课不仅是探究实验还是对照实验，内容涉及控制变量法等初中生难以理解的部分，对于没有知识基础的学生来说，通过这种方式制订实验计划就需要大量的时间，导致教学任务难以完成。

　　本节课节选自《消化与吸收》一节，教学目标是要求学生通过实验理解消化的概念，落实知识点是重点之一，因此，我将重点放在体验实践过程和交流过程，让学生积极参与实验，在实验过程中获得体验，在体验中将知识内化。

　　如何平衡在制订计划这一步骤中体现学生自主性和控制好课堂时间这个矛盾？

　　我不得不在教学设计中大胆取舍，把制订计划这一环节中可能出现的难点通过问题的形式清晰化简洁化，同时，把制订计划的任务放在课前让学生自主完成，锻炼学生的自主学习的能力和创新思维能力，把学生分小组制订出来的实验计划在课堂上反馈出来。有人说这体现了翻转课堂的先进理念，但是这样设计的弊端是学生的思路、讨论、设计实验计划过重中出现的问题和困惑，老师都不能看到，不能加以引导和强化，不同的方案也没有深入研究和讨论，这始终是一个在一节课内无法完美解决的遗憾。

　　其次，对学生操作实验过程的反思。

　　初中生没有化学基础，对于实验仪器的正确操作方法不熟悉，这个学情对于这节课来说也是一个难点，如果不能解决，学生在实验过程中容易手足无措或者错误操作造成实验失败或者混乱，因此，在课前对学生进行仪器操作的相关培训，在实验前强调对实验的成功显得很重要。针对这种情况，我将此实验中涉及的主要仪器的正确操作方式用图片的形式展现在《课前学习指南》中，在实验前进一步强化，起到了较好的效果。

　　唾液是此次试验的主要材料之一，唾液的提取又是这个实验中关键的一步，但是学生有的学生在心理上不能接受在课堂中现场提取唾液，又有的同学不能在短时间内熟练掌握提取唾液的方法而影响实验的进度。这个问题是限制实验成功的主要问题之一，唾液的有效期短，过夜唾液淀粉酶就会失活，为了解决这个问题，我只能在课前提前准备唾液稀释液供没有成功提取到唾液的学生实验用。这种方式不能在课堂上充分体现出实验的科学性，也是这节课的一个遗憾。

　　实验过程明确小组的分工，不至于让有的学生很忙，有的学生无所事事，保证了每个学生都能参与其中。同时，小组评价的设置对于激励学生的积极性起到了很好的作用。

　　再次，对学生分析实验结果的反思。

　　既然是实验，就不可能全部成功，总有小组在实验中发现自己的实验结果和预期结果不一致，针对这种情况，我引导学生进行分析，在分析的过程中得出结论。

大多数学生会直接得出：馒头变甜和唾液的分解作用和牙齿的咀嚼以及舌头的搅拌都有关系，这个结论不算错，但是细致分析，馒头变甜主要是唾液中的淀粉酶在起作用，而牙齿的咀嚼和舌头的搅拌使馒头和唾液的混合更加充分，起到了辅助作用，这个分析能够使学生更加深刻的理解化学消化和物理消化的异同。

最后，对教学目标的反思。

在拓展环节回答"吃饭时应该细嚼慢咽还是狼吞虎咽"这个问题时，大多数学生都能把这个问题和实验操作过程联系起来，一个学生提到了狼吞虎咽的食物就相当于实验中的馒头块，不咀嚼就吞，食物不易被分解，易加重肠胃负担，影响身体健康，我认为他的比和对知识的迁移非常好，说明这节课达到了预期的教学目标。

《探究馒头在口腔中的变化》导学案

学习目标：通过探究馒头在口腔中的变化理解消化的概念。

提出问题

学生活动：将一小块馒头放入口中，有什么感觉？细细咀嚼后有什么感觉？

针对这一现象，提出问题：＿＿＿＿＿＿＿＿＿＿＿＿＿＿＿。

做出假设

＿＿＿＿＿＿＿＿＿＿＿＿＿＿＿＿＿＿。

制订计划

1. 课前思考并解答

（1）如何在体外模拟口腔环境？

（2）如何验证唾液的作用？

（3）如何验证牙齿和舌头的作用？

（4）如何检测馒头是否被分解？

2. 制订小组实验计划

试管	1	2	3	……
唾液/清水				
是否切碎并搅拌				
滴加碘液后的预期结果				
实际结果				

实施计划

1. 实验参考步骤

第一步：取试管进行编号；处理馒头；取唾液。

第二步：按计划向试管中添加物质。

第三步：水浴加热。（三支试管同时放进约37℃恒温水浴环境中，保温五分钟左右）

第四步：检验并观察现象。（向每只试管中滴加两滴碘液后观察实验结果）

2. 熟悉实验器材的使用方法

（1）用纸槽取馒头碎屑的方法；（2）使用滴管的正确方法；（3）使用量筒的正确方法。

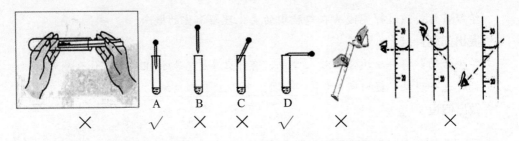

3. 小组内明确分工（每组四人：小组长、取唾液和试剂、处理馒头、水浴加热计时各一人）

分析结果，得出结论

1. 小组交流，分析实验现象，找出实验结果和预期结果存在误差的原因。

2. 思考：（1）牙齿和舌与唾液的作用有什么不同？

（2）使淀粉变成另一种物质是哪种因素起的作用？

3. 得出结论：＿＿＿＿＿＿＿＿＿＿＿＿＿＿＿＿＿＿＿＿＿＿

小结

什么是消化？消化包括哪些类型？

9.《雪绒花》

（市级展示）

学科：音乐		年级：八年级	备课人：董燕来
课题：唱歌课《雪绒花》			课时数：1

教材解读	歌曲《雪绒花》是美国音乐故事片《音乐之声》中的一首插曲。该故事片根据美国当代著名戏剧、电影作曲家里查·罗杰斯创作的同名音乐剧改编拍摄。剧情取材于1938年发生在奥地利的一个真实故事。影片中由罗杰斯和词作者奥斯卡·哈默斯坦合作的插曲脍炙人口，成为影片中最精彩的组成部分。其中《Do Re Mi》《孤独的牧羊人》《雪绒花》流传最为广泛。这部影片曾荣获五项奥斯卡金像奖，在世界影坛被誉为最动人的音乐故事片之一。 《雪绒花》以深情悠长的歌调，用3/4拍子唱出，在全剧终先后两次出现，通过对雪绒花的赞美，真挚地倾吐了对祖国的热爱之情。
教学目标	1. 情感、态度与价值观：通过学唱歌曲《雪绒花》，使学生对音乐剧的产生兴趣。 2. 过程与方法目标：引导学生通过聆听不同版本的演唱，对歌词、旋律、情感等分析，感受、体验音乐特点。 3. 知识与技能目标：初步感知音乐剧，了解三拍子的律动，能用轻柔连贯的声音，声断气不断的方法演唱歌曲。
教学重难点	教学重点：能用轻柔连贯的声音，声断气不断的方法演唱歌曲。 教学难点：初步感知二声部的和声效果。
教学辅助工具	多媒体，小白板，白板笔，白板擦，钢琴

教学流程		学生活动	教师活动	体现"自能"的关键点设计意图
课前	自能感知	学生认真看视频，思考问题。	老师： 1. 播放2014年学生在圣诞英语节上演唱的《雪绒花》 师：想必大家对这首歌曲都不陌生，是什么名字？ 生：（《雪绒花》） 2. 师：既然大家都能异口同声地说出歌名，我想请同学来给大家介绍一下有	播放身边同学表演的视频，更有代入感。让学生自主学习，老师有针对性解决问题。

续表1

教学流程		学生活动	教师活动	体现"自能"的关键点设计意图
课前	自能感知		关这首曲子的一些信息。（生：讲述《音乐之声》的故事情节）。 3. 导入语：今天就来学唱《音乐之声》中的经典歌曲《雪绒花》。	
课中	自能发现	学生仔细聆听。分小组讨论：音乐学习档案卡	师： 1. 现在请同学们完整地聆听一遍《雪绒花》的音频，体验一下这首歌曲给你的第一印象是什么？ 总结：亲切、优美、充满深情。 2. 问：现在请同学们翻开书本第12页，观察一下谱子，这是几拍子？（板书三拍子指挥图示） 三拍子： 强　弱　弱 ●　　○　　○ 指导学生用手划 3/4 的指挥图。	让同学对所学歌曲有初步感知。
	自能参与	学生学习一、二声部旋律，初步感受歌曲两个声部合唱的前 8 小节。	1. 现在请同学们起立，做开声练习。 3/4 30 02 1 ｜ ｜ 　　 Lu lu lu 请同学们跟钢琴用"lu"小声哼唱旋律并且拿出右手跟着琴声画拍子。 2. 请同学们跟着琴声用 lu 小声唱旋律。 3. 请同学们跟着琴声在心里面默唱歌词，把口型做出来。 4. 请同学们带着歌词唱一遍。 5. 请同学们听老师范唱一遍，听听看跟同学们比较，哪里好，或者不好。 6. 再次欣赏《雪绒花》家庭演唱视频。 问：音乐情绪？（舒缓、平和、和睦） 用平和的情绪演唱，营造和睦幸福的氛围。	引导同学们对比学习、感知。

续表 2

教学流程		学生活动	教师活动	体现"自能"的关键点设计意图
课中	自能参与		7. 用这样的情绪唱一遍歌曲。 8. 再次欣赏《雪绒花》音乐会上的视频片段。 问：音乐情绪？（高昂、坚强、激动人心） 讲述音乐会上演唱的故事。 介绍出示雪绒花相关知识。雪绒花，又名火绒草。原产欧洲的高海拔地区。是著名的高山花卉之一，被誉为阿尔卑斯山的名花，由于它只生长在非常少有的岩石地表上，因而极为稀少。它象征着勇敢，被奥地利人奉为国花。 9. 用坚强、肯定的情绪来演唱。 10. 分组演唱，用两种不同情绪演绎，互相点评。 11. 听老师唱二声部。 12. 跟钢琴试唱二声部。 13. 尝试二声部合唱，女声为第一声部，男生为第二声部，着重感受前 4 小节。	
	自能建构	让同学们对音乐剧也初步感知。	1. 同学们认为影片中的演唱的感觉和音乐剧舞台上的表演有哪些不一样？（生谈想法） 老师介绍一些有关音乐剧的知识。回顾一下这节课学到的东西。	为下节课欣赏音乐剧做铺垫。
课后	自能拓展	积极思考老师的提问。	师：请同学们思考一下，如果让你来对此曲进行改编，你还有什么好的建议？我们一起来欣赏一下别人的创意。	让同学们对音乐创作有意识地去思考。

续表3

教学流程	学生活动	教师活动	体现"自能"的关键点设计意图
板书设计	雪绒花 第一次演唱（家庭聚会）：平和、安详、幸福 第二次演唱（音乐会上）：坚强、高昂、激动		
信息技术使用	多媒体		

《雪绒花》导学案

【学习目标】

1. 知识目标：初步感知音乐剧，了解三拍子的律动，能用轻柔连贯的声音，声断气不断的方法演唱歌曲。

2. 能力目标：引导学生通过聆听不同版本的演唱，对歌词、旋律、情感等分析，感受、体验音乐特点。

3. 情感、态度与价值观目标：通过学唱歌曲《雪绒花》，使学生对音乐剧的产生兴趣。

【学习重难点】

（1）重点：能用轻柔连贯的声音，声断气不断的方法演唱歌曲。

（2）难点：初步感知二声部的和声效果。

【学习过程】

自主预习

自主预习 P12～13 的内容，整体感知本框内容：

1. 聆听歌曲《雪绒花》，提出问题：谁听过这首歌曲？这首歌曲叫什么名字？出自哪部电影？

2. 了解歌曲背景知识：《雪绒花》是音乐剧《音乐之声》中的一首插曲。作家理查德·罗杰和剧作家奥斯卡·哈默斯坦于 1959 年合作完成。1965 年改编成同名电影，同年获奥斯卡金像奖。故事描写修女玛利亚活泼好动，与沉闷的修女生活格格不入，院长嬷嬷认为她不适合当修女，就把她介绍到冯特拉普上校家做家庭教师。上校共有两男五女七个孩子。玛利亚以她的善良、体贴，赢得了孩子们的心。当德国法西斯入侵他们的祖国后，上校一家在朋友们的帮助下，机智地摆脱了德国人的严密监视，前往瑞士。《雪绒花》这首歌曲，在剧中共出现了两次。

3. 你还有什么关于音乐剧选段《雪绒花》想要了解的？

_____

4. 收集你所了解的音乐剧作品。

合作探究

1. 发声训练

哼鸣练习

2/4　5 4 | 3 2 | 1— ‖

　　　m

2/4　12 34 | 54 32 | 1— ‖

　　　ma me　 mi mo　mu

2. 跟范唱演唱。

3. 唱一唱下面的乐句，注意休止符处运用声断气不断的方法

　　　　雪　　似的 花 朵深 情 开 放，

4. 结合歌曲的情感表达，在横线处填上合适的力度几号

自第 1 小节起　　自第 17 小节起　　自第 25 小节起

_____　　_____　　_____

5. 师弹奏歌曲伴奏，和学生一起练习演唱。

6. 用多种形式练唱、小组唱、男女分唱等。

欣赏影片中两次演唱的《雪绒花》片段，自由组合选择剧情之一进行编创表演。然后小组互评。

拓展

1. 师：请同学们思考一下，如果让你来对此曲进行改编，你还有什么好的

建议?我们一起来欣赏一下别人的创意。

2. 老师介绍一些有关音乐剧的知识。回顾一下这节课学到的知识。

3. 鼓励大家多看音乐剧。

10. 用色彩表达情感

（此课接待四川访学团）

学科：美术		年级：八年级（上）	备课人：丁璟
课题：用色彩表达情感			课时数：1
教材解读	本课是"造型·表现"领域，是初中美术课程中的色彩基础知识课，主要知识点在于带领学生探究画家如何运用绘画工具和色彩表达情感，感知色彩传递的丰富思想感情。 　　本课依据课标，提出具有个性的表现能力的要求，精选各种色彩强烈的、感情充沛的作品，设计感受色彩、分析色彩、理解色彩、运用色彩表达情感等一系列活动，引领学生从情感的角度去认识色彩的多种风貌，在色彩知识与情感之间架起沟通的桥梁，增强直观性与趣味性。		
教学目标	1. 知识与技能：学会运用干、湿画法表达色彩情感。 2. 过程与方法：欣赏评述情感充沛的美术作品，体验表现自我的色彩情感。 3. 情感、态度价值观：培养学生关注生活、提炼色彩、表达情感的意愿，体现人文情怀。		
教学重难点	重点：了解色彩与情感表达的关系 难点：通过具象上升到抽象，用视觉语言表达情感		
教学辅助工具	水粉或水彩颜料、排笔、刮刀、牙刷、水桶、调色盘		
教学流程	学生活动	教师活动	体现"自能"的关键点设计意图
自能感知	几个同学分别上台通过尝味道用不同的颜色表达酸甜苦辣味觉感受。	请三位同学上台，尝一尝小罐子藏着什么味道，选择一种或几种颜色来表现你尝到的味道，并做简单的描述。	感知是学习美术的第一步，也是吸引学生、提高兴趣的关键，这里的导入不仅紧密结合学生的生活，还积极调动了学生的不同感官。

续表1

教学流程	学生活动	教师活动	体现"自能"的关键点设计意图
自能发现	学生根据色相的知识，找出不同的色彩产生的联想和情感体验，在小组讨论中，丰富对色彩的感知、认识和解读。	小组合作： 色彩的联想与体验 教师给出"红、橙、黄、蓝、绿、紫"几种色相，请小组讨论完成色相、联想、情感表达表格，要求限时3分钟。	不同的色彩有不同的情感体验，通过小组讨论、展示，引发学生对色彩表达情感的进一步认识、解读。
自能参与	学生根据色彩、点、线、面这些基本的造型元素来表达"喜悦"这一情感，忽略事物的具体形象，只借助色彩表现抽象之美。	活动一：用色彩表现开心、愉悦的情绪。 活动要求通过色彩、点、线、面及音乐等不同的方面，综合的表达喜悦的感受。	点、线、面是抽象表现色彩情感的载体，此处小组合作就是要调动一切感官，为下一步创作打基础。
自能建构	每人选取不同的题材，不限材料完成作品，限时20分钟，完成作品后展示在黑板上，并请学生当主持人进行点评，教师对学生公选作品颁奖，发放收藏证书。	艺术实践： 教师微课示范干、湿画法表现抽象色彩。 运用水粉或水彩完成一幅自命题创作绘画。 题材选择：青春舞曲、酸甜苦辣、四季变化、喜怒哀乐 要求：画面不出现具体的形象，用色彩大胆表达情感 限时20分钟。	根据个人喜好，选择不同的题材，充分发挥每个学生的特长来完成创作，给学生充分自由大胆表达。
自能拓展	学生感受当代艺术如何表达色彩情感	播放当代艺术家的波洛克行动绘画的视频	开阔眼界
板书设计	用色彩表达情感 1. 色彩与体验：红、橙、黄、绿、蓝、紫 2. 肌理与层次 3. 作品展示区		

《用色彩表达情感》导学案

（人美版 八年级上册第 4 课）

课型：造型·表现　　课时：1 课时　年级：八年级

设计：丁璟　　时间：2015.3

【学习目标】

知识与技能：学会运用干、湿画法表达色彩情感。

过程与方法：欣赏评述情感充沛的美术作品，体验表现自我的色彩情感。

情感、态度价值观：培养学生关注生活、提炼色彩、表达情感的意愿，体现人文情怀。

【学习重点难点】

重点：了解色彩与情感表达的关系。

难点：通过具象上升到抽象，用视觉语言表达情感。

【教学准备】

水粉或水彩颜料、排笔、刮刀、牙刷、水桶、调色盘

【学习过程】

自能感知（3 分钟）

请三位同学上台，尝一尝小罐子藏着什么味道，选择一种或几种颜色来表现你尝到的味道，并做简单的描述。

自能发现（8 分钟）

小组合作：色彩的联想与体验

请根据"红、橙、黄、蓝、绿、紫"这几种色相，小组讨论完成色相、联想、情感表达的表格。

色相	联想	情感
红		
橙		

续表1

色相	联想	情感
黄		
蓝		
绿		
紫		

自能参与（8分钟）

活动一：听一段音乐，用带有色彩的点、线、面形式语言表现开心、愉悦的情绪。

自能建构（20分钟）

1. 活动二：教师微课示范干、湿画法表现抽象色彩。

2. 艺术实践：运用水粉或水彩完成一幅自命题创作绘画。

题材选择：青春舞曲、酸甜苦辣、四季变化、喜怒哀乐

要求：画面不出现具体的形象，用色彩大胆表达情感

自能拓展（5分钟）

1. 学生用一句话来总结今天的学习内容

_____

2. 播放当代艺术家的波洛克行动绘画的视频及绘画作品

【板书设计】

用色彩表达情感

1. 色彩与体验：红、橙、黄、绿、蓝、紫

2. 肌理与层次

3. 作品展示区

11. 《足球：脚内侧传球》《身体素质练习》自能教案

（此课获武汉市中小学体育教师优质课评优活动一等奖）

学科：体育	年级：七年级（上）	备课人：余笑天
课题：1. 足球：脚内侧传球 2. 身体素质练习		课时数：1

教材解读	足球是学生最喜爱的体育运动项目，它是一项用手以外的其他身体任何部位可以接触球的竞技运动，其特点是集体性和竞技性，对于刚接触足球的初中生而言，需要熟悉球性、在足球游戏玩耍中体验乐趣，这是学会踢球的第一步。提高学生的奔跑、弹跳、灵敏、反应、协调等能力是促进学生身体综合素质的基本练习，培养学生克服困难的意志品质，激发学生的足球运动兴趣，发扬团队精神。
教学目标	通过学习脚内侧传球动作技术，90%的学生理解脚内侧传球的动作要领及要求，60%的学生能够达到传球平稳准确。开展趣味折返跑 pk 游戏，激发学生奔跑的兴趣，发展速度、灵敏等身体素质，提高学生的协调性。通过小团队合作，自主性学习，培养学生自信、勇敢、挑战自我的意志品质。
教学重点难点	重点：脚内侧传球的击球部位 难点：脚内侧传球的平稳及准确性
教学辅助工具	足球场、足球小球门 4 个、足球 40 个 标志桶 40 个 音响 1 台

续表1

教学流程	学生活动	教师活动	体现"自能"的关键点设计意图
自能感知	1. 学生围绕操场慢跑两圈。 2. 在老师的带领下学生分成四列横队静止牵拉练习。 组织：四列横队	1. 情境导入 师生问好，讲解足球相关知识。 2. 教师带领下集体进行牵拉练习。	充分热身活动身体各部位关节，让学生更快乐享受足球。
自能发现	足球抢圈游戏 学生分成四组，每组 10 人，进行抢圈游戏，每组按能力分配 1～2 人在中间抢球，其他同学围成一个圈进行传球。	足球抢圈游戏 教师随机参与到各小组，同学生一起进行抢圈游戏，并指导传球合理性，以及无球同学的跑位。	通过抢圈游戏的传球与接应，让同学们体验合作的乐趣，培养学生的团队精神
自能参与	1. 学习脚内侧传球分解动作。 ①学生仔细观看教师示范。 ②学生模仿练习。 ③跟随教师口令练习。 2. 学习脚内侧传球练习 ①两人自主练习脚内侧传球。 ②学生两人一组传接球练习，初步体验脚内侧动作。 ③学生模仿练习 ④优秀学生展示。	1. 学习脚内侧传球分解动作。 ①教师示范脚内侧传球的分解动作。 ②教师巡视辅导，及时评价及纠错。 2. 学习脚内侧传球练习。 ①教师示范动作，学生进一步明确脚内侧传球动作要领 ②教师分解教学。 ③教师喊口令带领学生练习。 ④教师巡视指导学生练习。 ⑤教师对学生展示进行评价。	实施层次化教学，提高教学针对性和实效性，由原地脚内侧传球分解练习过渡到完整脚内侧传球练习，层层递进、由易到难、步步深入、整节课结构严谨、环节过渡自然、过程比较流畅，教学效果明显。

续表2

教学流程	学生活动	教师活动	体现"自能"的关键点设计意图
自能建构	脚内侧传球射门 1. 学生十人一组，进行脚内侧传球射门练习。 2. 练习中相互纠正、鼓励完成练习。 3. 优秀小组展示。	脚内侧传球射门 1. 教师讲解、示范练习方法。 2. 教师巡视指导，纠正错误动作，鼓励学生。 3. 教师对小组展示进行评价。	利用小球门，小球网，练习过程中结合音乐，使得原本枯燥的练习更加生动有趣，激发学生的学习兴趣，提高练习效果。
自能拓展	身体素质练习——折返跑 1. 学生分四个小组，学生十人一组，依次触标志物折返。 2. 学生认真观察，明确方法，分组集体进行折返跑。 游戏：奥运传火炬 1. 学生明确方法，分组集体进行游戏。 2. 成 4 路纵队，每人手拿标志桶进行掷球游戏。	1. 教师提出练习方法与要求，组织学生进入练习。 2. 教师点评，鼓励。 游戏：奥运传火炬 1. 教师指挥学生布置好场地，并讲解、示范游戏方法。 2. 总结本课完成情况； 3. 对表现好学生提出表扬； 4. 宣布下课。	结束部分利用足球和标志桶等器材，采用奥运传递火炬游戏，提高学生的兴趣，全面调整学生身心，普及学生奥运会相关知识，传递奥运精神。

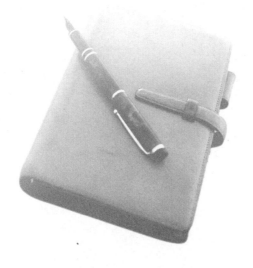

社会反响

一、温暖生命的教育

——湖北省武汉市常青实验小学特色创建纪实
（载于《中国教育报》）

绿树红花，翰墨丹青。

怡人的自然环境与浓郁的时代气息交融，这是"生命发展教育"为武汉市常青实验小学浸润的灵秀气质。

夏种冬藏，春华秋实。

现代的教育理念与和谐的生命发展共进，这是"生命发展教育"为武汉市常青实验小学成就的博大气势。

全国创新型优秀校长万玉霞带领全体教职员工，怀揣党和人民对教育的希冀，追寻"生命发展教育"的真义，打造师生双主体主动发展特色，和家长、学生交流、分享着成长的幸福……

2011年金秋，十二位全国著名教育专家莅临学校，兴致勃勃地参观了"连天花板都在叙述教育思想"的校园，观摩、指导了学校教改工作，高度赞赏学校站在时代的前沿，开创教育新局面的做法与取得的成绩。专家们特别高兴地指出，在国际教育当今着重研究的四个教育领域，即创新人才培养、学校文化建设、基础教育国际化、生命教育四个方面，常青实验小学探索和研究均取得了显著成效。

（一）

背景陈述——执着涅槃　生命勃发
与"生命发展"欣然相逢

武汉北郊，张公堤外，坐落着国家级金牌试点住宅安居小区——常青花园。

"五百年前一沙洲，五百年后楼外楼。"这是《汉口竹枝词》里的名句，一语道破常青花园的历史渊源。百年前的常青花园之地为沼泽湿地。因地势低洼，常与长江、汉水连成一片泽国，而且血吸虫病肆虐。坐镇武昌的晚清重臣张之洞，于1905年，花费工程款80余万两银，建造汉口历史上最大的长堤。后人名曰"张公堤"。

张公堤修成后，涸出来的土地约有 10 万亩，整个汉口城区因此扩大了几十倍。

站在位于张公堤闸口的堤顶，张公堤内外再无滔滔洪水，有的只是一片沙洲演变过来的川流不息的车辆和高楼林立的武汉市最大的被冠名"国家级金牌小区"的"安居工程"——常青花园社区。

初具规模的常青花园小区百废待兴，小区售房率低下，人们当时最大的顾虑是这里没有好学校，孩子不能享受优质教育。2001 年夏天，武汉市教育局成立了"两高三性"（高质量、高品位、实验性、示范性、特色性）的常青教育实验区。全市公开招聘常青教育实验区各学段一把手。年仅 29 岁的万玉霞校长在激烈的竞争中脱颖而出，成为武汉市第一批竞聘上岗的市直属实验小学校长。

基于对张之洞在此修建张公堤，为民造福，基于常青花园的"常青"二字中包含"生命之树常青"的意蕴，基于对人的生命的尊重与关爱，并基于对教育的核心价值是发展人的生命的认识，万玉霞校长率领全体行政班子在"十一五"规划中，正式确立了学校的发展之魂——"生命发展教育"理念。

2009 年，武汉市人民政府教育督导室在对常实小素质教育特色校的评估中，对学校办学理念和实践给予了这样的评价："生命发展教育理念内容科学、视野前瞻、结构系统、目标多元、过程动态，具有时代发展的先进性特征，研究与实践的方向符合学生身心发展规律。在办学实践中进行了规模性系统化的探索，成果显著"。

现在的常青实验小学具有开放性、实验性、示范性、国际性，它虽起点于社区学校，却承载着百年历史文化的丰厚积淀，孕育着自觉变革精神，具备着昂扬奋进的行走力量。

让生命发展得更美好

在万玉霞校长的带领下，全体教职员工融心于教育，执着地做了一件最核心之事，就是将理念兑现在学校方方面面的办学中、兑现在每位教师的教育实践中、兑现在每个常实小孩子快乐生活、主动学习、健康和谐发展中。

十余年来，武汉常青实验小学一次又一次地涅槃。

以大视野的眼界，基于"以人为本"，确立先进的"生命发展教育"理念。

以大改革的意识，推进课堂教学、课程体系、教育模式的深度改革。

以大开放的胸襟，广迎国内、国际教育同仁，生命发展教育为学校内涵提升拓展了无限的空间。

以大发展的气魄，立足全市一流，实现全省一流，迈进全国一流。

目前，学校现有学生 2500 多名，教师 200 多名，拥有三个校区（辖区部、日托部、国际部），共有 47 个教学班。

在"十二五"规划中，学校响亮地明确提出了发展规划总目标：

优质均衡的标杆学校；

教育改革的实验学校；

社区教育的基地学校；

生命发展教育特色学校。

<h2 style="text-align:center">（二）</h2>

校本解读——执着改革　生命温暖

<h3 style="text-align:center">构建以"生命发展"为核心的学校文化体系</h3>

常实小在十余年的办学过程中，构筑了理念文化、管理文化、环境文化、课程文化、活动文化五大支柱的校园文化体系。学校文化阳光、生态，充分体现温暖生命的人本教育情怀。

生命温暖——育根深叶茂的理念之树

常实小学校文化的整体结构，从学校文化的表现形态体现出的是一株现代教育明媚阳光照耀下茂盛的生命之树。

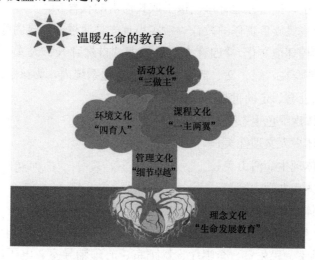

"生命发展教育"理念文化是学校文化的根基，主要体现了"以人为本"的办学思想和价值引领，是学校文化的内核和灵魂；起固化作用的"细节卓越"的管理文化为树干，主要表现在管理体制与规章制度；呈外显状态的树枝为"四育人"的环境文化、"一主两翼"的课程文化、"三做主"的活动文化。

这株枝叶繁茂的生命大树，彰显出常实小的校园文化建设高度聚焦在人的发展上。

学校进门大厅正面墙上镶嵌着：

"孩子：欢乐的童年属于你，

学习的主人就是你，

生命的创造在与你，

美好的未来召唤你。"

这四句话就是"生命发展教育理念"的生动写照。其宗旨是"尊重儿童的生命主体意识，开发儿童的生命发展的能动性，促进儿童的自我教育能力的形成，创造人的精神生命。"

生命温暖——办对中华民族负责任的教育

常实小从文化育人需求出发，对生命理念校园文化内涵进行深度规划与挖掘。

办学视野向师，提出办对中华民族负责任的教育。

办学视野向生，提出办适合每个孩子成长需求的教育。

如何办对中华民族负责任的教育，常实小首先是通过"外显内隐"的"四育人"思想来凸显的学校环境文化。"四育人"思想即"自然育人、人文育人、科技育人、人性育人"，它整合在"绿、文、活、厚、和"文化系统内，为孩子们创设了由学校走向生活、走向社会、走向世界的生命成长时空。

"绿"——体现绿色生态美；

"文"——体现人文理性美；

"活"——体现生命活力美；

"厚"——体现办学内涵美；

"和"——体现和谐发展美。

徜徉校园，生命科学馆、网络教室、树人谷、梦想剧场、生活体验街、美术馆、陶艺长廊、书画室、民乐室、合唱厅、舞蹈室、心理辅导室、电子阅览室、常青藤少儿电视台、58 个网络班班通的数字化教室等现代化教学设施应有尽有，充分体现了开放式、人文性、现代化、科技化和国际化的教育思想和办学特色。无论在氛围的创设，还是在设施条件上，都达到了令人心"动"的境地。

本学期期中，学校开展了年度"魅力常实小"家校公投活动，师生、家长火热的票选中，教师、活动的获取票数相对分散。一位家长很朴实地说：把孩子放在常实小我们放心，因为教师都很负责。然而，意外之处，魅力校园设施的票数却集中在一街一馆——"生活体验街""生命科学馆"。

师生自主设计的主题鲜明、曲折有致的"生活体验街"坐落在学校综艺楼三楼。"小邮局""丫丫小超市""低碳生活馆""小小安全岗""巧手小厨房""爱心小医院""立体创'衣坊'"七个空间涉及培养学生民生服务、生活技能、艺术修养、卫生健康、科学环保、创新设计等方面素质与能力。每天中午时段，在各类学生社团的带领下，学生们开展了丰富多彩的活动。

在微缩版"小邮局"里，学生们认识邮票，激发对集邮的兴趣，由"小邮票看大世界"，了解邮局的基本管理流程，学会实践服务活动；在"丫丫小超市"里，学生的手工品与旧物通过代币置换，模拟交易，把喜爱的玩具、书籍，还有自己写的书在这里漂流；"小小安全岗"电子红绿灯、交通斑马线、小型消防器材、各种标志牌、校园安全歌，每月一次的"小小交通、消防宣传员"演讲会……教会学生认识交通、消防等相关知识……"低碳生活馆"创意非凡。左墙的"童样科学"栏生动记录着学校师生系列环保科技活动瞬间，生动记录着常实小荣获国际绿旗的荣光；右墙上"低碳达人秀"秀着社区、家庭、学生的低碳生活金点子……正面心愿树墙上，孩子们的低碳心愿迎风摇曳，生机勃勃。最让学生喜欢的是铺满地面、寓教于乐的"低碳棋"。四队同学可按照飞行棋的游戏规则进行"衣、食、住、行"的活动。色子一撒，生活低碳，飞向前方；反之，后退重来。

为何设置"生活体验街"？万玉霞校长在学校大会上倾诉了她的设计思考："我们的教育行为背后都有一个沉甸甸的指向，那就是责任。为国立德、为国育人。'生活体验街'是学校育人思想的一个校本载体，其目的是教会学生便捷生活、正确生活、低碳生活、安全生活、幸福生活、健康生活、美好生活……"

学校将科学实验室设置成"生命科学馆"。在"生命科学馆"里有来自湖北梁子湖的小天鹅，来自四川的金丝猴、神农架的红腹锦鸡、沉湖的白鹳、雄立树顶的金钱豹、世界名蝶美洲蓝闪蝶……丰富的标本，创造出一个生命科学学习教育的独特天地。置身其中，让每个孩子不由得产生生命遐想和探究奥秘的欲望。"让未来的中国诺贝尔奖从这里诞生"，这是学校办教育的一个心愿。

教室外的墙壁上是每个班的"班级名片"，名片上有班级的"全家福"、个性化的班名、班级格言等，班级内有"幸福港站""快乐驿站""心灵橡树林""快乐进步栏"等，每一面墙壁都被师生们利用起来，每一个班级都被师生、家长共同参与建设成了温馨的快乐家园。极具个性特色的班级文化，与校园内的各种文化设施交相辉映，自然融合，把校园装扮得分外出彩。

"树人谷"被葱郁的"春、夏、秋、冬"园和讲述生命起源的展板环抱，里面精心安置着"中国地图"和"世界地图"两大沙盘。各班按周轮值的形式，开展"知我中华，爱我中华""了解世界，放眼未来"为主题的一日新闻发布活动。每天的重大新闻发生地，被值周的班级学生贴上了通告，培养着孩子的国际视野、祖国胸怀、武汉情怀……在周五交接时，第二周轮值的班级负责着对前一周新闻发布的信息进行按类归纳、积极评价。每月的常青藤红领巾电视台进行"小沙盘、大世界、大社会"的专题点评，颇受同学们关注。

生命温暖——办适合每个孩子成长需求的教育

学校文化是"生生日新"的文化，学校需要带着时代烙印的开拓进取，超越传统、超越功利、超越自我的勇气和魄力。

2011 年《国家中长期教育改革和发展规划纲要（2010—2020 年）》明确提出了"实现教育现代化"，于是教育现代化建设成为常实小"十二五"发展规划的核心目标。学校在"十一五"的探索基础上，对"生命发展教育"理念的办学体系进行再度规划和提升。

常实小的文化价值追求就是办适合每个孩子成长需求的教育。学校努力为每个学生创造最适合其学习、发展的环境和条件，使教育更适合每个学生的认知和情感发展需求，更适合每个学生的潜能、才智、个性。

这是在家书上看到的故事：

常实小的"自由行"

家长余斌如是说：记得三年级结束的时候，征得孩子的同意，我们决定将他转学至另一所小学的国际部。班主任万皎老师请示了万校长。万校长的意见很明确：为了孩子的发展，同意转出！

四年级时孩子在新学校寄宿一月后就"反悔"了，要求回常实小。做了许多思想工作，孩子的态度却一天比一天坚决，最后"通报"我们，下周待在家里"抗议"。怎么办？我们一下慌了神，常实小生源爆满，出门容易进门难。但是为了孩子，硬着头皮也得试试呀。

"好啊！欢迎回家！"万老师的热情，让我们看到了希望。"但还得经过校领导同意，况且班上已转进了新同学。"果然有坎坷。找到万校长，她还是那句话："为了孩子的发展，同意接收！周一先上课，补办转学手续。"真是天大的喜讯。

就这样，回到了他心仪的学习氛围。从此，他又恢复了快乐。

让优秀成为习惯

加强和改进未成年人思想道德建设，是一项长期的打基础的工作，是一项社会性系统工程。作为小学教育，必须认真落实上级未成年人思想道德建设工作的各项要求，转变思想观念、改进方式方法、净化未成年人成长环境、努力满足未成年人日益增长的文化需求，促进未成年人健康、快乐地成长，全面和谐地发展。基于以上认识，常实小在做好校园未成年人思想道德建设的各项宣传工作和教育活动外，特别注重协同社区、家庭为学生营造良好的教育环境。

学校通过校园网、《告家长书》《家校练习册》等形式，向学生家长宣传未成年人思想道德建设工作的重要意义和科学的家庭教育方法，在各种学生思想教育活动中，请家长同参与、同学习、同进步。

镜头一：

在"创先争优"活动中，学校下发"告家长书"宣传学校创先争优活动举措，让家长和孩子共同承诺、共同践诺；借 10 月 13 日少先队建队日契机，邀请一年级新生家长到校，亲手为孩子佩戴红领巾，见证孩子入队的神圣时刻，并带领孩子大声说出承诺。通过学校带动家长，掀起全体师生、家长创先争优活动的热潮。为此，学校也成为武汉市"创先争优"工作示范点。

镜头二：

在"做一个有道德的人"活动中，学校利用"家校联系册"和校园网向家长、学生进行宣传，学生和家长一同树立美德愿景，让学生和家长共同寻找身边的美德故事；开展"感恩长辈，打动心灵"为主题的征文和 DV 拍摄比赛。在活动中树立了学生道德意识，培养了学生的创新精神和实践能力，促进了学生全面发展。

在一系列的教育活动中，学校、家庭同携手，为未成年人的成长创设了和谐的氛围，形成了"家校互通"的育人格局。

树立"和谐大教育观"

为了让教育实实在在走进家庭，学校自 2001 年建校之始便开展了为每个家长准备一本《家校联系册》的活动，定期以"家书"的形式向家长们汇报学校工作、班级活动、孩子的进步，解答家长的家教困惑，提出科学有效的家教建议。一封封包含真挚情感、体现班主任细腻工作的"家书"成为家长们每周的饕餮精神大餐。尽管随着信息化的飞速发展，近几年学校各班都建立了班级 QQ 群、班级博客，还有电话、短信等都是家校联系的新方式，但学校一直都还保持着"写家书"的传统。正如校长万玉霞所说的那样："不一定每个家庭都能用上电脑，有些家庭是爷爷奶奶平时带着孩子，我们更应该以人为本、周到细致，让每个陪伴孩子成长的家长都能及时、全面地了解孩子每一步的成长，书信无疑是最纯净、最真诚、保留最长久的一种沟通方式。"想家长所想，一切以孩子健康和谐成长需求为第一信号，是常实小教育工作的基点。

镜头一：

一张张"十六知晓"问卷调查表，记录着每个孩子的上学路径、身体状况、性格特点、起居习惯、家庭情况等信息。老师们会根据家长们提供的这些翔实的信息，更加细致地关注孩子的成长。常实小的每位教师扎实落实学校提出的"十六知晓"，走进学生家庭、走进学生心灵、走进家长心田，创造性地开展了一系列家校活动，如"书香校园 书香家庭"活动、亲子趣味动会、户外拓展活动等。同时，学校还把家长请进校园，根据他们的职业和特长，发挥他们的力量，为孩子们传授各种知识，组织各种形式的家校互动实践活动。

镜头二：

詹蓓老师班的亲子运动会成功举行！她是这样与家长们联系的：首先在班级 QQ 群上征求了家长们的意见，形成了初步的活动方案。接下来，她在博客上发布了活动方案，包括活动时间、地点、内容、任务分工等信息。活动如期举行，詹老师又用家书的形式记录下活动的点滴感动与喜悦分享。当家长们拿着那份图文并茂、字字句句饱含深情的"家书"时，无不为老师的这种对教育的激情投入、对孩子对家长的真挚情感所感动。他们也都忍不住用笔记录下自己的感动与喜悦，那么自然、那么坦诚地与老师的心紧紧连在了一起。家长们都把这封家书当作伴随孩子成长过程中的珍贵财富永久地保存起来。这种家校的互动，正是构建和谐家校氛围的有效切入点。

如今，常实小的老师们依然守住这份纯净与坚持，在原来做法的基础上，学校又科学创新了家校联系工作。老师们每周从自己的工作笔记中选取点滴细节，以"感动""分享""共勉"三个板块来书写这封厚重的"家书"。每个家长都能在优美文字的流动中，真挚话语的感召下，理性分析的建议里，寻找到令自己和孩子震颤心灵的那份感动。家长们都会认真阅读，并写下自己对孩子的爱和关注、对学校工作的理解与支持、对教育的全新认识。常实小家校联系工作的有效开展，无疑是促进未成年人思想道德建设工作和形成家校无缝对接的有利举措。

自主锻炼的"小岗位"

在常实小，还有一道风景。每一个学生自愿挑选感兴趣、能胜任的为同伴、班级、校园、社区服务的小岗位，成为"校园志愿者"。

学校建立了校园设施认养制度，把一些公用设施如国旗台、班旗台、垃圾筒、电话亭、花台等张榜公布，欢迎各班认养。学生们将自己的认养理念贴在物品上，感染教育同伴，他们以极大的爱心和责任心扩大着"校园志愿者"的队伍。在班级，每个学生小到教室灯具开关、花草树木养护、桌椅板凳摆放，大到语文、数学等课程的学习和作业，每个学生都有"岗位"，更有责任。让孩子在生命自然、自主需求的状态下去实现与环境的共生互动，自由地成长，得到人品、人性的主动"优化"

发展，这是教育的需要，也是生命的需要。

举行"升班旗"活动

特色的"升班旗"活动，各班师生共同设计体现班级文化理念的班旗。学校操场上刻有醒目的"我与集体同成长"的国旗、校旗、班旗"三旗"展示台，展示着每个孩子热爱班级、学校、祖国的共同愿景。

学校的班旗展示台，除了我们所熟悉的国旗、党旗、团旗、队旗之外，还有校旗以及各班的班旗。这些班旗都是由各班的正副班主任和全班同学共同设计完成的。

班旗体现了每一个班级的班级理念、班级文化。每周将有一个表现突出的班级的班旗伴随国旗、校旗一同高高飘扬在校园的上空。"让优秀成为习惯"的养成教育和"我与集体同成长"的德育理念都在每周升国旗、校旗、班旗的升旗仪式中得到落实。

新参加工作的一年级班主任党宁蔚老师一接班就接到一个有挑战性的任务——设计班旗。颇有工作经验的副班主任徐刚老师告诉她，要想设计好班旗，有三条秘诀：成立班级家长委员会；与班级家长委员会协商班级发展策略；大家分头设计，集体定稿。就这样几个来回，她班的班旗设计获得了学校"班旗设计优秀奖"。

这是她班的设计说明：以星星为元素，运用变形拟人的手法，把最大的星星变形

为张开双臂的人，小星星围绕着大星星成圆圈状。象征着我们班所有的小朋友（小星星）在老师（大星星）的带领下，活泼快乐地成长。秉承着班级信念："每一个学生都有自己的光芒！"我们在阳光的沐浴下，在风雨的洗刷中，手拉手，共同成长。

特色班会

特色班会也是学校实施有效德育的重要渠道。班会开展拒绝"无效班会"进班，特别强调时代感、创新、可操作及实效性。如与"武汉最美丽交警"同台对话的班会；邀名人进课堂的《名人课堂》班会；"常青社区低碳行"；班级亲子运动；班级师生、家长烹饪比赛等特色班会活动。

"我的活动我做主"

主题月活动、快乐周周行、社团活动、双区互动活动等的开展创新了德育形式，丰富了德育内容，因强调学生的自愿、自主参与、共同分享，从而大大提高了学校德育工作的吸引力和感染力、针对性和实效性。

主题月活动——

如六月开展"我的六一我做主"活动；九月弘扬民族精神月开展"中华美德伴我行"活动；十月红色爱国月，开展"爱国传统　薪火相传"活动；十一月科学实践活动月，开展"快乐童年，创造成长"；十二月读书迎新月，开展"与经典同行"经典诵读活动；元月"团团饺子迎新年"的包饺子实践活动。

快乐周周行——

"快乐周周行"活动，如：科技周、环保周、文学周、双语周、艺术周、书法周、民俗周等。

社团活动——

本学期社团涉及文学类、艺术类、体育类、科技类、手工类、益智类 6 个类别，舞蹈、田径、羽毛球、绘画、书法、环保、科学、文学等社团共 78 个社团。

双区互动活动——

学校充分利用地处常青花园社区的优势，创新了系列社区实践活动，定期举行"社区小义工""我与小树共成长""我是门栋小卫士""送春联""慰问社区孤寡老人""社区文艺汇演"等活动，其中"环保袋袋相传"活动在武汉市乃至全国引起极大反响。

改革的核心在于"变法"课堂

2009 年年底，20 世纪应用科学领域最为杰出的科学家——钱学森辞世！一句

"为什么我们的学校总是培养不出杰出人才?"的疑问,再次成为触动中国教育事业发展的一道攻坚命题。

办学初期,学校就进行了教学方法和学习方式的变革,开展了"师生双主体和谐发展"的课堂教学模式研究和评价体系的探索。

2004年至2006年,学校开展了对"师生双主体和谐发展"教学模式的深度研究,提出了以"课前预设—课中生成—课后反思—自能作业—多元评价"为教学活动主线的教改新思路。

2008年,经过专家引领,在多年反复研究基础上开启了"主动教育"课堂教学模式的研究,以轻负高效为准绳,积极探索"自主—合作、体验—创造、开放—多元"的高效课堂。

主动课堂将学习的路径扩展为"课前—课中—课后",学生在40分钟有效的学习时空经历"主动感知、主动发现、主动参与、主动建构、主动拓展"五个环节。

孩子们从容地主动面对问题生成单、小组交流、小白板展示、互访学习、课末自测。伴随着现代教学设备的全面配置,教室成了每个孩子构建自我知识能力的疆场。

每位学生在40分钟学习内都会经历"个体—小组—群体"学习交互过程,动脑思维、动手实践、动情体验。孩子们自己能学懂的,课前独立预习自学;孩子们自己学不懂的,学会质疑,在课中小组探讨群学;小组不能解决的问题,学习的重难点处,教师进行积极引导和集体辅导。

课桌始终摆放成小组合作型,每个教室除了两块大黑板外,还有8~10块小白板以及20~30支白板笔,即时动态地展示学生的预习成果和学生现场讲解示范。课堂上老师始终站在学生队伍的后面或小组中,把课堂空间让给学生。课堂应用"问题生成单""学路建议""课末A、B检测单",鼓励学生大胆质疑,帮助学生有目的地学习,质量把控做到堂堂清,以切实提高课堂实效。

课堂的高效,始于教师,源于学生。"主动教育"教学模式的实践意义就在于:通过对传统课堂的改革,关注学生自主的程度、合作的效度、探究的深度、互动的温度、生成的高度及拓展的宽度。常实小的课堂由追求知识的完整性、全面性到更加关注学生的人格、能力的主动构建;由注重知识的培养到更加关注学生的心理需求和精神主动成长。从而凸显课堂的实效性,减轻学生的课业负担,给予学生更多的时空去思考、去实践、去创造，真正做到我们的办学理念所倡导的——把欢乐的童年还给孩子，学习的主人就是孩子，生命的创造发展孩子……

陈慧教师"柳暗花明又一村"的教育故事，在常实小是人人知晓。肖畅，曾经的班级佼佼者，可年岁逐增，个性缺憾开始显露，父母无暇顾及导致他变得孤僻、暴躁，常有抵触情绪。我试图借"主动教育模式"的推行，在团队中感化他，用小组长的"诱饵"吸引他……

从此，他和其他组长既是"战友"，又是"竞争对手"。好强致使他亲近老师，"问东问西"；受赞带来的成就感引发了他带动整个团队进步的迫切愿望；信任与掌声让他懂得回报他人——"你来发言吧！""你说的对！""大家一起商量一下吧！""你们觉得怎么样？"……这些将自己"放"在团队中的话语越来越多的从他口中说出来，曾经总是喊着："切！又不点我！""他说的不对！"的孩子悄然消失了……

瞧，那个忙碌着往小白板上写复习题、提醒组员抓紧时间的人是谁？听，那高亢大方的发言声是否似曾相识？而那个善于发现问题、敢于质疑的小脑袋也开始灵动起来，一张小脸经常流露出自信而满足的笑容……

是啊，既定的轨道不一定是最好的，对老师而言，"柳暗花明又一村"的喜悦感油然而生！

三年级数学组长肖紫英老师也给大家讲了这样一个故事：最近我发现班里有一名独特的学生，她是一个长相平平、稍稍偏矮、不喜欢言语、成绩中等的女孩。但每次上课，小组活动后，她的目光始终跟随着我，她会适时地露出合适的表情，或思索，或微笑。当我提出问题时，只要她知道答案，她就会自己小声说出来。当我归纳、总结小组观点时，她总会微笑着轻轻地点一点头。自从发现这个独特的学生，发现课堂上有这轻轻的一点头，我比以前更精心地备课，更精彩地组织课堂活动。每当看到她再一次轻轻颔首，我都会增添一份激情，把课堂的精彩交给学生。有这么融洽的师生关系，有一次次成功的主动课堂，我想说："感谢你那轻轻的一点头，我可爱的孩子！"

……

在常实小，教室内书声琅琅，运动场簇簇火热，校园里处处芬芳。"艺体、外语、国学、科学"四大特色如浩然春波，涌动在校园。国际友好学校游学，拉近与世界的距离；开放式图书馆、夕会的主题经典、班级漂书阅读、校园阅读节及"周三无作业日家庭读书会"……课内、课外，快乐、愉悦。

在"一主两翼"的课程文化中，由学生、教师、家长共同参与开发了八大类校本课程，促进了学生综合素质全面发展。

"艺体、外语、国学、科学"四大特色课程如浩然春波，涌动在校园。学生的个性潜能在"玩"中得以激发，在活动中玩，在玩中实践，在实践中成长。

"三级岗"促队伍成长

学校还积极开展"三级示范岗"建设。"专家引领岗""骨干实验岗"磨砺了"领其行、导其思"的学科带头型教师；"青蓝体验岗"锤炼了"精业务、善钻研"的优秀青年教师。

"专家引领岗"的余蕾老师教学日志中写道："主动教育"——让我快乐行走。课前，我走进孩子的世界，用心感悟他们的需求，从而让"问题生成单"成为数学课堂的"魂"；课中，我用心倾听他们视角的见解，鼓励他们展示着自己不同的思维方式、质疑自己大胆的猜想，用心去搜寻孩子的潜力，与孩子们产生心灵的碰撞，从而让"小组问题探究"成为数学课堂的"根"；课后，我与孩子们快乐交谈，孩子们的一颦一笑、一点一评让我的数学课堂真正飞了起来！

同是"专家引领岗"的魏芬梅教师有着"只要努力过，提高 1 分就等于获得 100 分"的教育思想，让每一个孩子都有成功的喜悦。课前的预习铺垫，课中的质疑问难，课后的延展深化，教师的点石成金，让因材施教在课堂中得到完美的诠释。

"骨干实验岗"的一年级数学教师张君妍研究的是《童趣的数学》。在她的课堂上，常常有故事。让入学两个月的孩子记住"被减数、减数、差"这些抽象的词，确实很难。怎样帮助他们轻松的记住呢？第二天的数学课，一个故事开始啦……在减法王国里，有 3 个王子，最大的叫"被减数"，因为名字长，很难写。妈妈给第二个王子起了个简单的名字，叫"减数"，可王子写了一段时间后，觉得字数还是多了，给第三个孩子取了个更简单的名字，一个字叫"差"。学生个个听得津津有味，脸上洋溢着天真的笑意！孩子们都说"数学好玩"。

国际友好学校互访，拉近与世界的距离。五年级（1）班杨晨语的英国访学日记写得十分有趣。"丰盛的午饭后，我们一同去了校园里的游戏场所，看到这些可爱的外国小朋友，我不由自主地拿出照相机。首先进入我镜头的是可爱的 Shina，她做了一个'V'的手势，对着镜头笑起来，笑容像正午的阳光一样灿烂而纯净。一转头，我拍下了一个两颊有些雀斑的小男孩，可能是因为曝光过度，镜头里的他脸上看不出很多雀斑了，所以拿给他看的时候，他十分开心地点点头。正拍着，咦？怎么闻到一股布丁的香味啊？原来我旁边有一对双胞胎女孩在一边大口吃着布丁，一边好奇地盯着我看。她们指着我手里的相机问我：这是什么？我突然忘了照相机的单词了，只好连说带比画地告诉她们，并且拍下了她们被布丁塞得鼓鼓的、在阳光下可人甜美的笑脸。

之后，我和小伙伴们一起打高尔夫、扔鞋子，玩得不亦乐乎。我还把她们聚集在一起，教他们玩波波球，把我们五（1）班的游戏漂洋过海、发扬光大。"

（三）

实践成效——执着热爱 生命卓越

每天早上，常实小的教职员工来到办公班的第一刻，就会收到一份新鲜的水果、一杯酸奶或一个卤鸡蛋，每个员工生日的那天，都会收到精美的礼物。万玉霞把每一个教师放在心上，关心教师感受，关注教师需要，倾听教师声音，满足教师期望，由此，一支敬业爱生、素质优良的教师队伍逐步形成。这样一支高素质的教师队伍，在万玉霞的言传身教下，一个个都在演绎着万玉霞的教育理想……

2009 年 11 月 18 日，美国的俄亥俄州 New Bremen 社论报以大标号的黑体出现一个醒目的标题：中国教育的微笑，下面是一幅大版面照片：万玉霞给美国小学生上课。课堂上，万玉霞美丽微笑的教态，精湛的教学艺术，幽默的语言风格，生动形象的表达，深入浅出的讲授，让美国学生大开眼界，让美国教师惊叹不已，让美国教育官员交口称赞，称为"中国教育的微笑"。

常实小，是关爱生命的摇篮，诞生了武汉十佳少年张曼；是发展生命的花园，培育了创新少年、世界数学奥林匹克比赛金牌得主万家齐。

在全国、省、市环保观鸟大赛、计算机大赛、机器人大赛、头脑 OM 科普知识技能大赛、舞蹈、美术、书法、乐器等艺术大赛中，常实小数以千计的孩子在国家、省市各级各类评比比赛上获得佳绩。

学校获得中国首批"国际生态学校""全国科学教育实验基地"等 240 多项荣誉；培养了湖北省特级教师、"武汉市十佳班主任"等一批教育一线先锋。

"主动课堂"教学模式先后被云南、河北、山东、重庆、上海、山西、澳门川流不息前来观摩的教育同仁纷纷赞誉。

来自美国、英国、加拿大、非洲法语国家、日本、新加坡和我国香港、澳门、台湾等地区代表团访问交流逾百次，分别与加拿大、英国、美国、新加坡的学校结成姊妹校。学校的办学经验和成果被国家部级刊物《人民教育》《中国教育报》《中国德育》等分别进行了全面报道。

在常实小，每一个孩子们都会自豪地说："欢乐的童年属于我，学习的主人就是我，生命的创造在于我，美好的人生召唤我！"

"我们的一切教育行为都是为每个儿童的健康和谐发展服务；都是为了能够促进每个儿童愉悦地生活、自主地发展、智慧地成长；都是站在孩子的今天，展望孩子的未来，让其最终能成为谋求生命的幸福和对未来社会有所创造、有所贡献的人。"这是万玉霞校长的办学心语。

思崇高，行尚远。武汉市常青实验小学正托举着学生们童心希冀的梦想，用生命温暖着教育。

二、被生命温暖的教育
——湖北省武汉市常青实验小学的生命发展教育散记
（载于《人民教育》）

2001 年夏天，经过激烈竞争而被任命为校长的万玉霞，第一次踏进武汉市常青第一小学（以下简称常小）时，迎接她的是满目的荒草。那时离开学仅剩下 28 天。

她没有向教育局领导诉苦，而是在心里说："万玉霞，这就是你未来事业的舞台了。你要把这片荒地变成一所铺满常青藤的名校！"

28 天后，常小如期招生，迎接家长和学生的是精心设计的崭新的校舍。

但是，因为是新学校，他们只招到了 177 个学生，有的班级甚至只有 7 人。

四年后，常小却成了当地家长的香饽饽，成了武汉市教育界的一块牌子，全校学生也已达 1500 多人。

这是因为万玉霞和常小做了两件事。

一是构建生命发展教育理念。这一理念的核心，用万玉霞的话说，就是："强调关注学生的发展、关注学生生命发展的过程和质量；指导学生正确认识人的生命价值，理解人生活的真正要义，培养学生的人文精神，激发学生对理想的追求，滋养学生的关爱情怀。"

二是把这充满生命关怀的教育理念兑现为教育行为。"我到国内的许多学校考察，也参观过国外的学校，给我的最大感触，就是我们不缺乏先进的教育理念，而是缺乏把理念兑现为行为的实践。"万玉霞说。常小念兹在兹的，就是行为的兑现。常小比别人特别的，也是行为的兑现。

心灵需求，教育的第一信号

好的教育，是关注受教育者心灵需要的教育。

在万玉霞看来，没有对学生心灵发展需求和健康成长的关照，便谈不上生命发展教育。

走进孩子的心灵世界，读懂孩子的心灵需求，就成了常小老师进行教育教学的风向标。

"孩子需要赞美，教师要以一颗赞美的心去凝视每一个孩子。"这是王媛老师在教育中获得的真切感受。

洋洋是刚转到王媛班上的一个插班生，经过观察，她发现洋洋是个很难静得下来的孩子。下课的时候，他总是喜欢在楼道和教室狭窄的过道里疯跑打闹，并且常常把这种状态带到课堂上，几乎没有一节课他是坐着听完的！学习成绩不够理想。在与他的接触中，王老师感到洋洋是一个很聪明的孩子，凭经验她断定，只要洋洋在学习上多下一点点功夫，就会大有进步。

找洋洋谈了几次话，效果并不明显。

终于找到了一个与洋洋父母交流的机会。交谈的结果完全出乎王老师的意料。一提起洋洋在家里的表现，母亲说："洋洋很自觉，我们几乎没怎么操心过他的学习。晚上下班回来的时候，总是看见洋洋在看书。他特别喜欢看课外书。洋洋还是一个很会体贴人的孩子……"说这些话时，妈妈的脸上明显露出了自豪的神情。

妈妈口里的洋洋与王老师眼里的洋洋竟然有这样大的反差？这使王老师开始重新审视她眼前这个不听话又调皮的小男孩。

王老师把目光更多地停留在洋洋身上，努力去寻找他更多的闪光点。但是，有关他的"投诉"却接连不断："老师，洋洋刚才打我！""老师，洋洋躲在厕所里吓人！""老师，洋洋……""唉，怎么总是他啊！"王老师在心里嘀咕，但她每一次都只是提醒洋洋，耐心等待着洋洋的顿悟。

直到有一天中午，洋洋和同寝室的几个同学一起被管午休的老师"请"到王老师办公室，告知洋洋带头不睡觉，还让大家陪着玩危险游戏！说他，居然一脸满不在乎的样子！王老师这才下决心要对洋洋严格要求。于是，批评接二连三地向洋洋抛去。

日子一天一天过去，洋洋依然如故。

有一天王老师批改班上学生的周记，无意间读到了洋洋这样一段话："……在我的心里，一直都有个问题搞不懂，那天妈妈回来，说遇到王老师，王老师还表扬我，说我很聪明，很勤快，也很热心，可为什么我从来都没有亲耳听到王老师这样表扬我呢？为什么我只能听到王老师批评我呢……"

王老师被震撼了！"我犯了一个多么严重的错误啊！我竟然忽视一个孩子的感受！"王老师这才意识到，洋洋之所以故意推倒同学、抢别人的东西等，是想用这样的方式引起同学们的注意，他太想引起大家对他的关注了。

"作为老师，我们应该用关注的眼神凝视每一个孩子，怀着一颗赞美的心去看待每一个孩子，只有这样才能让每一个孩子的生命都能得到最好的发展。"王老师在自己的日记里写道。

接下来就是王老师尽可能地让洋洋心灵的渴望得到满足。渐渐地，洋洋越来越喜欢和王老师在一起，他学会了用另一种方式引起同学们的注意，那就是真诚。随着表扬的次数越来越多，批评的次数越来越少，他不论做什么，都比以前有劲头了！

"表扬比批评更管用。一个老师，千万不要吝啬自己的表扬，那对于那些表现不好的孩子是一针'强心剂'啊！"王老师又记下了自己的这点感受。

满足学生的心灵需要并不难，有时只要一个鼓励眼神或是一个欣赏的微笑，有时可能是一句赞美的话或是一个抚慰的动作，关键在于教师能不能从孩子的目光中、表情里、行动中读出需要。

作为每一个生命个体的孩子，心灵的需求并不相同。

一位教师在她的笔记中写了这样一个故事。

若不是这次我和学生的谈心会，我从来都不会想到这个孩子竟然会对我有这么大的意见。对于他，我一直是那样小心翼翼，结果竟事与愿违。有障碍的孩子，很腼腆，父母又不在身边，因此我特别注意他，也很关心照顾他……

在谈心会上，别人都说完之后，他举手了，支支吾吾地说："希望——老师——以后——多批评我。"我很诧异，怎么，他要求我多多批评他，我没听错吧！他又嘀咕道："我觉得老师——看不起我。"话音刚落，同学们纷纷议论起来，我有些尴尬，但我丝毫想不起来在哪件事上没处理妥当。中队长站起来说："你说清楚，老师哪里看不起你了。大家都知道老师对你最好了。"

……我决定放学后立即找他谈一谈，非知道原因不可。在我真诚的要求下，他终于开口了："老师，你是不是觉得我比别人笨？"

"没有，你也同样聪明，老师不是经常表扬你吗？"

"不是的，因为我笨，你是因为觉得我笨，同情我，可怜我，才这么说的。"

"你误会了，老师从来没这么想过。"

"我知道您对我好，但是，你这样做总是让我觉得我不如别人，让我觉得自卑。就像上次我给一个简单的字组词，我本来也想和大家一样多说几个词出来，可是你走过来轻轻地对我说：'说不出来没关系，你先坐下吧！'我本来是很有信心的，可听你这么一说，我想，反正老师也认为我答不出来，对我没信心，我还说什么呢？其实，我心里特别难过……有时我甚至想，干脆您批评我吧，省得让大家都觉得我与众不同……"

这是一个特别渴望老师把他与其他同学同等看待的孩子，他只需要教师对他的感受一个回应，一次证明。

"把每个学生都看成一个新的世界，细心探索他们丰富而脆弱的内心，发现他们每个人身上哪怕是稍纵即逝的闪光点，是做教师的一种快乐。"常小的教师满怀深情地说。

因此，他们特别关注每一个学生的喜怒哀乐，注意每一个学生的情绪变化。

在常小，班主任还有一个特殊的称呼叫心理辅导员，在他们手里都有一个"秘密武器"——心情预报表。表格样式不同，是根据学生的年龄特点和喜好自行设计的图案和栏目；目的相同，都是为了及时了解每一个学生的情绪和心理状况，以便及时调整。如果需要学生可以随时填写，老师可以随时看到。

心情预报表一般包括几项内容：心情图标、心情倾诉、教师疏导及学生反馈。

心情图标设计了笑、怒、愁、哭四种卡通图案，学生根据自己的心情勾画；心情倾诉，是学生说明自己为什么高兴或不高兴；教师疏导是教师调控学生情绪的留言；反馈是学生被调控后的心理状况。

掌握学生心绪的详细"情报"，是为了把孩子的心灵需求，真正当作教育的第一信号。

一天，一位学生的母亲交给万玉霞一封信，说："这是我孩子晚上花了好几个小时、边哭边写成的。信是写给您的，封好了，我没敢看。"

拆开信封一看，万玉霞着实吃了一惊。孩子说，自己转到常小一两个月来很不开心，非常郁闷。她觉得自己做得很好，但没有其他同学得到的表扬多。班上有几个同学总表现出特别开心的样子，好像故意气她似的。在家里，妈妈只喜欢双胞胎的妹妹，对她不关心，表扬妹妹的次数比她多，妹妹比她开心，好像妹妹也在故意气她……信满满的，写了三四页。

万玉霞意识到这是个有心理障碍的学生，于是赶忙放下手里的工作，给这个学生回了一封长信。她在信里说："谢谢你的信任，把你的想法、心里话这么坦率地告诉我。我愿意做你的朋友，愿意帮助你，解答你的疑惑……"除了理解还有许多鼓励的话。

万玉霞经过一系列的细致工作，甚至与这个孩子约定早上一起跑步，增加与她接触、交流的频率，从而不断化解她心理的郁积，渐渐消除了她的心理障碍。后来，这个孩子成了一个快乐向上的阳光少年。

也许这只是个别的现象，但从关注每一个学生的健康成长的角度来说，却不是偶然的，这正是生命发展教育的必然结果。

难怪家长们深有感触地说："把孩子放到常小，我们放心，因为这里的老师是用心来投入教育的。"

好一个"用心"，一语道出了常小生命教育需要用生命、灵魂的墨汁去书写的秘密。

让优秀成为习惯

行为养成教育是每所小学都在做的事。叶圣陶就曾说："小学教育就是习惯教育。"

但是，从关注儿童生命发展状态的理念出发，常小赋予养成教育新的内涵。

　　万玉霞说："养成教育是以学生人格的健全发展为基本内容的全面发展教育。对于我们教育者来说，首先要建立优秀就是一种习惯的意识，相信每一个孩子都可以养成优秀的行为习惯。"

　　因此，常小老师的责任，就是让每一个孩子的优秀行为习惯化。

　　他们针对学生的实际，从生活、学习、品行、身心健康几方面提出了明确的行为要求："出言有训，行之有范，眼中有活，心中有人。"

　　"出言有训即规范校园礼仪用语、谈吐表达要清晰；行之有范即帮助指导学生从一点一滴的小事做起，日复一日，由他律到自觉，由偶尔为之到长期习惯；眼中有活即培养学生善于观察、善处事务、高度自觉的品质；心中有人即立足于引导学生学做小事，自爱爱人，学会珍惜，自利利人。"他们解释道。

　　教化需要过程，而这个过程是在和风细雨中完成的。为了督促学生达到要求，校园里出现了这样的一些带问号的句子："你的语言文明吗？""你的行为规范吗？""你是否拣起了废纸？""你是否关心了他人？"在这样的追问中，孩子们时常对照检查着自己的行为，并在这种氛围中，不断使自己的行为规范起来。

　　在孩子们可触及的视线中，他们经常会发现类似于这样的温馨提示：

　　——同学们：我是你们一日三餐都离不了的伙伴，我帮你品尝了美味，请你把我轻轻放入筐内。谢谢！

　　——爱护我，我和你们共成长。

　　——小草睡了，请别踩着它。

　　看到这样的提示，孩子们在使用消毒餐具时，做到了"弯腰、轻放"；面对树木、花朵、小草，就再没有谁去攀折、践踏。

　　清晨，孩子们唱着优美的校歌，喊着响亮的校训，边着自信而整齐的步伐出操。

　　进入学习区的学生们，放慢了脚步，轻声细语。

　　一段旋律动感十足的下课铃声之后，来到活动区的孩子，尽情地欢笑，快乐地奔跑，开心地游戏，喷发出无穷的活力。

　　放学了，值日生将拖完教室的拖把认真清洗、拧干，按规定整整齐齐地挂在洗手间里。

　　专为学校残疾同学设置的绿色通道，孩子们自觉打扫，从不占道，专为残疾同学设置的厕位，孩子们也从不占用。

……

这一切一切的文明举止，都透射出常小学生在日常教化过程中养成的良好的行为习惯。

"教育从最根本上说，关注的是每一个人的生命发展。小学生正处于身心发展及道德行为铸就的关键时期，把崇尚优秀作为他们的追求，并逐渐养成一种追求优秀的习惯，无疑会为他们今后的可持续发展奠定坚实的基础。"万玉霞说。

为了建立学生向往优秀、追求优秀的意识，常小用了四招。

一是开展班级格言、班级名片比赛。学校统一制成漂亮的小展板，挂在各班教室门前。无论谁从教室门前走过，都一定会看到这个班级名片：一张全班学生的全家福照片，一段表现班级精神风貌的格言，一份该班级争创行规师范班的情况纪录，还有反映班级自我服务小岗位成员成果的一颗颗小红星。它反映的是整个班级的集体形象。可别轻视了这张班级名片在孩子们心中的分量，因为它被孩子们当成了一面检验班级同学行为规范的镜子。于是，学生通过班级形象设计、形象定位、形象展示的过程，形成了一种向往优秀的心态，有意识地开始完善自我、超越自我。

二是设立孩子们都羡慕的各级小助理。比如，班级中设立班主任小助理，年级中设立年级组长小助理，学校设立德育主任小助理和校长小助理。这些小助理干什么？当然是参与班级、年级、学校的管理，其中一项就是行为规范的监督。

"我是本月校长小助理赵伦，上周从各班班主任小助理们反馈的行规情况看，我们感觉到全校同学在'我爱我家课桌椅'主题活动中，表现极好……"这是校长小助理在行使自己的权力，在周一的校会上宣布周行规反馈情况。这些小助理们虽然一月轮换一次，但被任命的先决条件必须是行规示范标兵。要坐这把"交椅"，你就得行为优秀。这样一来孩子们的眼睛就盯在优秀上，追求优秀的意识也由此得到强化。

三是设置"悄悄话信箱"，这是全校师生用来监督行为习惯的。一位在校园里抽烟的老师，一天收到了这样一封信："老师你要求我们不吃零食，您抽烟算不算吃零食呢？——学生：×××"

孩子的善意提醒看上去有点幼稚，却是真诚的。在孩子眼里，抽烟就是不好的行为，老师当然要改。这位老师果真很快改掉了上班抽烟的习惯，并且给写信的孩子回信说："谢谢你！不抽烟感觉真的很好。哈哈……可是，你近来好像很兴奋，话很多，上课可要控制哦！"

孩子看完回信，课堂上的表现大有进步。

关于"悄悄话信箱"改变人的故事还有许多，这只是其中的一个。

四是依托社区构建学生行规督导站。学校聘请社区青教办同志担任指导员，通过及时反馈评比，弘扬先进事迹，使学生在家庭、在社区都能遵纪守法，养成良好的行为习惯。

渐渐地孩子的良好习惯延伸到了社区。

"我好痛，别折我！""谢谢你们！"孩子们学着在学校里提示他们的句子，给社区督导站写了一封"给小区居民的信"。督导站将孩子们写的信在社区广播站播出后，小区内再也没有人摘折栀子花了。栀子树长得更加茂密，栀子花的清香散满了整个小区。

四年级（1）班小马的家长给学校写来了一封致谢信，信中说："孩子转到常小才一两个月的时间，变化可真大啊！以前从不愿意帮我们拿报纸、打扫房间，现在他每天都抢着到楼下拿报纸，帮忙做一些力所能及的家务事了，感谢常小的养成教育！感谢督导站的指导员常来我家了解情况。"

常小的孩子就这样不断培养起向往文明、优秀的意识，不断生发出优秀的行为，常小的教育因此向着理想的教育目标一步步迈进……

用文学的气息滋养心灵

在常小的"树人谷"，赫然刻着四句话，落脚的一句是："人性育人。"

让学生沐浴到人性的光辉，是良好教育的内涵，也是常小生命发展教育的题中应有之义。

这首先要求教师能以人性的教学，去开启、激发和丰富学生的心灵世界。

因此，在万玉霞和常小老师们的眼中，现代化的课堂是充满生命活力的课堂，而富有生命活力的课堂必须立足于人性感化、感情化（课堂一方面是知识传授和积累，一方面是情感熏陶的场所）、民主化和愉悦性、探究性和创造性。

概而言之，要关注学生的心灵需求，要积极参与他们的精神成长。

让我们听听万玉霞的一堂课——《鸟的天堂》。

教学的难点是如何让学生去体会作者对生命的赞美和作者的博爱精神。

在让学生默读、自由读课文，并配合课件演示，对课文内容尤其是大榕树旺盛的生命力和栖息于大榕树的飞鸟所代表的自由生命有了初步的认识之后，万玉霞引导学生重点理解第 9 自然段的文字："朋友说这里是'鸟的天堂'，有许多鸟在这树上做巢，农民不许人去捉它们。我仿佛听见几只鸟扑翅的声音，等我注意去看，却不见一只鸟的影儿。""鸟的天堂没有一只鸟，我不禁这样想。于是船开了，一个朋友拨着桨，船缓缓地移向河中心。"

"这些简短的文字，蕴含着丰富的人文情感，并对上下文起着重要的呼应作用。"万玉霞说。然而，仅仅靠学生自己，是怎么也读不透这些文字背后的东西的。

她提出第一个问题："鸟的天堂指的是什么？"

很简单嘛，果然，一个学生抢先回答："大榕树。"

一个正确但忽略了实质的答案。她继续让学生发表观点。

经过讨论，大家终于找到了真正的答案：许多鸟在大榕树上做巢，农民伯伯都很爱护它们，没有一个人伤害鸟，鸟儿们在这里生活得自由自在，幸福快乐，因此这儿可称得上是"鸟的天堂"。

她一边板书（如下），一边接着学生的话说："是啊，鸟儿和大榕树，人类和大自然共同奏响了一曲多么动人的生命和谐发展的协奏曲！"

鸟的天堂		
榕树	鸟	人类
	和谐发展	

有了这个铺垫，她决定向课文的核心地带挺进。

"同学们，老师还有一个问题：鸟的天堂真的没有鸟吗？"她顿了顿，"朋友说这里有许多鸟在树上做巢，巴金爷爷这样一位观察事物细致的大文豪，他真的认为榕树里没有一只鸟吗？"

这的确是个问题，一个很"意外"的问题。学生一下子愣住了。教室里仿佛能听见思考的声音。所有人脸上都写着困惑。

"老师昨晚写了一首诗，是老师和巴金爷爷进行的一次心与心的交流，如果大家和老师所表达的心声一致，请在我读完诗后给一片热烈的掌声吧！"（配音诵诗。）

归巢的鸟

落日的余晖

归巢的倦鸟

藏着轻风的秘密

记着白云的微笑

抖落掉满身的尘土

梳理好零乱的羽毛

林子里听伙伴们轻声耳语

山林外墨色的天边

已缀上了点点星光

倦了归巢的小鸟，静静地休息吧，歇息吧

我知道，当天明时第一抹朝霞投进树梢

那里早已是交响乐般的欢腾

田园诗一样的美妙……

不知是因为她富有磁力的声音，还是由于诗的魅力，学生们听得入迷了，而后是一阵热烈的掌声。他们内心的情感，甚至是诗意，突然被唤醒。

"老师，我们和您一样读懂了巴金爷爷的心声。他知道夕阳斜下，觅食的鸟儿们都倦了，休息了，巴金爷爷不忍心打扰鸟儿们，让鸟儿们美美地在大榕树里睡一觉，于是划船乘着暮色悄悄离开了。但第二天清早等鸟儿们醒来时，会再来看望它们的……"

多么准确而美妙的体会！

课由此进入了高潮。

常小人认为，从生命发展教育观来看，儿童是一个完整的生命体，是"有意志、有情感、有想象的存在物"。

而万玉霞说："语文是真情的流露，是童心的激发，是生命的热爱，是创造的火花。"

由此出发，语文教学不仅要关注学生知识技能的获得，而且要满足他们情感、审美等精神层面的渴求，让他们的心灵日渐健康、丰满起来。

这样人性的语文教育是需要特别借助文学的力量和想象力的。

　　具体而言，就是老师要善于解开课文的情感密码，并创造性地找到恰当的教学方式，以带领学生走进课文的"内心世界"。

　　一般说来，老师都知道巴金的这篇文章赞美了生命，要让学生去关爱生命。但很少能像万玉霞这样，能从具体可感的文字细节中去破解情感密码，因而除了让学生自己不得要领地去朗读、感悟之外，还很可能把教学重点放在榕树之大和飞鸟之多的美丽奇观上，哪里知道要揭示出文字背后的作者的人文情怀？

　　破解课文的情感密码，这还只是第一步。也许是突发奇想，万玉霞以一首小诗启发了学生的想象，最终把课文的情感秘密内化成了学生的体验。这是富有韵味的一种教学方式。诗歌的引入，不但帮助学生理解了课文的内涵，拉近了学生和作者的心灵距离，而且扩充了课文可供想象的空间。

　　文学，不只是语文教育的内容，而且是一种有力量的教育方式。

　　执着于培养学生精神生命的常小人，似乎朦胧地意识到了这一点。在他们提出的师生双主体和谐发展教学模式中，教学目标被多元化为五个方面，"审美目标"位列第三。因此，常小的课堂，多了一份对学生精神成长的细腻关注。万玉霞的这堂课，不过是其中较为突出的代表，还有许许多多的课值得一书。比如年轻的李进老师，在执教《丑小鸭》时，就自觉地把目标定位于让学生从语言文字中去体味思想情感，受到一定的感动和震撼，通过讨论交流，看到童话的一些璀璨、动人之处，"这些不一定能清晰、完整地表达出来，但只要划过心灵就是最大的收获"。因此，在整个的教学过程，她非常注重让学生咀嚼或者感受那些隐藏在文字中的情感、精神。

　　文学是人学，是对人的关注，更是对人精神世界的关注。常小的课堂散发出的文学气息，不过是从一个侧面说明，在具体的教学实践中，他们心中真正藏着一个大写的"人"，真正把培养一个个精神生命健康、丰满的人当作了自己的首要责任。

DV：打动心灵的德育力量

　　没有健康的道德情感的建立，就没有健康的生命成长。

　　常小的生命发展教育，一个很重要的内容，就是要打造学生心目中的德育。

　　什么是心目中的德育？"就是学生最后能自己教育自己、完善自己。它不是被动的，而是学生自己需要的德育，他们能够受益的德育。"万玉霞说。

　　注重体验的"感动 DV（数码摄像）工作室"就是这样的德育。

常小曾做过一次调查，结果显示，竟有54%的学生认为自己"是一个不容易被感动的人"或"不知道什么是感动"，他们认为，所有的一切，都是他们应该得到的。

多么可怕的数据！

教育拒绝制造冷血动物。

那时正好武汉电视台在进行DV的展播、评选活动，内容非常生活化，常小人突发灵感：为什么不把这样富有生气的活动借鉴到学校教育中来呢？"考虑到我们小区的家庭一般经济都还可以，我们决定开垦德育工作的处女地——建立'感动DV工作室'。"副校长廖晓雁说，"我们想以此把孩子们从狭窄的课堂带出来，用DV去观察、记录，触摸他们灵动的心灵，感动世界的真情，体验生活的真谛。"

在班主任的组织下，每个班都组建了"DV小组"，由学生提出问题，确定主题，制订活动方案。他们选取自己在学校、社区和家庭中最有感触的场面，用摄像机拍摄下来，剪辑、配音、制成片子，然后在学校电视台播放，与全校同学分享自己的感动。

很快，这就成了学生最喜欢的一部分学校生活。从策划到后期制作，都是孩子们自编、自导、自演，亲力亲为。"他们特别感兴趣，因为DV拍的全是他们身边的故事，故事里的主角和一般演员全是自己人。"

如今，学生已经完成了30多部作品。这些作品，涉及面非常广，而且每个班都有自己的特点（除了集体作品，也有少量的个人作品），但无形地，它们都贯穿了一个核心的内容：理解爱，并学会爱。

曾老师住院一个多月了。那一个多月里，班上的学生每天都希望他突然会微笑着出现在教室门口，但每天都令他们失望。他们决定去看老师。"见了曾老师，我们不能哭，要把微笑带给他，给他唱歌、讲故事。"临行前，带队的老师一再叮嘱。

"曾老师，我们看您来了。"同学们向曾老师献上了鲜花，还有亲手折的千纸鹤——这是他们商量了好几日的结果，"他们觉得唯有千纸鹤能表达对老师的祝福。他们折了很多只，每只千纸鹤上面都写上了祝福语。"

曾老师从病床上坐起来，笑眯眯地看着每张熟悉而可爱的脸，幸福地沉浸在孩子们那稚嫩的歌声中。

不知道从什么时候从谁开始，每个孩子脸上都挂满了泪珠——他们并不知道老师已身患绝症，是内心的爱与感动让他们流下了泪水。老师也哭了。

孩子们把这一切都原汁原味地拍摄了下来。

过了不到半年，曾老师不幸离世。

谁曾想，这个原本是祝福曾老师的短片——《我爱我师》，后来竟然成了纪念和追悼曾老师的"礼物"。

当它在全校展播时，老师和学生哭成了一片，连一些平时不容易感动的情感淡漠型的同学也悄悄地擦去眼泪。

这讲的是师生情。因为有了真实的生活体验，有了真实的情感经历，爱学校、爱老师不再是空洞的话语符号，而变成了具体可感的真人、打动心灵的真情。

还有的是表现同伴之间的关爱，和这种关爱如何陪伴自己成长。

五年级的汤惠淋，从小就得了小儿麻痹症。对于她来说，行走就是天使的梦想。

三年前，她转到常小。

"刚开始的时候，她父母请了一个保姆专门照顾她，下课上厕所，都是保姆背着去的。她在班上一句话不说，不和任何人交流。"

后来，班里成立了一个互帮互助小组，把照顾汤惠淋的任务一件件都接了下来。

"另外，针对她特殊的心理，不仅班主任经常开导她，孩子们也主动找她玩、做游戏。大家还鼓励她，说，你可以练习站一站。她果真就拿着一个小板凳练习起来。慢慢地，她就能站起来了。现在她已经能骑自行车上学了，到学校后，她就扶着楼梯练习走。"

汤惠淋成了常小的一道风景。每当看到她坚强地站起，看到她坚强地沿着楼梯一级一级向上攀登，同学们心里就默念着一句话："汤惠淋真是不容易啊，我们应该多多帮助她，更要向她学习！"

"她的这个成长过程，我们老师和学生感受都是非常深刻的。"

同学们就把这拍成了 DV。在拍摄的过程中，他们被汤惠淋的一张艺术照感动了，照片上，小惠淋戴着天使的翅膀，一脸灿烂的笑容——她是向往着自由的飞奔吗？她是梦想着飞翔吗？

于是他们决定给片子起名为《飞翔，挥着翅膀的女孩》。

他们在片子的开头深情地配音：

"小鸟没有了翅膀，就不能在天空中自由飞翔；鱼儿没有了鳞衣，就不能在水里快乐游荡。一个年仅十一岁的孩子就双腿残疾，命运对她来说是何等残酷啊……但是她却身残志不残，乐观地生活着……"

"虽然有的镜头晃动，不如电视台的专业，但它的效果很好。在夕会时我们向全校播放，学校轰动了。所有的人都被汤惠淋的坚强和她周围的爱感动了。"

有更多的孩子向汤惠淋伸出了友爱之手，自愿地每天帮汤惠淋打饭、背书包、陪她上厕所……

一种博大的爱以小惠淋为圆心，一圈一圈地向外蔓延开来。多少常小的学生因此而体会到了关爱的真正含义，并由此向同学、朋友、亲人传递了温情、感动！

还有的小组用DV记录下了《妈妈的一天》。短片播出后，让许多平时不懂得尊敬家长、衣来伸手、饭来张口的学生体会到爸爸妈妈的辛苦，感受到温暖的亲情，开始理解父母的良苦用心，主动和家长交流亲近……于是，一些DV作品又陆续诞生：孩子和家长促膝谈心、主动做起家务、女儿和爸爸一起读书写字、儿子教妈妈弹钢琴……在和谐融洽、民主平等的家庭氛围中，孩子们都快乐地体验着亲情的温暖。

教育是要以爱为基石的，更要以创造更美丽、更动人的爱为己任。

但是，一些学校在现实的压力下，往往忘记了教育的这个"终极关怀"，或者因为没有找到很好的教育途径，只能对学生冷漠的情感世界徒唤奈何。

而常小人自觉地认为，他们的教育是要在"爱意"的氛围中，去培养学生的博爱情怀。

他们的"感动DV工作室"，就是要让学生去体验感动、真情，并逐步培养起爱的能力：在复原、追问、反观、再度体验自己或同伴的生活情景、故事的过程中，他们习焉不察的经历被赋予了生命的意义，他们认为理所当然的东西忽然有了新的意涵，他们因此终于理解并咀嚼到了亲人的爱、师长的爱和同伴的爱，并学会了如何去爱别人、去表达爱。

这或许就是我们这个新时代所需要的能打动学生心灵的德育。

那些藏在细节里的生命关怀

走进常小的校园，你会发现每一间教室门口都放有一排木制的矮柜，柜子里一格一格地摆满了鞋子；

学校的每一处洗手池边，都摆放着一瓶稀释过的洗手液；

每到吃课间餐的时候，老师会给学生发一双进餐专用的消毒手套；

……

这些都不是可有可无的教育细节。

"孩子们每天步行来上学走了不少路，小脚丫一定出汗了，放一个鞋柜在教室门口，学生就可以换双鞋子进教室，让脚透透气。"万玉霞一一道出这些细节背后的教育关怀，"学生们每天翻课本、做清洁、疯跑打闹，一双小手沾上了不少细菌，在洗手池边放瓶稀释过的洗手液，既可以让他们方便地把手洗干净，又不至于被浓度过高的洗手液伤害稚嫩的皮肤。孩子们用手抓食课间餐很不卫生，然而普通的塑料手套又含有对人体有害的物质，学校订购专用的进餐手套发给学生使用，可以保护他们的身体健康……"

如此周到细致地为孩子考虑，恐怕连家长都不一定能做到。

"关注生命的发展过程，就要从细节做起。"万玉霞认为，每一个学生都是一个鲜活而又复杂的生命个体，在他们生命成长的过程中，即使一个微小的环节也可能会对他们今后的生命状态产生重大影响，就像刚栽种的树苗需要细心呵护，刚出生的小鸟需要认真喂养一样，对学生的教育也要关注每一个细节。

只有对教育的细节给予生命的关怀，教育才会是美妙的。

"阳光一小时"活动就是常小的生命教育因注重细节结出的美妙果实。

2004 年，万玉霞到外地考察，发现有个学校课间做两套操。"当时我就觉得这非常好，学生活动时间长，活力得到释放，有助于身心健康发展。"

想到如今的小学生整天坐在课桌前、电脑前，很少进行体育锻炼，身体越来越差，"小眼镜"越来越多，更不要说体会体育游戏的快乐，万玉霞当时就决定："回去也要搞，时间还要长些，并有效整合课程，要更加活泼、开放，搞出自己的特色。"

这就是常小"阳光一小时"的由来。

它的具体内容是，每天课间安排 1 小时的时间（上、下午各半小时），组织学生到操场上进行体育活动，做完国家规定的广播体操，再做校本操"跳跳操"，而后是自由选择滚铁环、打陀螺、跳皮筋、跳房子、丢沙包等十多种优秀传统体育游戏。

为了保证每个孩子都能玩上自己喜欢的游戏，"学校花了几万元购置大量的体育器材：沙锤、保龄球、板箭、混铁圈、长绳、短绳、毽子、接力棒、呼啦圈，等等。

外面买不到的，我们就找厂家量身定做。"就连课间播放的音乐，他们也买了大量的碟，由音乐老师从中选择悦耳、欢快的音符创编而成。

请想象一下，每天，1000多名学生每个人都拥有近1小时的时间去尽情地游戏的情景，会是多么地富有朝气和生命活力。再稍稍联想一下，如今有多少小孩，所有的时间都被书本、作业、各种培训班吞噬而与童年的快乐无缘，与生命的灿烂无缘，我们该做怎样的叹息。

难怪武汉市督导评估组的专家看到这样的情景后，当场就兴奋了："这太好了！我们要在全市推广。这是一个很好的关注学生生命成长的活动。"

不只是万玉霞一个人在用爱、用生命的情怀关注教育细节，常小的每个老师都在努力把这样的关注融入自己的教育行为中。

一年级的曹老师非常细心，她发现教室的课桌板凳都是方形的，带有尖锐的棱角，学生下课活动时一不小心磕到了，很可能造成意想不到的伤害。为了排除这个安全隐患，曹老师找来塑料泡沫，把班上每一套桌椅的棱角都用泡沫包扎得严严实实。

二年级万老师班上有一个学生，家长在电视台上班，因为工作繁忙，下班时间不确定，经常是放学后不能按时来接孩子。万老师二话没说，自觉地每天把孩子带在自己身边精心照料，当起了临时"妈妈"，从辅导孩子写家庭作业，到和孩子一起玩耍游戏，两人在校园内总是形影不离。老师们都笑谈道："真还以为他们是母子俩呢！"

关注孩子的生命细节，重要的是要能敏锐地捕捉到影响他们情感、精神成长隐秘的线索。

李媛媛是个内向胆小的孩子，她父母离异，很少得到家庭的温暖。从一年级到五年级，她只和一个名叫王子阳的女同学合得来。可是最近一段时间，她却突然不和王子阳交往了，总是一个人趴在楼梯栏杆上闷闷不乐。

王老师敏锐地发现了这个细节，就找李媛媛谈心。原来她和王子阳因闹别扭而"绝交"了，失去了唯一朋友的她感到非常害怕和孤独。谈话没过两天，李媛媛又出事了，放学后她没有按时回家，竟跑到外面"散心"到深夜。王老师一了解，才知道李媛媛的母亲现在又生了一个弟弟，照顾不过来，把她托付给姥姥了。然而很少体验到亲情的她，却认为自己是被遗弃了。

"她这个问题不是一两天就能解决的，要长期地、有耐心地帮助她、辅导她。"于是王老师坚持每周和她笔谈一次，首先让自己成为她的知心伙伴，在交流中慢慢地培养她平和的心态、开朗的性格。接着，又利用座位调整的机会，王老师安排了几个性格活泼的同学坐在她周围，给她创造轻松的氛围，让她逐渐结交上了更多的朋友。最后，通过给她办生日聚会，王老师劝王子阳和她主动谈话，使两个小姐妹重归于好。从此，李媛媛胆子变大了，小脸蛋上挂起了灿烂的笑容。

关注孩子的生命细节，不但要能捕捉到这些重要而隐秘的线索，还要善于由此顺藤摸瓜，把消极的信号转化成积极的因素，把积极的因素变成促进生命成长的力量。

一次讲台上的两支彩笔不翼而飞了，万老师向全班询问是谁拿走了彩笔，当她走到一名学生的座位边时，发现那名学生的神情特别紧张，老师便停住了脚步走到他面前，这个学生的脸唰地一下红了，全班学生的目光都投射到他身上。

事实已经很明显。

但万老师看到了孩子内心的焦灼甚至恐怖。她决定把真相隐瞒起来。

"哦，某某，我忘了，前两节课是我把彩笔借给你了，对不起！你的画还没有完成吧？继续加油噢！"

下课了，那名学生主动来到办公室，将彩笔送到了万老师手里。

万老师微笑着抚摸着他的头："谁都会犯错的，老师也不例外，只要诚实、知错能改就是好孩子！我们一起保守这个秘密，好吗？"

"万老师，刚才真的是谢谢您，您真好！我再也不会那样了……"

教育要保护学生的自尊，同时也要让他们学会真诚，在日常教学实践中，这往往是对教师智慧的考验。

有人以为智慧就是聪明，把教学智慧等同于临时的善变和巧变。这至少是片面的认识。

真正的教育智慧来自教师坚实的修为。常小老师们能敏锐地捕捉到学生生命发展的细节，并在这个过程中促成学生身心的健康向上生长，主要在于他们在不断的学习和实践中，学会了真诚生活、真诚面对，学会了尊重生命、呵护生命。

万玉霞有很多"名言"，比如"四个真诚"："把真诚的微笑带给学生，用真诚的双眼凝视学生，用真诚的双手抚摸学生，用真诚的心灵体贴学生。"这不仅已为老师们倒背如流，更重要的是已逐渐内化为他们的"教学气质"。

不信，请看看他们的《家校联系册》。

顾名思义，家校联系册是老师和家长主要就孩子在学校的生活、学习情况进行沟通和交流。

"一年级刚入学的孩子，第一个月老师每天都要在《家校联系册》上与家长进行沟通。"廖晓雁说，"其他年级的孩子一个月至少要有两次的沟通。当然也分层，有个别的孩子，一个星期要进行一次甚至两次的沟通。一个班四五十个人，不可能长篇大论，就是简单的几句话，比如说，你的孩子今天在学校很快乐、他可以自己吃饭了，等等，当然，也有不满意、不足的地方。就这样把孩子的点滴反馈给家长。"

我们随手翻阅了一个本子，几段温馨的文字让我们不忍释手。

徐云昊妈妈：

你好！

今天孩子在学校表现得非常好，很乖。吃饭也吃得快，就是不太爱说话，请你们在家里多鼓励他，我也会在学校里多多锻炼，让他表现得更自信些。

周老师

2003 年 9 月 1 日

昊昊妈妈：

这段时间我发现昊昊上课举手发言不是那么积极了，对学习好像有点提不起兴趣。我找他谈过，他告诉我是因为他觉得自己感兴趣就学，不感兴趣的他就不想学。我也给他讲了一些道理，他很快就接受了。现在上课又能积极举手发言了。他很不错，能知错就改。我也想请你和他谈谈，激起他的学习兴趣。

周老师

2003 年 10 月 30 日

昊昊妈妈：

今天昊昊穿少了，中午我发现孩子手都冻红了。我便给家里打电话，可家里没人接。我又打你手机，也关机。天气转凉，可以给他穿一件外套，热了也好脱。

　　你的短信我收到了，谢谢！说实话，看到你发的短信心里暖暖的，很感动。再次对你说声谢谢你！

周老师
2003 年 11 月 26 日

　　"如果对孩子没有丰厚的爱，就不会观察得这么细致。"廖晓雁说。

　　而我们要补充一句：如果没有对每个生命有一种发自心底的真诚的赞美，孩子生存状态的这些细节也绝不可能走进老师的教育视野。

　　有人说，细节决定成败。

　　而常小人证明了，细节中的生命关怀温暖了教育的诗情。

三、点亮心灯　唤醒灵魂的教育

——构建学生精神成长家园的常青实验小学
（名校长采访）

　　武汉市常青实验小学认真建构"生命发展教育"理念，关心学生心身健康发展，关爱生命成长。通过落实立德树人，深化课程改革，让孩子沐浴在求知益智的光辉里。为唤醒孩子的天性，满足心灵需要，学校建起论坛馆、体验馆、才艺馆、人文馆、嬉戏馆五大场馆。最终实现了"尊重儿童的生命主体意识，开发儿童的生命发展的能动性，促进儿童的自我教育能力的形成，创造人的精神生命"的教育目标。一系列的探索、创新，呈现给我们的是对生命的精心呵护、匠心栽培、真心期待。像一泓清泉，又像一条长长的江河，释放出的是万玉霞校长的战略思维、认真做事、敏锐精炼、勇于创新的精神。

　　而陶继新先生在对话中则以哲理思辨、随处可感的灵性，引领着教育管理者向本性回归。不难看出他笔下的文字连着时代的脉搏与体温，就像一杯绿茶，有着不绝如缕的绵长韵味与芳香，还用自己独特的纯美和精神的辽阔告诉读者："发展的要义不只是习得更多的知识，还有人格的升华、习惯的养成……"

生命发展教育理念：让儿童的心灵更快乐

万玉霞： 常青实验小学建校于 2001 年，至今 14 个年头，从最早的一个校区发展到现在的两个小学部和今秋投入使用的初中部，从无到有，从有到强，一直在平稳、有序地超越式发展，其秘诀就是通过不断彰显的校园文化建设来提高办学为民的价值。

陶继新： 这 14 年的发展，几乎凝聚了您全部的心血与智慧，其中的艰难与曲折，以及破解困难之后获取成功的喜悦，已经凝聚成一笔丰富的精神财富。它记录了过去的辉煌，也昭示着未来的飞跃。

万玉霞： 的确，这 14 年来，我们矢志不渝在坚守着办学核心，那就是如何用教育实践去很好地兑现建校就提出的先进的办学理念——"生命发展教育"理念。

其形象具体的表述是四句话，即："孩子们，欢乐的童年属于你，学习的主人就是你，生命的创造在于你，美好的人生召唤你。"这四句话生动阐述了办学理念的核心：重视学生的全面发展，为每个孩子创造合适的教育。其内涵包括 4 个层面"尊重生命、呵护生命、珍爱生命、发展生命"。

其主要思考在于我们的教育如何"尊重儿童的生命主体意识，开发儿童的生命发展的能动性，促进儿童的自我教育能力的形成，创造人的精神生命。"这是我校的办学宗旨。

陶继新： 童年的快乐是会为其一生的幸福奠定基础的；相反，不快乐的儿童也会为未来积淀下痛苦与悲伤。同时，儿童又不只是玩，也不只是快乐，还是成长中的生命，所以，要如您所说，尊重儿童的生命主体意识，开发蕴藏在他们身上的巨大发展潜能。人只有一个童年，童年生命成长的快慢与优劣，不只是显现于当下，更会影响到未来。所以，特别欣赏您的生命发展教育理念。

万玉霞： 谢谢。正如您所言，生命发展教育理念不仅仅是关爱好每个儿童的生命，更要发展好每个儿童的生命，尤其是关注好每个儿童生命成长中的点点滴滴！而如何关注好他们的点滴成长，我们提出了这样一个思想，即"孩子的心灵需求是我们教育的第一信号！"我常对老师讲，要"让学生幸福生活每一天，生命发展每一天。"

我常常思考，学校的教育价值在哪里？在于满足学生健康发展的需要，让学生体验到成长的喜悦，人格上健全发展、学习上潜力显现、心理上个性张扬、身体上体魄强壮。在大课堂里有效学习，在学校中健康生活，从小让孩子体验、感悟正确的社会性情感——幸福感，为他们正确的价值观念体系的确立、科学的人生观的形成奠定无可替代的基础。这，也是我办学的一个核心目标。

陶继新：“孩子的心灵需求是我们教育的第一信号”可谓至理名言。每一个孩子都是一个丰富的世界，如何发现其心理需求的第一信号，既需要有一颗关爱儿童的心，也需要发现儿童的智慧。因为这种信号就在平时的生活中，就在点点滴滴的小事中。心中与眼里都有孩子的老师，就会与儿童的心灵链接，就会走进他们的心里。每一个人都想更好地发展，孩子也是如此。发展的要义不只是习得更多的知识，还有人格的升华、习惯的养成、心灵的愉悦、身体的健康等。只有这样，儿童才是真正发展了，才会感到学校学习与生活的幸福，才会感到小学教育是其生命成长的奠基工程。

万玉霞：常实小的教师特别关注每一个学生的喜怒哀乐，注意每一个学生的情绪变化。他们说“把每个学生都看成一个新的世界，细心探索他们丰富而脆弱的内心，发现他们每个人身上哪怕是稍纵即逝的闪光点，是做教师的一种快乐。”

在常青实验小学，班主任还有一个特殊的称呼叫心理辅导员，在他们手里都有一个“秘密武器”——《心情预报表》。表格样式不同，是根据学生的年龄特点和喜好自行设计的图案和栏目；目的相同，都是为了及时了解每一个学生的情绪和心理状况，以便及时调整。如果需要学生可以随时填写，老师可以随时看到。

《心情预报表》包括这样几项内容：心情图标、心情倾诉、教师疏导及学生反馈。“心情图标”设计了笑、怒、愁、哭四种卡通图案，学生根据自己的心情勾画；“心情倾诉”，是学生说明自己为什么高兴或不高兴；“教师疏导”是教师调控学生情绪的留言；“反馈”是学生被调控后的心理状况。掌握学生心绪的详细“情报”，是为把孩子的心灵需求，真正当作教育的第一信号。

陶继新：目前，小学生心理问题呈逐年上升趋势，如果忽视与不有效地解决这些问题，就有可能积少成多、积小成大，以致影响到小学生当下的学习与生活，并对他们未来的发展产生负面效应。从这种智慧的创意中，让我感到你们是想方设法在第一时间搜集学生心理的“第一信号”。发现“信号”，即时解决问题。于是，学生就极少再有心理问题。一个充满阳光的儿童，心智发展是健全的，身心也是健康的。为此，你们的老师要付出很大努力，可是，他们又是愉快的。因为他们从孩子的成长中感受到了为师者的意义与价值，心理也会更加阳光。而老师的心态是会直接辐射到孩子心理的；孩子的心态，同样也会影响到老师的心态。所以，要想构建一个心灵愉悦的生命场，教师就一定要快乐，并带领孩子们一起快乐地成长起来。

万玉霞：的确！老师有个健康的心态，这是培养心理健康学生的重要前提，而教师的健康心理来自于内心的快乐。只有一个自己快乐、内心敞亮的人才能够感染身边的人，将真正的快乐传递给周围更多的人，影响更多的人去体验快乐。而我们老师的快乐来自于对学生发自内心真诚的爱，这一份真诚的爱落实在具体的行动上，就有了班主任工作"十六知晓"（知晓学生的姓名含义，知晓学生的生活习惯，知晓学生的个性特点，知晓学生的行为方式，知晓学生的思维方法，知晓学生的爱好兴趣，知晓学生的困难疑惑，知晓学生的情感渴盼，知晓学生的心路历程，知晓学生的知音伙伴，知晓学生的成长规律，知晓学生的家庭情况，知晓学生的上学路径，知晓学生的社区环境，知晓学生家长的思想，知晓学生家长的愿望。）还有每一周对孩子在校的点滴成长状况写成的饱含深情及关注的回馈家书，一学年下来，被家长称为"十万家书"……正因为有了这些真诚的爱，我们的老师广受社区和家长的赞誉，教师的职业成就感也由此而生，其人生的快乐也正在其中！

陶继新：教师的快乐来自于对孩子的爱，而爱与智慧又生成了"十六知晓"，"十六知晓"则让孩子有了真正的快乐。"十万家书"何其多，爱又何其深！我想，相对于一般学校来说，你们老师的工作量是会比较大的；可是，上次我去你们那里讲学与采访的时候，发现你们的老师个个都是"乐而忘忧"的样子。看来，爱与心灵的愉悦，不但可以提高工作的效率，还可以让人变累为乐。其实，真正快乐的人，不是那些天天无所事事的人，更不是那些无事生非的人；而是那些积极工作、乐于助人、爱心永驻的人。这一生命的密码，被您破解了，也被你们的教师破解了。你们成了累并快乐着的实践者，而你们的学生，则在老师们快乐的沐浴中，快乐地生活与学习，也快乐地成长着。

万玉霞：谢谢陶教授的这份认可与鼓励！相信我们的老师们在听了您这位教育大师走入教师们的心理深处给予的如此精准到位的评价后，会更加坚定自己的理想与追求！十八大上，习近平总书记向全国人民吹响了"空谈误国、实干兴邦"的号角，而教育是民族兴旺的基石，更需要实干兴教！我们作为一校之长，就这份责任与担当而言，更应正确引导好老师们的价值取向和人生追求！教师这份职业要想把他做好，就必须得付出真情，因此，最终达到"乐而忘忧"的境界，才是真正的享受教育的状态！

陶继新：特别喜欢"享受教育"这个提法，我本人也是一个享受教育者，我与魏书生老师还合写了一本书《享受学习》。那么，怎样才能享受学习与享受教育呢？首先要明白教育的本义是什么，做人的要义是什么。《周易》有言："立人之道，曰仁与义。"人之所以为人，关键是要有仁与义。只有真正有教育情怀，一心为了孩子生命成长着想与工作的人，才能体验到仁义的内在之善，才能享受教育的本质之美。同时，还要心灵和谐，人的一生会有成功，也会有失败，会有顺境，也会有逆境，会有得，也会有失，成败、顺逆、得失原本就构成了人的生命的一个系统。所以，即使有了大的成功，也不应当忘乎所以；即使有遭遇失败，也不应当垂头丧气。不管在什么情况下，都要保持一个快乐的心境。再次，就是要发展。幸福的老师，都不是在原地徘徊着，而是不断地发展着。爱学生，会从爱中体验到爱心的美好，这也是成长；与学生同享心灵的愉悦，这也是成长；在学习与实践中不断地丰富自己的教育智慧，这也是成长。有了人格之善、心灵之乐、成长之美，也就拥有了享受教育的审美感受。

主动教育课堂：让孩子的"天空"更精彩

万玉霞：正如您前面谈到的，我校的生命发展教育理念还包含另一要义，那就是如何发展好每个儿童的生命。我校聚焦课改，努力探索着特色鲜明的生命课程体系，建构了更加关注学生自主学习、尊重学生成长需求的主动教育课堂。"主动教育"课堂上呈现出的特征是学生自主的程度、合作的效度、探究的深度、互动的程度、生成的高度及拓展的宽度。在课堂上的教与学，由追求知识的完整性、全面性到更加关注学生的人格、能力的主动构建；由注重知识的培养到更加关注学生的心理需求和精神愉悦成长。通过追求课堂的高效性，来减轻学生的课业负担，给予学生更多的时空去思考、去实践、去创造，真正兑现学校的"生命发展教育"理念所倡导的——把欢乐的童年还给孩子，学习的主人就是孩子，让孩子的"天空"更精彩！

陶继新：课堂原本就应当是学生的"学堂"，可当下一些教师的过多之讲，让"学堂"演变成了"教室"。这两个词的内涵是大不一样的，前者更多关注的是学生的学，后者更多关注的是教师的教。这并不是不要教师的教，而是要让教师少教，要教到点子上，教会学生主动学习上。"主动教育"的课堂之所以好，就是因为你们将学生看作了主动学习与主动发展的人。学生本身就具有自主学习的需求，只要教师稍稍指导，他们就会拥有这种能力。当学生自主学习、学会学习的时候，学习的积极性就会空前高涨起来。教会与会学是不在一个层次上的，前者学生学习的效率低下，而且少有积极性；后者学习的效率高，且有乐在其中的快感。积极与快乐，不只会提升学生学习的效率，还会在他们的心里积淀下一种积极向上的思维，让其终身受益。

万玉霞：现在教育最大的问题是太急功近利了，部分老师们、家长们都希望孩子一夜长大，一夜能够将一本书全部生吞活剥下来。这是一种典型的"知识暴发户"心理，不要说这种事实很难达到，事实上即使达到了，对儿童获得生命的快乐并无多大的助益。这种只吸取而不吸收的教育模式，无异于将一大堆营养物质直接灌输到孩子的身体内，而丝毫不考虑他的吸收能力。这样的课堂容易造就虚高、虚胖的孩子。

我们"主动教育"课堂教学模式就是为清除这种弊病所做的探索，让孩子们能够在学习的过程中主动去吸取自然成长的各类能量，我们有足够的耐心、有十足的信心，这样孩子们才能够长得壮硕、走得稳健。

"主动教育"课堂教学模式推行一段时间后，老师们的心态更平静了，孩子们在课堂上的主动度和积极参与度都大大提高了。家长们反响也非常好："孩子现在放学回家后，总有许多问题缠着我们一起去弄明白。这样，对我们家长来说也是一种督促啊。我们也不敢偷懒了。"

陶继新：孔子说："无欲速，无见小利；欲速则不达，见小利则大事不成。"孩子的教育，是急不得的，所有的拔苗助长，都会在当下或者未来受到惩罚；当然，也是等不得的，应当受到教育的时候得不到好的教育，就会影响儿童一生的发展。所以，中国第一篇教育学的论著《学记》上就有这样一句话："时过然后学，则勤苦而难成。"比如孩子记忆力非常好，如果让他们背诵一些古代经典，不但费的时间少，而且还能记忆终生，成为其一生发展的精神能量。如果到了成年的时候再背诵，就会耗费数倍的时间，反而不会有好的效果。所以，一定要懂得儿童成长规律与心理特点，才能施以有效的教育。再比如孩子的问题意识，这几乎是天生就有了。一个婴儿刚会说话时，就对世界充满了好奇，他们的很多问题，可以称得上"天问"。

遗憾的是，我们的一些学校教育，却无意间泯灭了孩子的这种天问情结，以致让他们原本就有的问题意识、求异思维渐渐走进死寂的状态里。你们的"主动教育"课堂不但没有压抑孩子们的天问情结，反而更好地打开了他们思维的大门。这不但有利于他们当下的学习，还会让他们未来拥有一个开放性思维的大脑，以至具有终生质疑问难的科学思维品质。

万玉霞：说得好！教育就是一定要懂得儿童成长规律与心理特点，才能施以有效的教育。"下课的时候，我还以为在梦里。这样的课堂是我学生时代所从未经历过的。那时的课堂里只有老师不停地讲，学生被不停地追问，一旦答不出问题来，就面临被惩罚。而现在，孩子们好像从来不用担心他的问题是错的，或者答不出问题来。下课了，孩子们走出教室，一边走一边还在争议刚才那句话：'为什么不一样的树叶有不一样的声音，不一样的季节有不一样的声音？'多么美妙的课堂，如果不是亲自经历和见证，我可不敢相信！这一代孩子真是有福了。时代还是在进步啊。"这是一位极认真的家长。他不但记录了课堂上一些程序、操作方法，再现了课堂上的一些情景，并且还将现在的课堂与他那个时代的课堂进行了比较，在一些疑惑的地方写上了解释。记录的最后还写了简短的评价。

在常青实验小学，这样的家长并不在少数。由于离社区较近，很多家长在方便的时候都会通过我们的校园网络预约来听课。他们甚至感叹，听老师上课也是一种难得的享受啊。在这里能够让自己重新回到童年，尤其是可以体验童年时代不曾感受到的东西！

陶继新：课堂是学生学习的主阵地，如果学生课堂学习不快乐，其在校的生命就不可能快乐起来。有的教师不但讲得不好，而且还对学生横加指责，上这样课的孩子，不但学不到更好更多的东西，还会在心灵上受到压抑。这难道不是浪费生命吗？其实，世界上最大的浪费不在物质上，而是在教育的浪费！可怕的是，一些老师面对这种情况，竟然视而不见，听而不闻，也无痛心之感。可以说，这样的老师不管其学历多高，也是不合格的教师，因为他们浪费了孩子的生命，而且伤害了他们童年的心灵。你们的可贵之处在于，课堂成了学生的最爱，因为那是一个心理安全的场所，童年无忌在这里会折射出一道又一道的教育风景，并成为他们当下的精神享受与终生的铭记。孩子们乐在其中的时候，不就让我们听到生命拔节的声响了吗？

五个场馆：让孩子在玩中快乐与成长

万玉霞：让孩子玩中学也是我们尊重孩子心灵需求的教学出发点，三号校区的教学楼于 2011 年 7 月竣工。我们新设了五个场馆。

一个是嬉戏馆。建馆的基本指导思想是：尊重孩子们"玩"的天性，呵护孩子们的勃发精神，让孩子玩中乐、玩中学、玩中成长。"玩"的内容包括：①传统游戏——丢手绢、老鹰捉小戏之类；②集体舞蹈；③现代游戏——轮滑之类；④乒乓活动；⑤儿童戏剧（精神层次）课本剧、小品之类。

第二个是人文馆。内容包括：①冰心奶奶的爱（中国）——让我们有一颗纯净的童心；②安徒生爷爷的童话（丹麦）——让我们睁开童眼，获得一份童真；③现代科技将动漫馈赠我们，让我们的生活充满意趣；④儿童图书馆（文本）；⑤现代电子阅览。

第三个是才艺馆。我们的设馆初衷是"让孩子们把手动起来、把脚跳起来、用口唱起来。"通过动手、跳舞、唱歌等活动训练孩子的美感、技能、技巧，让这几项富有艺术感的技能集于一身，让孩子们的心灵在艺术享受中丰富起来。内容包括：①合唱团；②舞蹈队；③乐器演奏组；④陶艺室（缝纫室、针线手艺等）；⑤供师生展示交流的校园电视台——常青藤少儿电视台。

第四个是体验馆。设馆的初衷是：让孩子在真实的社会情景中亲身体验实际生活，培养他们的服务意识和生活、生存能力。设计的实际生活场景包括：①超市；②医院；③银行；④邮局；⑤交通（地铁、轨道、公汽、航空、轮船等）；⑥近两百平方米的专业陶艺馆；⑦书画室。

第五个是论坛馆。论坛馆主要用来组织师生针对某些主题进行交流、研讨，并就某些感兴趣的专题进行研究，共享受研究成果，共谋发展之策。建设的理念是将论坛馆按照资源节约型、环境友好型的设计要求打造成一座集生态、休闲、科研为一体的生命科学花园。设计的项目和论坛有：①珍稀动物标本展示；②太阳、风能利用；③雨水收集系统；④生态实验（三动园，动手、动眼、动脑，科学试验）；⑤环境保护研究。

这样，我们从育人环境和教学场所上不遗余力地为孩子真心着想，才真正会促进孩子们全面发展、健康成长。

陶继新：心有孩子，又懂孩子，且有智慧，才能有这五个场馆的诞生。

嬉戏馆尊重儿童的天性，特别关注了孩子的玩。可是，这又不是一般意义上的玩，是玩中乐、玩中学、玩中益智、玩中成长。非匠心独运，不可能让孩子玩得如此高级啊！

人文馆的意义非常大，因为目前学校人文教育的缺失，已经严重影响到了孩子的健康成长。人文教育就是要将人文精神，通过教育活动、环境熏陶等方式和途径内化为人的品格因素，实现对人的精神世界的全面塑造。它是健康人格塑造、人性境界与人生理想提升以及个人社会价值实现途径等方面的教育，目标是人的精神素养。可有的学校并不关注人文教育，甚至不知道什么是人文教育。这也是我连续六年举办"名家人文教育高端论坛暨名师课堂研讨会"的一个重要原因。而且，你们学校的参会人数一直居高不下。而小时候有了一定的人文素养，就等于为他们一生的人文素养奠定了良好的基础。

才艺馆一定是学生喜欢去的地方，因为有不少学生在才艺方面是有一定天赋的。可是，这种天赋往往被过重的学业负担所挤压，以致最终与才艺做一个无奈的告别演说。你们开设才艺馆，则让有才艺的学生有了挥洒才思的地方，并让他们在这个过程中享受审美的快乐，以及因为其才艺之美生成自信心与自豪感。

体验馆在一般学校更是难以见到了，可一个人的成长，不只需要知识，同时也需要实践。当下的学校教育，很少能为学生的实践活动提供相应的场地。你们的体验馆，就为孩子们提供了生活体验的条件。实践能力的提高，也会促进学业水平的提升。而且，当小时候有了一定的实践活动能力后，还会对其未来生命成长提供必需的精神营养。缺少了这种营养，一个人就不可能成为健全的人。

你们的论坛馆也不同于一般学校的论坛场所，他们多是谈学论道之地。这当然必要，可是，绝对不能空谈，空谈不但会误国，也会误导学生以至误导老师。你们的论坛是针对当下社会问题而设的，是让师生在特定的环境氛围中去关注社会、关注人生。人生活于学校，可是，却是社会中的人；一个"两耳不闻窗外事，一心只读圣贤书"的人，是不可能为社会做出大的贡献的。尽管小孩子很难为社会做出巨大的贡献，可是，当他们有了这种意识，有了这种行动之后，就会在他们的心里埋下一个关注社会与人生的种子，到了一定的生命节点上，这颗种子就会破土而出，且结出丰硕的果实。

教育感悟：让我的生命影响你的生命

万玉霞：我想用一段诗和心语来表达对所钟爱的教育事业的一番感悟："我不去

想是否能够成功/既然选择了远方/便只顾风雨兼程/我不去想能否赢得回报/既然钟情于教育/就勇敢地吐露真诚/我不去想身后会不会袭来寒风冷雨/既然目标是地平线/留给世界的只能是背影/我不去想未来是平坦还是泥泞/只要热爱生命/一切，都在意料之中。"

是啊！在我看来，要想将生命教育理念从"在天上飞"变成"在地上跑"，首先就要关注儿童的心理需求，使之作为教育展开的基本点。因为，好的教育，从来都是关注受教育者心灵需要的教育。德国伟大的存在主义大师雅斯贝尔斯，这位第二次世界大战后被誉为德国精神支柱，带领德国走出第二次世界大战阴霾的哲学家、思想大师，在他的著作中对教育做了深刻的界定："教育的本质意味着：一棵树摇动一棵树，一朵云推动一朵云，一个灵魂唤醒一个灵魂。"亦即教育就是心灵与心灵的交融，心灵与心灵的对话，以我的生命影响你的生命，让大家的理想照亮彼此，让大家的心灵相互温暖。生命就在这种影响、交融、对话、照亮和温暖中具有了一种难以言传的意味！

"为什么我的眼里常含泪水，因为我对这片土地爱得深沉。"这是艾青的诗，同样能够表达我和我的教师们对常青实小这片土地的挚诚！

陶继新：您的这首感悟诗读来让人感动，是的，因为"热爱生命"，才一往无前，才无所畏惧，才遭遇波折，也才收获成果。做教育，就不能太多计较个人得失，就不能瞻前顾后，为了孩子的成长，不管收获的是什么，都是在心里激起幸福的涟漪。

是的，真正的教育"是一棵树摇动一棵树，一朵云推动一朵云，一个灵魂唤醒一个灵魂。"您不正是用一个高尚的灵魂，去唤醒师生的灵魂吗？我也比较欣赏德国教育学家斯普朗格说的话："教育的最终目的不是传授已有的东西，而是要把人的创造力量诱导出来，将生命感、价值感唤醒。唤醒，是种教育手段。父母和教师不要总是叮咛、检查、监督、审查他们。孩子们一旦得到更多的信任和期待，内在动力就会被激发，会更聪明、能干、有悟性。"

诗人艾青眼里常含热泪，是因为对这片土地爱得深沉；而您也会常含热泪的，因为您太爱常青实验小学了。它的角角落落，都有您的身影，甚至有您的泪滴洒过。可是，我又说，这泪也是幸福的泪，因为您的百般努力、万千之爱，都因常青实验小学的发展而化作一个理想的风帆，驶向了理想的远方。

（陶继新　万玉霞）